図説

新約聖書の考古学

杉本智俊

河出書房新社

【目次】

EXVICENF·L·VEII
V

はじめに

本書『図説 新約聖書の考古学』は、前著『図説 旧約聖書の考古学』に続くものである。

すでに前著で記した通り、旧約聖書には「救済史」、神による人類の救いの歴史が記されている。罪のためにエデンの園を失ってしまった人間に対し、神はアブラハムの召命、出エジプト、ダビデ・ソロモンによるイスラエル王国の建設を通して回復へ導こうとされた。しかし、この理想の王国も堕落して滅亡し、バビロニア捕囚に連れ去られ、救済の歴史は失敗したように見えた。ところが、最後の最後になってイスラエルは不思議に捕囚から戻ってきて、まだ歴史の続きがあることが暗示されていた。

新約聖書は、この救いの歴史はイエス・キリストの到来によって引き継がれ、人間の罪が解消され、生命《いのち》と平和にあふれた「神の国」が実現されることを記している。ユダヤ教では、イエスをメシア（救い主）とはしないが、やはり将来の神の介入、民族イスラエルの回復の時が来ることを祈り、それに備えて聖書の律法を新しい時代に合わせるために現在も口伝律法を発展させ続けている。すなわち、どちらの立場に立っても旧約聖書は未完の書であり、将来に開かれたものだと考えているので、「神の国」はどのようなもので、どのようにして実現するのかが課題となっているのである。

もし旧約聖書が未完の書であるなら、その後の発展を扱うこと、すなわち『図説 新約聖書の考古学』を記すことは当然必要なことであろう。それはキリスト教とユダヤ教が成立した背景を扱うことともなり、これらがその後の歴史や文化に与えた影響を考えると、世界史上非常に重要な時代であることはあきらかだからである。前著『図説 旧約聖書の考古学』では、この救済史の背景に古代西アジア世界における文明の移り変わりが反映されていることを考古学的に示した。本書では、キリスト教とラビ・ユダヤ教の成立の背景に、ヘレニズム・ローマ文化とユダヤ人たちの衝突があったことを考古学的に扱いたい。

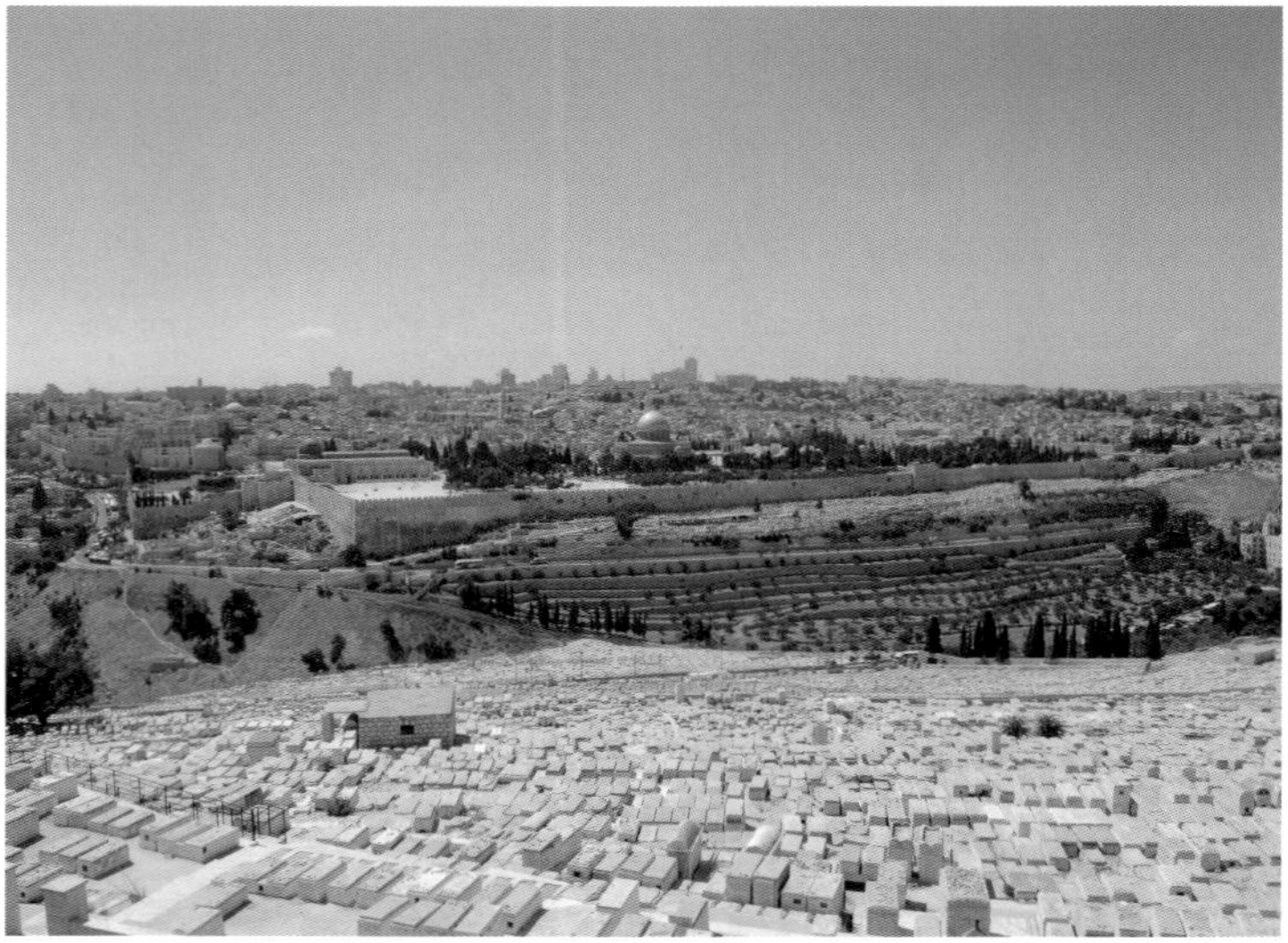

▲エルサレム全景

すでにあきらかなように、聖書の歴史は一つの神学的視点からの歴史記述であり、近代的な歴史実証主義のものではない。当然、前提となる世界観、歴史観、記述法も異なっている。しかし、ここでは現代の考古学を中心に歴史学や聖書学の成果をもととしてこれらの出来事の実態がどのようなものであったかできる限り復元することを試みる。「旧約」「新約」という呼び方もすでにキリスト教の立場によるものであるが、本書ではできる限り双方の立場に目配りして記すつもりである。

もちろん考古学も過去のすべての情報を調査できるわけではないし、現代の研究者たちもそれぞれの思想的な前提から逃れることはできない。とりわけ古代の資料は限られており、確実に判断できないことも多い。それでも課題は課題として残しつつ、聖書の記述の背景にどのような事情があったのかを今の基準で知ることには大きな意味があるであろう。そうすることで、キリスト教やユダヤ教の視点も明確になるからである。

それでは、さっそく新約聖書の考古学の世界に入っていこう。

＊聖書の引用や用語は、聖書協会共同訳、新共同訳、新改訳二〇一七を参考にしつつ拙訳を用いている。

▲**新約聖書時代の南レヴァント**　当時の南レヴァントは、南からユダヤ、サマリア、ガリラヤと分けられていた。ユダヤにはエルサレムがあり、サマリアはサマリア人たちの住む地域、ガリラヤは自然が多く残る農業・牧畜地域であった。

本書地図製作：小野寺美恵

I章 ヘレニズム文化とユダヤ人

旧約聖書の宗教は古代西アジア文明を背景にイスラエル民族に実現したが、本書で扱うキリスト教やユダヤ教は、ユダヤ人たちがギリシア・ローマのヘレニズム文化と接触することで成立した。その意味では、マケドニア（ギリシア北部）のアレクサンドロスがアケメネス朝ペルシアを滅ぼし、文明の中心が古代西アジア世界から地中海世界に移ったことは旧約聖書時代から新約聖書時代に移る重要な画期だったということができるであろう。

バビロニア捕囚から帰還したユダヤ人たちは、自分たちが滅亡したのは神に不誠実であったためだと反省し、新たな信仰共同体を築く決意を持っていた。そこにヘレニズム勢力が支配者として到来した時、彼らは影響も受けたが、その異教的な価値観に対する反発は非常に強かった。一般にアレクサンドロスの東征は東西文化の融合をもたらしたと言われるが、そんなに単純なものではなく、現在の西欧世界でもヘレニズム的視点とヘブルイズム的視点は完全に融合しているわけではない。

異なる価値観が強力に浸透してくる中で、ユダヤ人たちは改めて神の理想の世界「神の国」とはどういうもので、どのように実現されるのかを考えざるを得なくなり、最終的にまったく異なる二つの宗教、キリスト教とラビ・ユダヤ教（現在一般に「ユダヤ教」と呼ばれるもの）*が成立することとなった。本書では、このギリシア・ローマ文化とユダヤ人たちの接触がもたらした変化を考古学的に確認することを目指すが、まずイエスが出現するまでの背景を見ていこう。

＊現在のユダヤ教は、基本的にローマ帝国によってエルサレム神殿が破壊された（紀元七〇年）後、ラビたちを中心に形成されたものなのでラビ・ユダヤ教と呼ばれる（コラム5参照）。それ以前のユダヤ人の宗教は、区別して「初期ユダヤ教」と呼ばれることもある。

アレクサンドロスの東征

アレクサンドロスは弱冠二一歳で東方遠征に出かけ、数年のうちにアケメネス朝ペ

◀ペルシアとアレクサンドロスの戦闘のモザイク画

ルシアを滅ぼし、新たな世界帝国を作った。このため「大王」と呼ばれ、東西文化の融合を生み出した英雄と言われてきた。しかし、彼自身がそのような崇高の理念のもとに遠征を行ったのかどうかについては疑問も呈されている（例えば、森谷参照）。

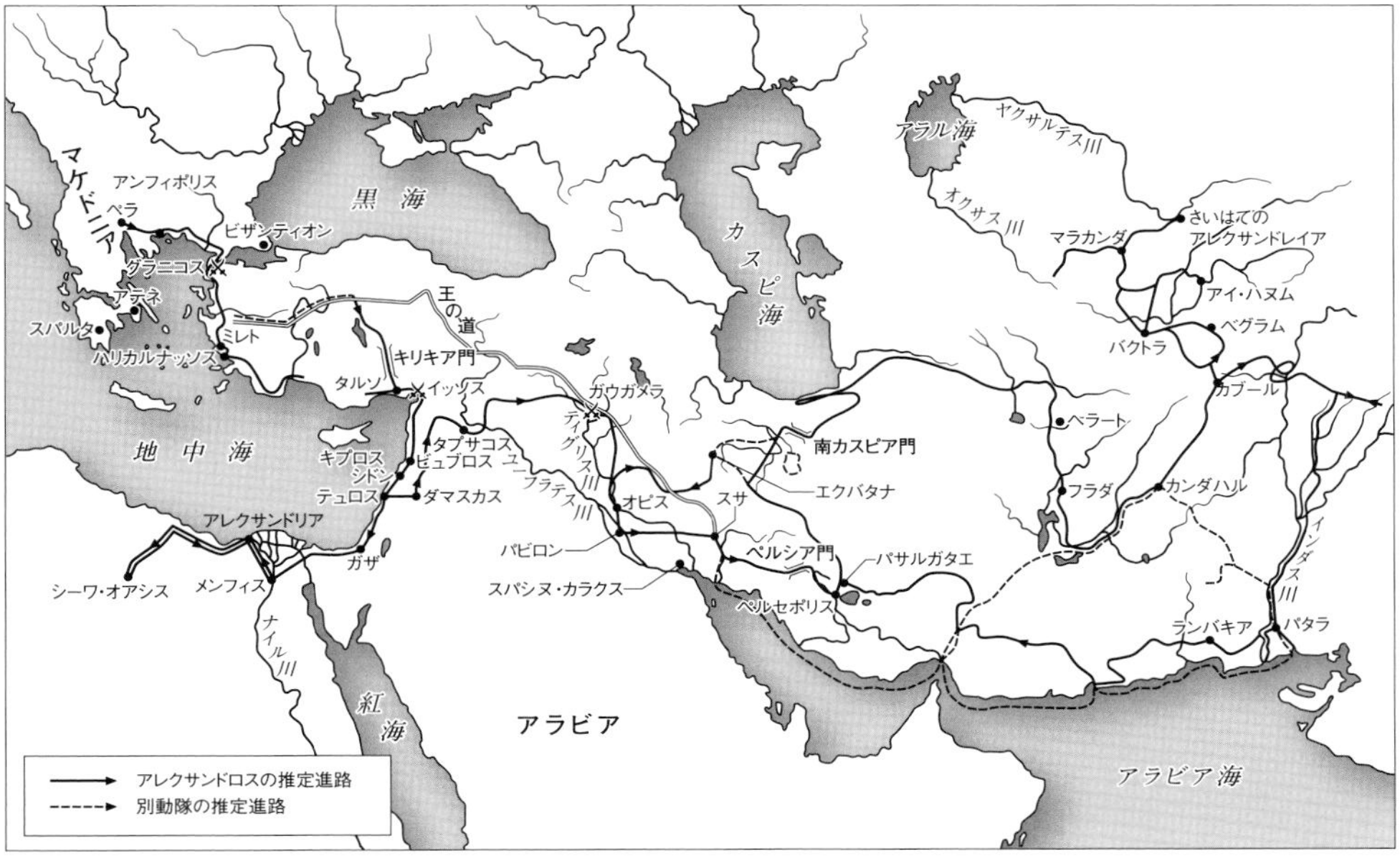

▲アレクサンドロスの遠征ルート

アレクサンドロスは前三三四年に故郷のペラを出立し、グラニコスの戦いでペルシアのサトラップを破り、小アジア（現在のトルコ）の諸都市を征服した。前三三三年にはイッソスの戦いでダレイオス三世を破り、家族を捕縛した。さらに南下してフェニキアの諸都市を服従させ、エルサレムを経てエジプトも征服してアレクサンドリアを創設した。前三三一年にはガウガメラの戦いで再びダレイオスに勝利し、敗走したダレイオスは部下に殺害された。アレクサンドロスはバビロンやスサを略奪し、ペルセポリスを炎上させてアケメネス朝ペルシアを滅亡させた。その後、中央アジアを征服してインダス川流域まで至ったが、兵士たちにそれ以上の進軍を拒否され、バビロンに帰還した。アレクサンドロスはペルシア王のようにふるまったが、前三二三年六月バビロンで急死した。

アレクサンドロスの東征は、ペルシア戦争におけるギリシア側の被害に対する報復という名目で行われたが、実際にはアレクサンドロスの英雄に対する憧れや個人的野心によるところが大きかったのではないかと推察される。彼は自分を勇者ヘラクレスと同一視し、それにならって、ヘラクレス

◀アレクサンドロスの顔が刻まれたコイン
ライオンの皮を頭にかぶっている。

◀テュロス　フェニキアの諸都市は地中海貿易においてギリシアのライバルであった。ほとんどの都市は抵抗することなく降伏したが、テュロスは七か月の包囲戦の後陥落した。これは沖合の小島を攻めるためアレクサンドロスが造った人工の侵入路の写真である。

が制圧したライオンの皮をかぶったり持ったりする姿で自分の像を描かせている。小アジアのゴルディオンでは、それを解くものはアジアの王となると言われていた結び目を一刀両断にし、エジプトのシーワ・オアシスの神殿ではアメン神の子であるとの託宣を受けたとしている。最終的にバビロンで西アジア的専制君主となったことも、大帝国の支配者に対する憧れが反映されたものであろう。

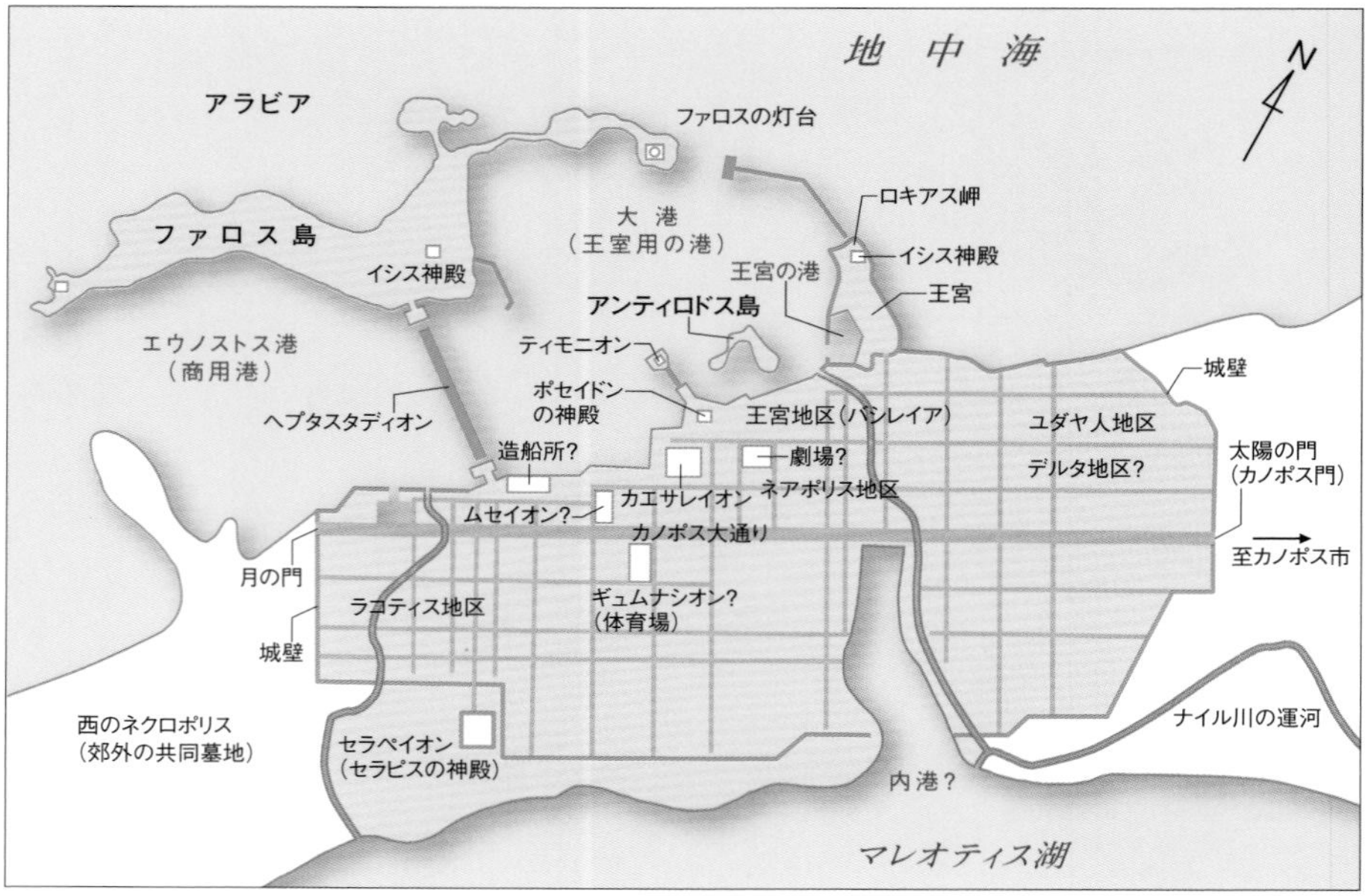

▶アレクサンドリアの都市プラン

東西文化の融合も、アレクサンドロスの積極的な意図ではなかった可能性が高い。東方の異民族を兵士に採用したり、辺境にアレクサンドリアという町を多数築いたりしたのもギリシア文化を広めるためというよりも、純粋に軍事的な目的だったようである。異民族の兵士を出身地から引き離すことで反乱を防ぎ、各地に軍事拠点を形成するためだったと思われる。東西文化の融合という見方は、多分に近代西欧の歴史家たちが自分たちの理想をアレクサンドロスに読み込んだものであろう。

ヘレニズム文化の形成

アレクサンドロスの死後、帝国の地域はその家臣たちによって争奪され（ディアドコイの戦い）、ギリシアを中心とするアンティゴノス朝、エジプトを中心とするプトレマイオス朝と、バビロンとシリアを中心とするセレウコス朝の支配に分けられた。ユダヤのあった南レヴァント地域は、当初プトレマイオス朝の支配下に入ったが、後にセレウコス朝の支配に移ることとなる。一方、征服された国家の中には、バクトリア、パルティア、コマゲネなど独立するも

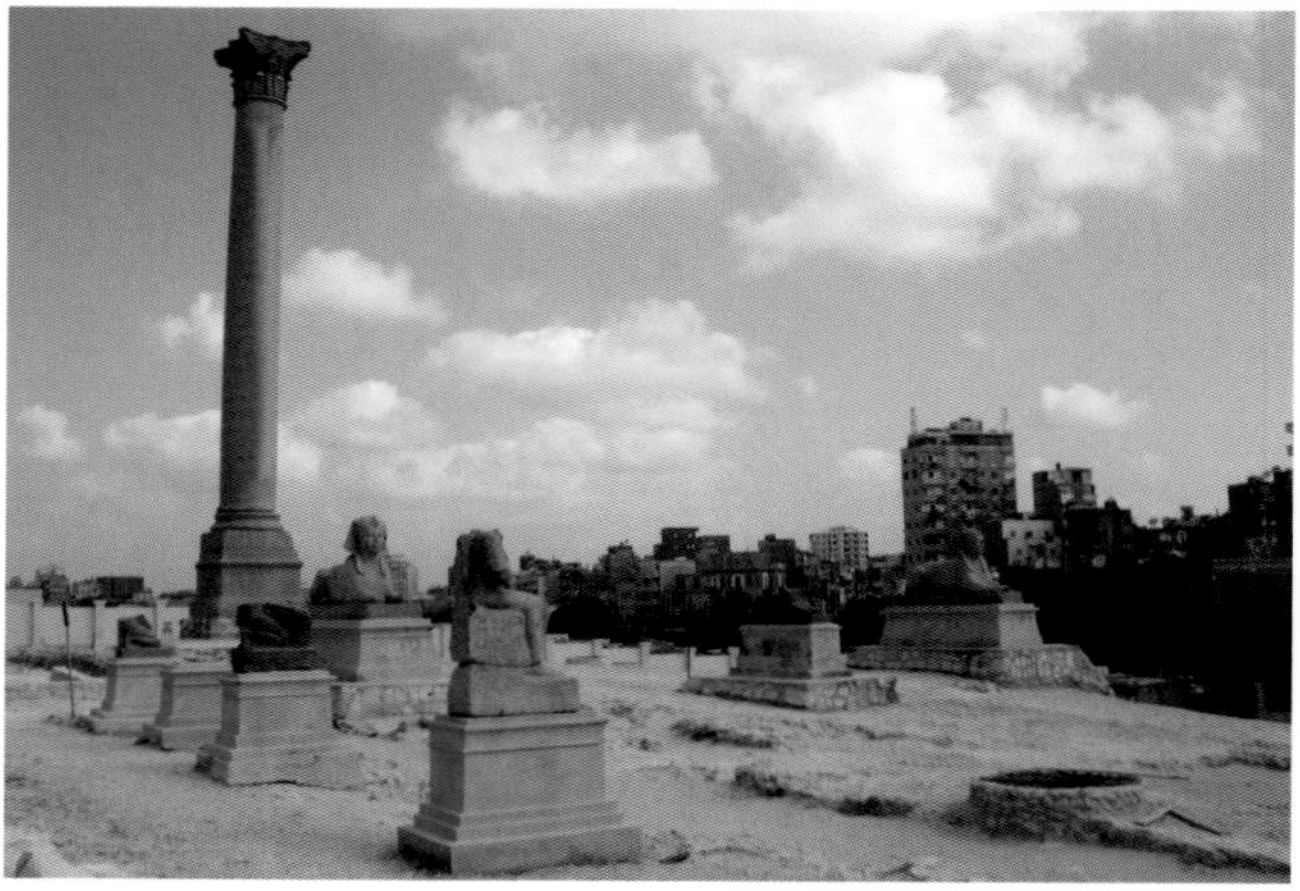
▶**アレクサンドリアのセラピス神殿跡**　「ポンペイウスの柱」が残っている高台がセラピス神殿跡だとされる。遺跡からはプトレマイオス三世の神殿改築記念碑が出土しており、地下回廊では聖牛アピスの像も発見されている。

▶セラピス像　エジプトのオシリス神とギリシアのゼウス、ディオニュソス、プルートなどを融合して造られた神である。髭の生えたギリシア人の容貌をしており、頭にカラトス（筒状の容器）を載せているのが特徴的である。

◀現在のアレクサンドリア図書館に展示されているパピルス文書

のも少なくなかった。

アレクサンドロスの帝国を継承した国家では、彼の意図はどうであれ東西文化の融合が進むこととなった。ギリシアからインダス川までを結ぶ商業圏が確立され、人々の往来が活発化されたからである。外国人でも使いやすい簡単なコイネー・ギリシア語やギリシア哲学なども普及していった。西アジアの神々だけでなく、ギリシアの神々や人間の像も見られるようになった。

プトレマイオス朝時代のユダヤ人

プトレマイオス朝の創始者プトレマイオス一世は、アレクサンドロスの将軍で、前三二三年にエジプトの総督となった。前三一九年にはエルサレムを占領し、ユダヤ人の捕虜を首都アレクサンドリアに連行したので、この町にユダヤ人社会が形成されることとなった。

プトレマイオスはギリシア的知性を重んじ、自分でもアレクサンドロスの東方遠征記を記した。また、ムセイオン（学問所）やその付属の図書館を建設し、当代最高の学者たちを集めてさまざまな分野の研究を奨励しようとした。ムセイオンの正確な位置はわかっていないが、図書館は王宮内とセラピス神殿内の二か所にあったとされる。セラピス信仰は、プトレマイオス一世がエジプトとギリシアの神々を融合して創始したものである。このようにして、アレクサンドリアは次第にヘレニズム文化の中心地となっていった。

歴代の王たちは、ギリシア語の書物（巻物）はもちろん、外国語のものも翻訳して図書館に収集した。その一環としてユダヤ人の聖書もヘブル語からギリシア語に訳されることとなった。偽アリステアスの手紙（前一〇〇年頃）によると、プトレマイオス二世フィラデルフォス（在位前二八五～前二四六年）はエルサレムから七二人の学

◀メリサにある墓

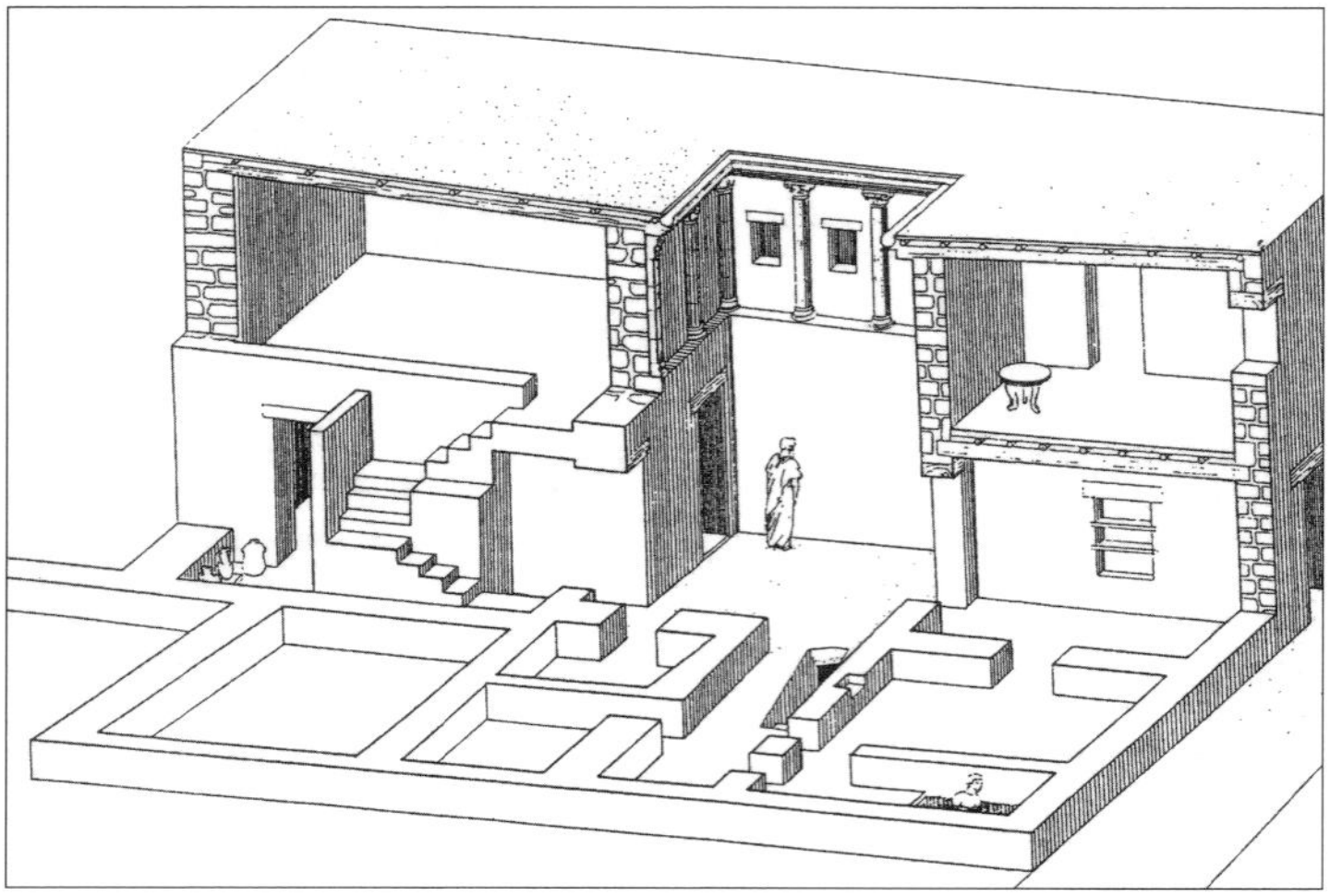

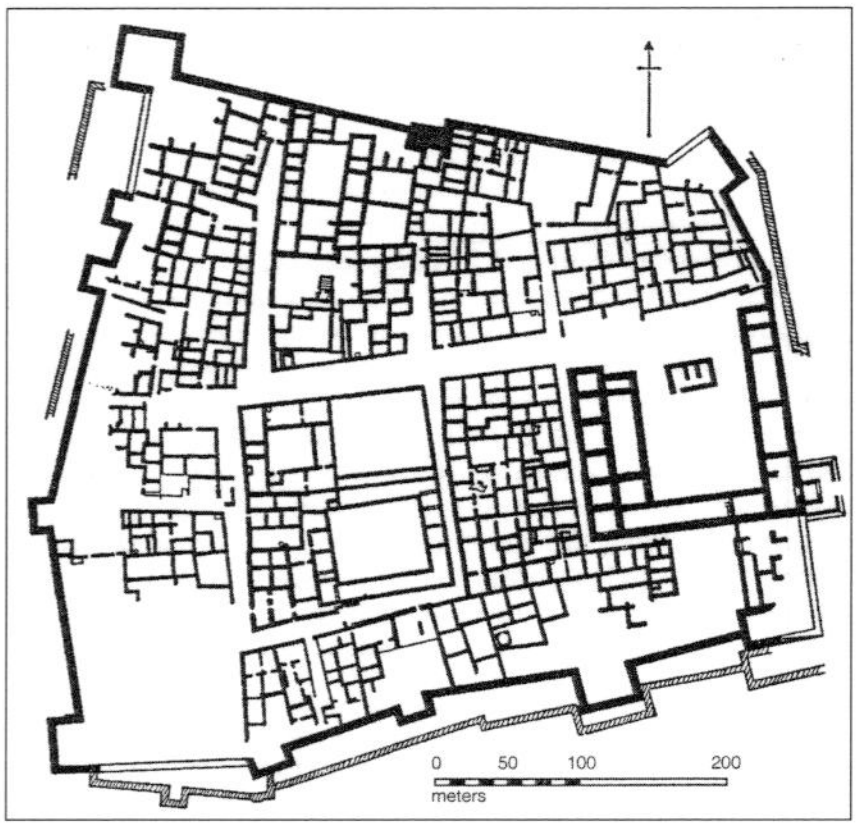

▲**メリサの街並み**　碁盤上になっていることがわかる。

◀**メリサから出土したギリシア様式の住居**

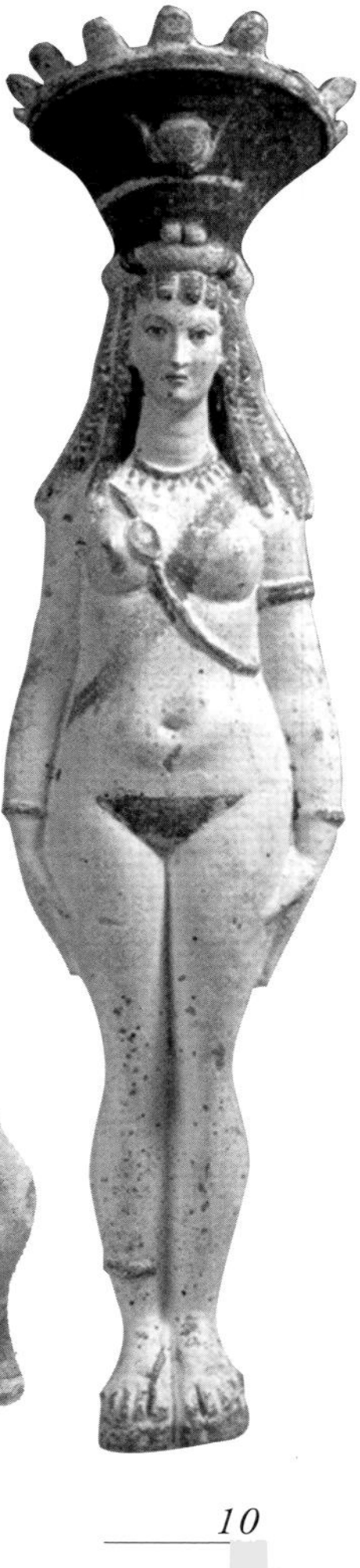

▶**イシス・アフロディテの像**　エジプトとギリシアの要素が混交している。

▼**女神像**　ヘレニズムの神々の宗教混交的性格がよくわかる。

者を招聘し、旧約聖書のモーセ五書を七二日間でギリシア語に翻訳させたとされる。この聖書は「七〇人訳聖書（セプトゥアギンタ）」として知られるようになり、後にユダヤ教やキリスト教が、ヘレニズム・ローマ世界に広まる基礎となった。

また、ユダヤ人哲学者のフィロンは、聖書をギリシア哲学的なアレゴリーによって解釈した。これは人間の認知を超えたものを単に伝統や権威として教えるのでなく、できる限り合理的に説明しようとする点で、西アジアの伝統とギリシアの合理性を融合させる試みだったといえるであろう。こうした姿勢はキリスト教に継承され、言語を用いて体系的に信仰内容を叙述する神学が確立される基礎となった。後にキリスト教が世界宗教としてさまざまな文化に受け入れられていく素地になったともいえるであろう。

◀**ドルの街並み**

▲テラ・シギラタ土器　（イスラエル博物館蔵）
◀アンフォラ　（メトロポリタンミュージアム蔵）
▶アスカロン出土のヘレニズム的神像

「はじめにことば（ロゴス）があった」というヨハネの福音書の冒頭の節は有名であるが、これは創造主なる神とロゴス（世界の論理的秩序）を同一視する見方を反映しており、ギリシア哲学の影響が見られる。ユダヤ人の中で民族イスラエルの回復を救いと考える傾向が強まる中で（次章参照）、より普遍的な視点も存在していたことは興味深い。実際、こうした視点はすでに旧約聖書の知恵文学にも反映されている。

南レヴァントのヘレニズム化

　南レヴァントでも、バビロニア捕囚からの帰還民が移住したイェフード以外の地域ではヘレニズム化が急速に進行したことが考古学的に知られている。海岸域のフェニキアではギリシア風の碁盤目状の都市プランによる町が発達し、例えばドルの遺跡などにその様子をよく見ることができる。テラ・シギラタ土器や特徴的な型押し碗など、地中海地域の上質な土器やワインを入れるアンフォラ（細長い首の両側に取っ手がついた壺）も多数輸入されるようになった。また、西アジアの伝統的な様式の神像や土偶の他に、西方（ギリシア）様式のものも出土するようになり、双方の神々が合体した新たな神々の像も作られるようになった。

　イドメア（イェフードの南、旧約時代のエドム）のメリサにもフェニキア人の町が確立され、碁盤目状の都市プランはもとより、イオニア式柱頭を持つ住居や鳩小屋なども見られるようになる。墓はロクリという遺体を置く壁龕を多数持つフェニキア様式のもので、壁面には動物の行進図、冥界を守る頭が三つある犬ケルベロスなど、ギリシア風の図像が描かれている。ガリラヤ地方のパニオン（バニアス遺跡）にはギリシアの牧羊神パンの神殿が築かれた。

　一方、イェフードの様相はまったく異なり、ヘレニズム的な要素はほとんど認められない。イスラエル王国滅亡の反省に立ち、純粋な信仰共同体を築こうとしていたからであろう。地中海地域の高級土器やアンフォラは見られず、大甕の把手に押される刻印はペルシア時代のイェフードからエルサレムを表す星型に変わったが、実用的な在地の土器に限定された貧弱な物質文化が継続していた。神像や土偶も出土しない。イェフード共同体にとっては、ヘレニズムの影響を受けて物質的な豊かさを享受するよりも、信仰的正しさを守ることが重要だったものと思われる。

セレウコス朝によるヘレニズムの強要

　前二〇〇年になると、プトレマイオス朝がパニオンの戦いに敗れ、南レヴァントの

▲壺に押されたエルサレムの刻印

▲バニアス遺跡のパンの神殿　パンはヤギのような下半身をもつ人物像として描かれる。バニアスの神殿には、本物のヤギを踊らせる舞台も存在した。

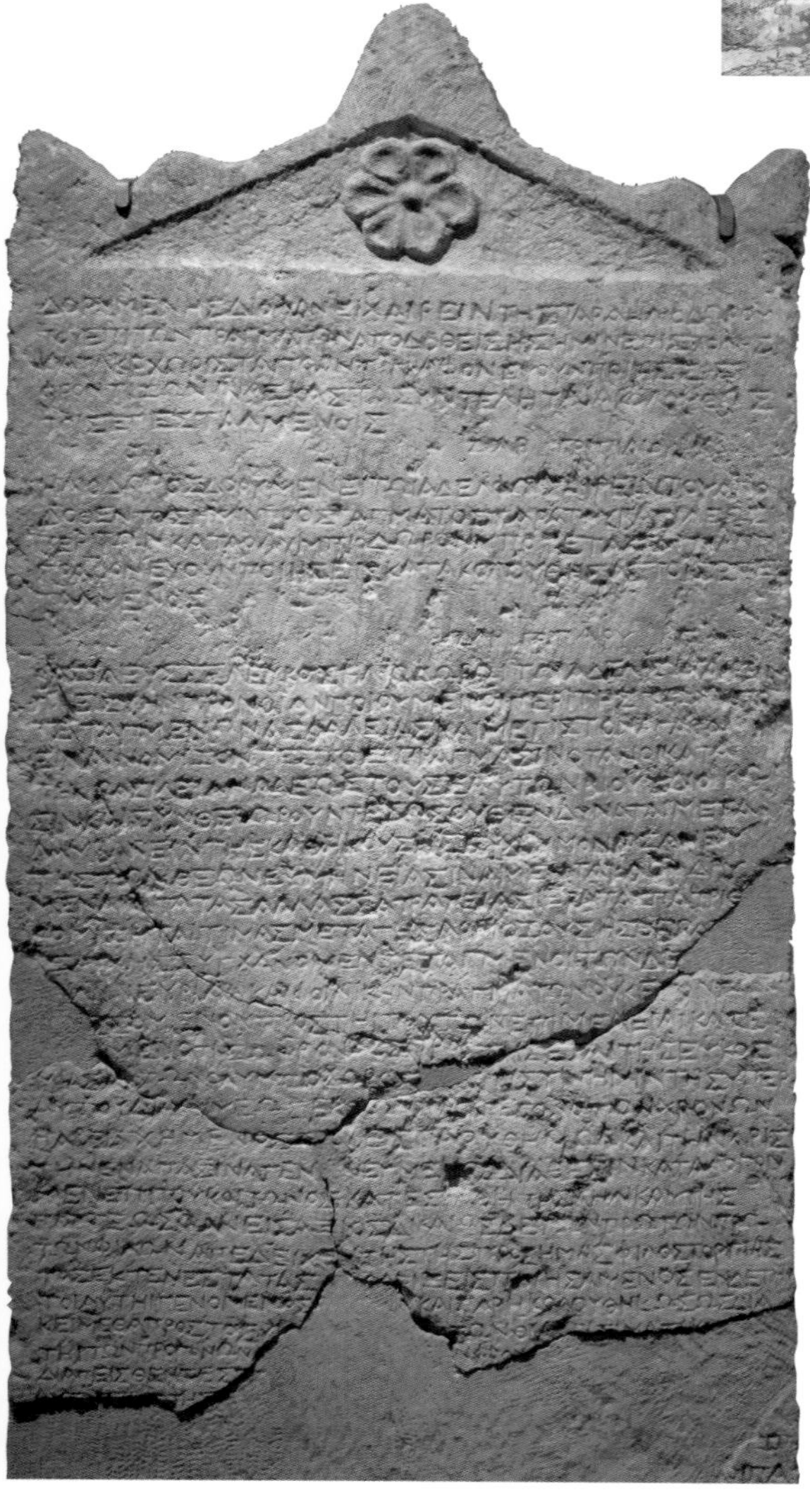

◀ヘリオドロス碑文　（イスラエル博物館蔵）

▶アンティオコス四世のコイン

支配はセレウコス朝に移った。プトレマイオス朝はユダヤ人の独自性を認めていたが、セレウコス朝になると状況は一変して激しく迫害されることとなる。特にアンティオコス四世（在位前一七五～前一六四年）はヘレニズム化の徹底をはかり、それに従わないユダヤ人たちを頑迷で非妥協的民族として撲滅しようとしたのである。

　アンティオコス四世はエルサレム神殿の宝物を奪い、そこにゼウスの祭壇を築き、ユダヤ人が不浄の動物とする豚の犠牲を献げた。また祭司職を廃し、安息日や割礼などの戒律を守ることを死刑をもって禁止し、エルサレムにアクラと呼ばれる要塞やアゴ

▲モデインにあるハスモン家の墓

◀エルサレム中心街のハヌカ・ランプ　クレーン車で設置されている。ハヌカの祭りでは、ユダの勝利の時、1日分の灯油でランプが8日間灯り続けたという出来事を記念して1つの種火と8つの火口を持つハヌカ・ランプを灯す習慣となっている。

ラ、ギムナジウムを築くなどしてヘレニズム都市に変化させようとした。アンティコス四世は自分のことをエピファネス（現人神）と呼んだが、ユダヤ人たちは彼のことをエピマネス（狂人）と呼んで嫌悪した。

日本では多神教は一神教より寛容であるとしばしば語られるが、歴史的には多神教徒による一神教徒の迫害は少なくない。一神教であろうと多神教であろうと、世俗主義であろうと、自分たちの価値観を絶対化して他の人々を抑圧するならば、迫害や紛争につながることを本書の歴史は示している。アンティオコス四世がエルサレム神殿の宝物を奪うなどの命令を下したことは、現在イスラエル博物館に所蔵されているヘリオドロス碑文にも記されている。

ヘレニズム化に対する反発

このような状況に対してユダヤ人の間では二通りの反応があった。それを甘受する

◀大祭司ヤソンの墓

立場と抵抗する立場である。

　ヘレニズムを受け入れて自分たちの存続を守る立場には、祭司などエリート階層の人々が多く、ヘレニストと呼ばれる。本来彼らは宗教的なはずであるが、政治を担う者として現実路線を選んだのであろう。たとえば、エルサレムには大祭司ヤソン（在位前一七五～前一七二年）の墓が残っており、これはドーリア式の柱廊玄関やピラミッド型の屋根を持つ典型的なヘレニズム様式の墓である。壁面にはユダヤ教のシンボルであるメノラーとヘレニズム様式の軍艦が描かれ、ヘブル語とギリシア語の銘文が記されている。ヤソンという名前自体、ヨシュアのギリシア語名である。また前二世紀になると、イェフード地域にもテラ・シギラタ土器やアンフォラなどが出土するようになり、周辺地域との違いが薄れてくる。

　一方、一般民衆の間ではアンティオコス四世の迫害に対する反発が強く、エルサレムの祭司たちは堕落したと見られるようになった。ヘレニズムは単に人間の合理性や普遍性を重視するだけでなく、基本的に多神教的世界観に立っていたからである。多神教と一神教では、ただ神の数だけでなく性格も異なる。多神教では神々は戦勝や豊穣などそれぞれ司る分野が異なっており、人間の必要の変化に応じて新しい神々も生まれるが、一神教では世界は一人の神の支配のもとにあり、その意志に応じて人間が生きる時、秩序が保たれ祝福を得ることができると信じている。そのため、多神教では神々はしばしば融合したり名前を変えたりし、人間が神になったりもする。ギリシアで哲学や裸体の人体彫刻、オリンピックなどが発達したのも、こうした神よりも人間を基礎とする考え方（人間中心主義）と無関係ではないであろう。一方、一神教ではそのような限りのある神々を信じたり、人間を神とするような考え方を受け入れることはできないのである。

　前一六七年、エルサレム西方モデイン村の祭司ハスモン家のマタテアと五人の息子たちが中心となって反乱を起こした。圧倒的に強力なセレウコス朝に対する田舎祭司一家の反乱であったが、前一六四年に三男ユダ・マカビ（ギリシア語：マカバイオス、ラテン語：マカベウス）がエルサレムを奪還し、セレウコス朝からの独立を果たすこととなった。この反乱はハスモン（あるいはマカビ）戦争と呼ばれ、その経緯は旧約聖書外典のマカビ記に詳しく記されている。ヘンデルも『マカベウスのユダ』というオ

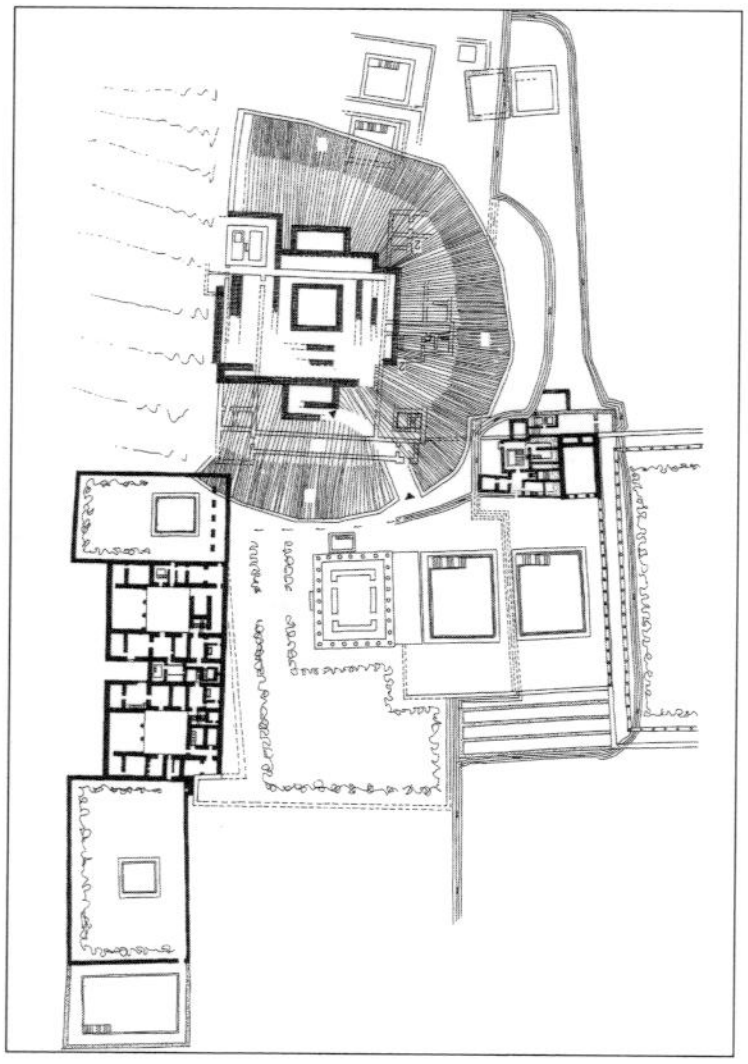

◀**ハスモン家の宮殿プラン図**

◀**エリコにあるハスモン家の宮殿**　二つのプールと要塞化された別邸の跡（背景右側）が見える。

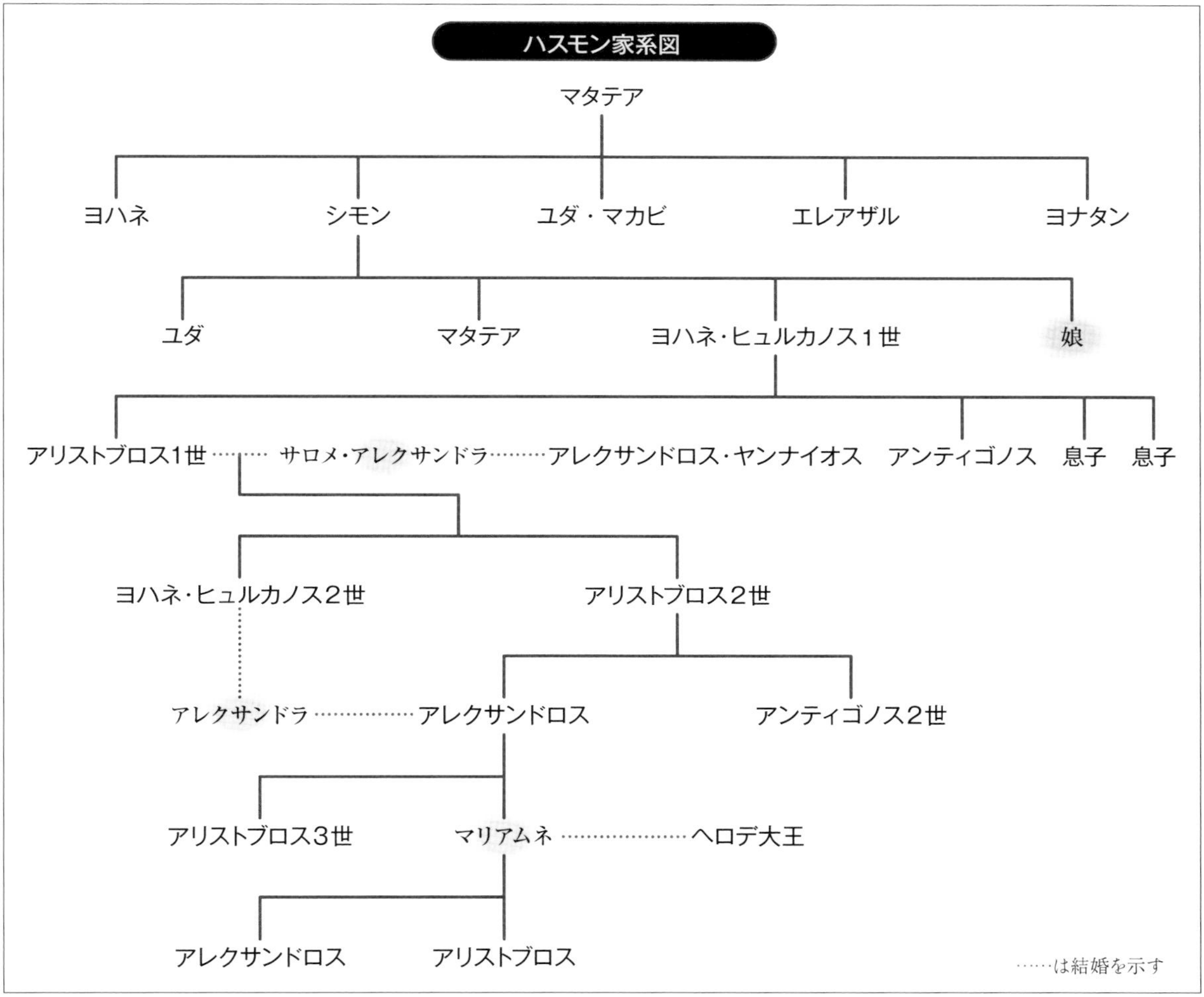

ラトリオを作曲しており、その中の曲が日本の運動会などで表彰状をもらう時に演奏される。それはユダが凱旋する時の曲である。また、ユダヤ人はこの出来事を記念して今でもハヌカという祭りを行っている。

ただハスモン家も独立を果たすと、本来資格がないにもかかわらず自分たちが王と大祭司を務めるようになり、結局ヘレニズム化してセレウコス朝と妥協を重ねながら支配することになる。ハスモン家とともに戦った敬虔派の人々（ハシディームと呼ぶ）は失望し、新たな道を探るようになり、神が直接歴史に介入して世界を作り変えることを期待するメシア待望が高まってくる。

信仰共同体の挫折

アケメネス朝ペルシアの時代に奇跡的な帰還を果たしたユダヤ人たちは、結局ヘレニズム化が進行するとともに再び挫折を味わうこととなった。国を失った自分たちの歴史を反省し、強い決意のもとで信仰共同体を築こうとしたにもかかわらず、なかなかそれを実現できないばかりか、むしろ異教文化に飲み込まれそうになったからである。神の直接介入とメシア到来の期待は強くなり、死海文書に反映されるユダヤ教の諸宗派やキリスト教誕生の道備えをすることとなった。

2章 死海文書の意義

死海文書の発見は、しばしば「二〇世紀最大の考古学的発見」と呼ばれてきた。それはこれらがイエス・キリスト以前の大量の旧約聖書写本や宗教文書で、キリスト教やラビ・ユダヤ教成立直前のユダヤ社会の状況が克明にわかるようになったからである。

死海文書の発見

死海文書は、一九四六年に死海北西岸のクムラン洞穴からベドウィンの少年たちによって発見された。彼らは羊飼いで、迷った羊（あるいはヤギ）を探す途中洞穴に石を投げてみたところ、壺の割れる音を聞いて巻物があるのを発見したとされている。この物語の真偽は、今となっては確認できない。

巻物は七つあり、ベトレヘムのスーク（市場）でカンドーという靴職人兼骨董商に売られた。カンドーは自分が所属していたシリア正教会のサムエル修道院長（後に大主教となる）のもとに持って行き、四巻を売却した。翌一九四七年、巻物のことを聞き、その重要性を直感したヘブル大学の考古学者E・スケニクとB・マザールは、第一次中東戦争直前の危険な状況の中アラブ人地域のベトレヘムに行き、残りの三巻をカンドーから購入した。スケニクとマザールはサムエルの持つ四巻も入手しようと交渉したが、値段が折り合わなかった。結局サムエルは、一九五四年にアメリカで死海文書四巻を売るとの新聞広告を出し、匿名の者に売却した。しかし、この購入者は、マザールとスケニクの息子でやはり考古学者のY・ヤディンで、建国直後のイスラエル政府の依頼を受けて入手したのだった。

◀クムラン洞穴

この間、すでに死海文書の発見は一般に報道されるようになっており、人々の関心が高まっていた。ベドウィンたちは周囲の洞穴の捜索を継続し、さらに巻物を発見した。イギリス、フランス、アメリカの研究者たちも調査隊を組織し、クムランの洞穴群の徹底的な調査を行った。調査は一九四九年から五六年まで行われ、一一の洞穴から大量の巻物の断片が確認された。その後、クムラン以外の死海周辺の洞穴の調査も行われ、それらからも巻物が発見されている。

研究のための委員会も組織され、国際的かつ超教派で文書の出版公開が計画された。ただ、断片の復元は膨大な作業を伴い、遅れが目立つようになり、次第に委員会も機能しなくなった。カトリック教会が自分たちに不都合な内容を公表しないように圧力をかけたという陰謀本も出版された。そこ

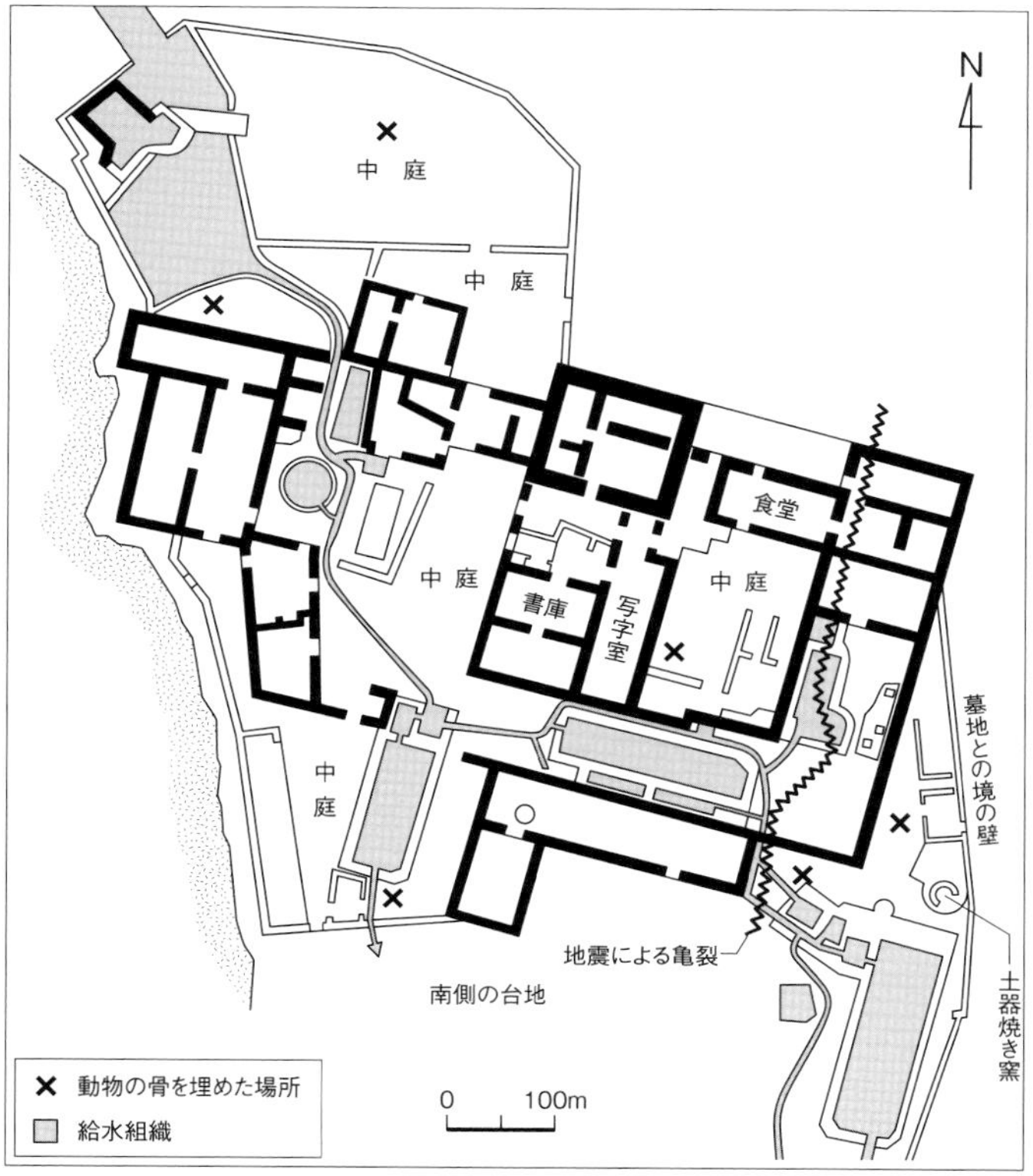

▲イザヤ書のほぼ完全な写本
◀クムラン共同体のプラン

▲インク壺
▶巻物の入っていた壺
▼写字室と書庫　左側の細長い部屋が写字室。右側の部屋は、奥の書庫と手前の部屋の間に窓口が設けられている。

◀クムラン共同体の水路

で一九九〇年にイスラエル政府考古局は委員会を再編し、クムラン関係の全資料を公表することとした。一九九二年にはマイクロフィルムで、二〇〇九年までには四〇巻の冊子体で出版され、今では誰もが利用できるようになっている。

死海文書の大半は、現在イスラエル博物館の至宝として「書物の殿堂」という特別な建物に展示されている。この建物はイサム・ノグチの設計によるもので、巻物の入っていた土製の壺の蓋の形をしている。

クムラン共同体

死海文書の存在があきらかになると、フランス人考古学者のドゥ・ヴォー神父がすぐに巻物の発見された洞穴に面する集落跡の発掘調査を行った（一九五一～五六年）。死海周辺は強烈な日光が照りつけ、ほとんど灌木も生えない荒野だが、そこに一群の人々

▶大食堂
◀沐浴用水槽（ミクヴェ）

が共同体を作って生活をしていたことが解明された。

最初の居住跡は前八～前七世紀から知られているが、巻物と関係した集落は前二世紀から紀元一世紀（前一三〇頃～後七〇年頃）まで継続したと思われる。ただし、前三一年に大地震があって集落が破壊されたので、一時中断され、紀元前後に復興されている。

この集落はエルサレムなどの町から隔絶され、聖書の学びと労働を中心とした自給自足の修道院のような共同体だったと考えられている。聖書の巻物の筆写を行ったと思われる写字室からは机やインク壺が出土し、カウンターやベンチのついた図書室と思われる部屋も隣接していた。大量の食器が出土した大食堂やミクヴェと呼ばれる聖めの沐浴用水槽も出土した。集落全体には水溜や灌漑用の水路が張り巡らされており、その周囲では小規模な農業や家畜飼育の痕跡、土器焼き窯も確認された。

旧約聖書の写本

死海写本の意義の一つは、紀元前の聖書本文が知られるようになったことである。聖書写本の多くは断片で見つかったが、それらを修復すると一〇〇〇巻ほどの巻物となる。多くはヘブル語で記されているが、アラム語やギリシア語のものも存在する。大半が羊皮紙に記され、一〇パーセントほどがパピルス文書で、銅版に打ち出されたものも一点あった。内容的には、旧約聖書の写本が全体の四分の一を占め、その他外典・偽典と呼ばれる聖書以外の宗教文書、聖書の注解書、クムラン共同体の規則や賛美を記した文書などが含まれている。

聖書の写本は旧約聖書三九書中エステル記を除く三八書が確認されており、詩篇は三七点、申命記は二九点、イザヤ書は二一点知られている（表参照）。これらの年代は書体や炭素年代から前二世紀から後一世紀の間に年代づけられており（巻物によって違いがある）、それまで聖書全編がわかる最古の写本はレニングラード写本（一〇〇八年）であったが、この発見によって一〇〇〇年以上も前の聖書本文を確認できるようになったのである。紀元前ということは、イエスやパウロが読んだ聖書が

◀書物の殿堂（イスラエル博物館）

確認された旧約聖書各書の写本点数

書名＼洞穴	Ⅰ	Ⅱ-Ⅲ	Ⅳ	Ⅴ-Ⅹ	Ⅺ	計
創世記	1	1	15	2		19
出エジプト記	2	3	9（レビ記を含む1）	1		15
レビ記	1（民数記を含む）	1	6（民数記を含む1）	1	2	13
民数記		4	1			5
申命記	2	3	21	2	1	29
ヨシュア記			2			2
士師記	1		2			3
サムエル記	1		3			4
列王記			1	2		3
イザヤ書	2		18	1		21
エレミヤ書		1	5			6
エゼキエル書	1	1	3		1	6
12小預言書			7	1		8
詩篇	3	2	23	3	6	37
箴言			2			2
ヨブ記			3			3
雅歌			3	1		4
ルツ記		2	2			4
哀歌		1	1	2		4
伝達者の書			2			2
エステル記						
ダニエル書	2		5	1		8
エズラ記（ネヘミヤ記）			1			1
歴代誌			1			1

どのようなものだったかを知ることができるということである。

実際には多くの書で死海写本の本文は、それ以前から知られていた写本に基づく校訂本文とほとんど違いがないことがわかり、聖書の写本が正確に筆写されてきたことが確認された。これはユダヤ人が律法を信仰の基礎として大切にし、厳密な筆写の規則を定めて伝えてきたからだと思われる。しかし、出エジプト記やサムエル記など本文が明確に違う写本も存在し、まだ本文が流動的であったり、複数の版が存在していた場合もあると思われる。現在では、こうした情報が聖書の校訂本文を確定するための本文批評学に用いられるようになっている。

ユダヤ人の聖書解釈

死海文書の第二の意義は、注解書や共同体文書から、当時のユダヤ人たちが聖書をどう解釈していたのかがわかるようになったことである。

▶**ロクリ墓**　前二世紀頃からエルサレムの周辺では、ロクリ墓と呼ばれる特徴的な墓が造られるようになった。これは鉄器時代からの伝統的な墓に、骨蔵器（オシュアリ）などを置くロクリと呼ばれる壁龕を設けたものであり、個別埋葬の意識が強まったことを反映していると思われる。この時期に、ユダヤ人の死生観に変化があったことを反映しているかもしれない。

たとえば、『共同体規則』や『ダマスカス契約』という文書には「ハラハー」と呼ばれる解釈法が確認される。これは律法をテーマ毎に配列し、現実生活の状況に即してどう行動すべきかを示したものである。聖書は基本的に救済の歴史を記したもので、

▶ソーフェリーム（写真提供：Shutterstock）

◀**現在の校訂本文に見られるマソラ学者の注記**　ユダヤ人社会には専門のソーフェリーム（書記）たちがおり、代々厳格なルールに従って本文を書き写してきた。それを正しく伝えるためにマソラ学者たちが生まれ、本文にさまざまな注を施している。これは現在の校訂本文（*Biblia Hebraica Stuttgartensia*）の創世記末尾の注。

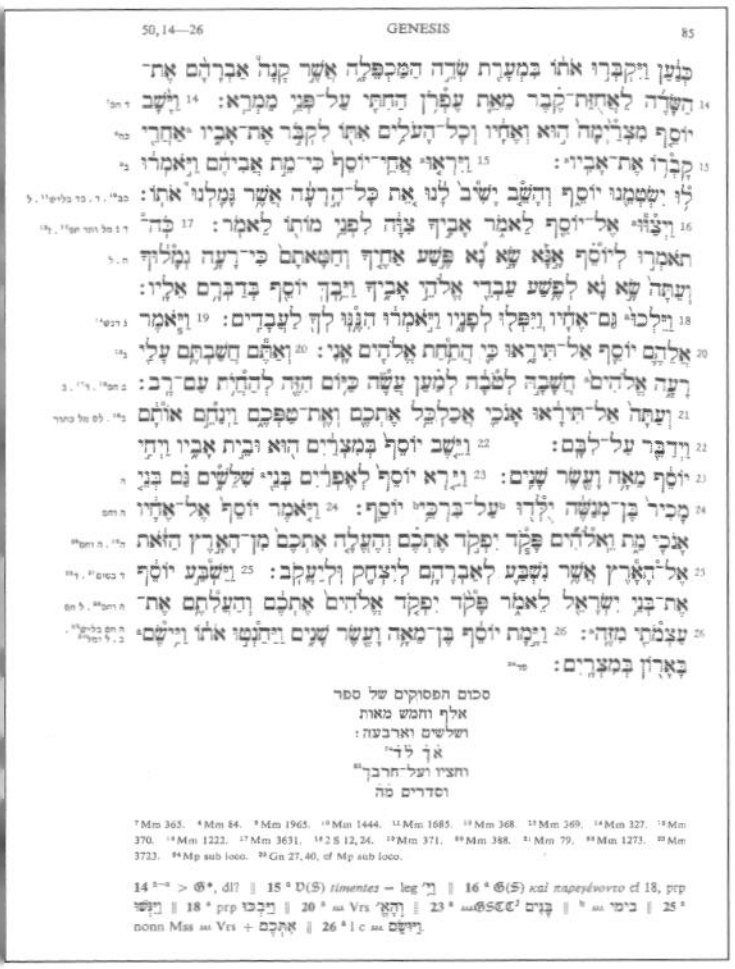
50,14—26　GENESIS　85

規則集の形になっていないが、後に成立するラビ・ユダヤ教では、律法には二四八の積極的に行うべき戒めと三六五の避けるべき戒め、合わせて六一三の戒め（ミツヴォート）があるとされる。口伝律法集であるミシュナーやタルムード（八六〜八七頁参照）も、こうした原則に従って構成されている。このように聖書を行動規定のように解釈する方法を「ハラハー」と呼び、そうした視点がすでに前二世紀から紀元一世紀のユダヤ人の間に存在していたことがわかる。クムラン共同体からミクヴェが出土していることも、すでに清浄規定が守られていたことを示している。しかし、この種の解釈法は新約聖書には見られない。

　また、「ペシェル」と呼ばれる解釈法も、『ハバクク書注解』等に見ることができる。これは、聖書に記されている人物や出来事は、終末の時により完全な形で実現するという前提に立ち、クムラン共同体や「義の教師」と呼ばれるその指導者に成就しているという解釈である。実はこれとよく似た解釈は新約聖書にもある。例えば、ペンテコステ（聖霊降臨）の時に弟子たちに聖霊が下った出来事を指して、使徒ペテロは「これは、預言者ヨエルによって語られたことです」（使徒二・一六〜二一以下）と指摘している。クムラン共同体も初代教会の人々も、自分たちが終末の時代に生きており、決定的な出来事が起きているという意識を持っていたからであろう。

　一方、「ミドラシュ」と呼ばれるラビ・ユダヤ教の聖書解釈法が、死海文書や新約聖書に見られるかどうかについては議論がある。これは聖書の中で解釈が困難な箇所を、本文中の語や文字の論理を発展させて解釈するもので、時にかなり飛躍的な物語を創造する。

　アブラハムは唯一の神を信じたとされるが、どうしてそうしたのかは聖書に記されていない。そこで、以下のような物語が生まれた（創世記ラバー三八章）。アブラハムの父テラは偶像を売っており、アブラハムは店番をしていた。ところが、父がいなくなるとすべての偶像を壊し、一番大きいものに杖を持たせておいた。父が説明を求めるとアブラハムは、ある女性が来て献げものをしたが、偶像たちは誰が最初にそれを食べるかで争い、一番大きいものが他のものを全部壊してしまったと言った。テラはそんなはずはないと怒り、アブラハムをニムロド王のところに連れて行った。ニムロドはアブラハムを燃える火の中に入れたが、神はアブラハムを守り、焼かれることはなかった。これを見たアブラハムの弟ハランも同じことをしたが、ハランは守られず亡くなってしまった。創世記一一・二七には、「ハランは父テラに先立って、親族の地であるカルデアのウルで死んだ」と書かれており、ここからこれだけの話が生まれたのである。

この話はクルアーン（二一・五一〜七〇）にも採用されているが、多くの学者はこのように発展したミドラシュが死海文書や新約聖書にあることは認めていない。

ユダヤ教の諸宗派

死海文書の第三の意義は、キリスト教やラビ・ユダヤ教成立直前のユダヤ教の諸宗派の様子がわかることである。これまでもパリサイ派、サドカイ派といった宗派は、新約聖書やヨセフスというユダヤ人歴史家の記述、ミシュナー、タルムードといった後代のラビ文書からある程度知られていたが、同時代の当事者による記録は重要である。

クムラン共同体自体は、エッセネ派と呼ばれる宗派に属していたと考えられる。一世紀の大プリニウス（博物誌五・七三）は、死海の北西岸にエッセネ派の共同体があったことを記しており、クムランの『共同体規則』に記された入信の儀式なども、ヨセフスが記したエッセネ派の様子と共通するからである。

彼らが「邪悪な祭司」と呼ぶ者はおそらくエルサレム神殿の大祭司を務めていたハスモン家のことであり、自分たちはそこから離れ、「義の教師」を中心に荒野で聖さを保ち、終末の審判を待つことをめざしたとしている。ハスモン家はセレウコス朝のヘレニズム化に抵抗して戦ったが、次第に妥協し、賄賂を贈って大祭司や世襲制の王に就くようになっていたからである（1章参照）。本来大祭司はモーセの兄アロンの家系の者が、王はダビデの子孫がなるはずで、ハスモン家にその資格はなかった。

パリサイ派もハスモン家が堕落してしまったという立場を取っていたが、彼らは荒野に隠遁する道を選ばず、市井に留まりつつ聖さを保つことを目指した。パリサイという語自体が「分離」を意味し、祭司たちがどうであれ、自分たちは律法の教えに厳格に従って聖く生きようとしたのである。

彼らは文書化された聖書を信じるだけでなく、その律法を極力破らないように、その周囲にさらに厳しくさまざまな戒律（口伝律法）を設けた。たとえば、聖書には「安息日にはどんな仕事もしてはならない」（出エジプト記二〇・八〜一一）とされているが、それでは何が労働に当たるかを考えるのがハラハー的聖書解釈である。たとえば、火をつけたり消したりするのは労働だと規定されたので、戒律を守るユダヤ人は今でも安息日にコンロの火をつけたり、自動車のエンジンをかけたりすることはしない。

イエスはこうしたものは「人間の言い伝え」だとし、しばしば議論になったことが福音書に記されている（マタイ一五・一〜一一、マルコ七・一〜一三など参照）。モーセの律法は、すでに出エジプトの救いを経験したイスラエル人が神の民にふさわしく生きるための指針として与えられたものであって、それを守れば救われるというものではなかった。しかし国を失い、帰還した共同体もうまくいっていない状況下で、律法に厳格に生きることで自分たちを神の民として正当な者と認めてもらいたいという思いが強くなり、次第に自力救済的な色彩が強くなった面は否めない。また彼らは、霊魂の不滅や死者の復活、最後の審判なども信じていた。

パリサイ派の中には、為政者がどんなに堕落していても自分たちは聖く生きたいとするヒレル派の人々と、結局異教を強要する異邦人の支配を打破しなければ神の国は実現されないとする、より厳格なシャンマイ派の人々がいた。後者の中で武力をもってでも異邦人支配を打倒しようとしたのが熱心党（ゼーロータイ）である。特に前六三年に、ポンペイウスによってユダヤがロ

▶エン・カレム　バプテスマのヨハネはザカリヤとエリサベツの子で、イエスの遠縁にあたるとされている（ルカ一・三六）。その出身地はエルサレム西方のエン・カレムで、現在は記念教会堂が立っている。

ーマの支配下に置かれると、彼らは抵抗運動を起こし、最終的にユダヤ戦争を主導することとなる（7章参照）。

一方サドカイ派は、パリサイ派やエッセネ派によって非難されたエルサレムの祭司階層を中心とした人々であり、その呼称もダビデ時代の祭司ツァドクの名からきている。彼らは宗教家であると同時に政治的エリートであり、現実主義的なインテリであった。儀式的に神殿祭儀を司る一方、霊魂の不滅や死者の復活、最後の審判などの超自然的な教義は否定し、すべては人間の意志で決まると考えていた。律法も成文律法のみを信じ、口伝律法などは受け入れていなかった。ただ一般民衆は、サドカイ派よりもパリサイ派を支持する傾向にあったようである。

キリスト教との関係

死海文書の第四の意義は、バプテスマのヨハネ（洗礼者ヨハネ）やイエス・キリストに対して、エッセネ派がどのような影響を与えたのかを知ることができることである。一時クムラン共同体がキリスト教のもととなったとする説を唱える者もいたが、現在では否定されている。しかしエッセネ派は、イエスやバプテスマのヨハネと同時期に存在したユダヤ教の宗派であり、その思想には共通する点もある。

特にイエスに洗礼を授け、彼こそメシアだと示したとされるバプテスマのヨハネは、クムラン共同体と何らかの接点を持っていた可能性が高い。バプテスマのヨハネの活動拠点は死海北西岸のユダの荒野で、クムランに近く、宗教的沐浴（バプテスマ）を強調する点も共通している。「荒野で叫ぶ者の声がする。主の道を備えよ」（マタイ三・三など）、「水のバプテスマ、火のバプテスマ」（マタイ三・一一）といったヨハネの言葉も、『共同体規則』に見ることができる。また、現在が終末の時であり、神の裁きが近づいているという認識、メシアの到来を期待する姿勢も共通である。

しかし、エッセネ派の人々が共同体生活をしていたのに対し、ヨハネは単独行動であり、エッセネ派が繰り返し聖めの沐浴をしていたのに対し、ヨハネは一度限りの「悔い改めのバプテスマ」を授けていたことは大きな違いである。今が終末の時代で神の裁きが近いという意識は、パリサイ派を含め、当時の多くのユダヤ人が共有していたもので、エッセネ派に限定されるものではない。捕囚と帰還を経験し、強い決意で信仰共同体を築こうとしたにもかかわらずうまくいっていない現状に自分たちの無力さを感じ、神の直接介入を期待するメシア待望の機運が高まっていたからである。こうした思潮自体がキリスト到来の道備えとなったともいえる。おそらくバプテスマのヨハネは、一時期クムラン共同体にいたか接触があったが、その後独自の道を歩むようになったのではないかと推測されている。

イエス自身は、バプテスマのヨハネから洗礼を受けたように、生涯のある時点でヨハネと関係があったと思われる。また、自分のことを「神の子」と呼ぶ表現や「律法の行い」といった新約聖書の言葉（ガラテア書三・一〇）は死海文書にも見られる。しかし、これらは当時のユダヤ人によく知られたものであった。終末観やメシア待望も共有しているが、これらも一般的で、クムラン共同体との直接の接点はヨハネの場合より薄いと思われる。

むしろ、イエスの教えや行動は、エッセネ派とは一線を画すものだった。クムラン共同体では私有財産や結婚が否定されていたが、イエスも後のキリスト教もそのように教えていない。クムラン教団の指導者「義の教師」は律法の最終的な解釈者とされていたが、イエスは自身が律法の指し示しているメシアだとした。律法を守る点でも、イエスはそれらの規則を厳格に守ることで自分を正当化するのではなく、神を愛し隣人を愛するという原則を大切にするようにした。

なによりも、クムラン共同体の人々が荒野に隠遁してまで自分たちの聖さを保とうとしたのに対し、イエスは病人に手を触れて癒し、取税人や遊女など罪人と呼ばれた人々と寄り添おうとした。どんなに頑張っても理想通り生きられない人間の限界を認め、そこにもはたらく神の愛と恵みに信頼するよう人々を励ましたのである。最終的に、自分が犯罪者として十字架の上で死ぬことで罪の身代わりとなり、赦しと救いが実現するというのは、自分たちが聖さを保つことで神の民としての立場を確保し、終末に備えようとするエッセネ派やパリサイ派にはありえない考え方であった。また、異邦人に対しても神の救いを認めており（マタイ八・五～一三など）、これもイスラエル民族中心主義的なエッセネ派やパリサイ人には考えられないことであった。

前二世紀から一世紀は、帰還の共同体の行き詰まりの中でユダヤ人たちがさまざまな立場に分かれ、新たな在り方を模索する時代だった。自分たちが危機（終末）の時代にあるという認識やメシア待望は共有されていたが、その中でどうしたら自分たちを正しくできるかという発想に支配されるようになっていた。しかし、イエスは「神の国」は神の正義と平和が支配する状態であって、人間がそれぞれ自分の力で実現するもの（自力救済）ではないとした。律法も、本来神の愛によって救われたこと（他力救済）への感謝の応答であったはずだとした。死海文書の映し出す当時のユダヤ社会の様相は、それだけキリスト教の独自性を示すものでもある。

▲イエスの洗礼記念教会　ヨハネの福音書1・28は、ヨルダン川向こう岸のベタニヤでイエスは洗礼を受けたとしている。ビザンツ時代の記念教会は、ヨルダン領のアル・マフタス（Al-Maghtas）の遺跡にある。

▼マカエルス（ムカーウィル）　ヘロデ大王が築いた逃亡用要塞のひとつで、やはりヨルダン領にある。バプテスマのヨハネは、その息子ヘロデ・アンティパスの不倫を非難したため、ここに幽閉され、不倫相手の娘サロメの求めによって首をはねられたとされる（マルコ6・17～29他）。

新約聖書の正典

聖書の構成

キリスト教の正典聖書は、表にあるように旧約聖書三九書と新約聖書二七書の計六六書で成り立っている。このうち、旧約聖書の内容はユダヤ教で認められるタナフ（ヘブル語聖書）と同一であるが、配列は七〇人訳（ギリシア語訳）の順に従っている。初代教会が次第にエルサレムよりも離散の共同体中心のものとなっていったからであろう。尚、七〇人訳にはタナフに含まれない外典と呼ばれるユダヤ人の宗教文書も含まれており、カトリック教会ではそれらも第二正典として認めるが、プロテスタント教会は認めていない。

新約聖書はイエスの生涯を記した福音書四書、初代教会の歴史を記した使徒言行録一書、パウロおよびその他の書簡二一書、終末の黙示を記した黙示録一書からなっており、旧約聖書のモーセ五書、歴史書、預言書、諸書という構成とよく似ている。旧約聖書を踏まえて「新しい契約」としてのキリスト教を示す意図があったと思われる。

旧約聖書は全体が救済史として記されているが、新約聖書も基本的にそれを引き継ぐ形となっている。福音書はイエス・キリストの活動を大きな時代軸に沿って記しており、特にルカの福音書の序文は前二世紀の代表的歴史家ポリュビオスとも比較される典型的な歴史書の序文である。また、初代教会の歴史を記した使徒言行録につながることからも、歴史記述的性格が強いと思われる。続く書簡類や黙示録は初代教会の課題と将来の「神の国」の完成の姿を描いており、現在（教会時代）から未来を扱っている。全体として新約聖書は、旧約聖書で始まった神の救いの歴史がいかにイエス・キリストを通して完成に至るかを示す構造となっている。

新約聖書の執筆年代

福音書が文書化されたのは、おそらくマルコが一番古く六〇年代とされる。その後、別に存在したと思われるイエスの「言葉集」（Q資料と呼ばれる）とマルコの福音書、独自資料をもとにして八〇年代頃にマタイの福音書とルカの福音書が記されたとするのが一般的な見解である。ただし、Q資料の存在はあくまで推定であって証拠は確認できない。ヨハネの福音書は、まったく別系統で一世紀末の執筆とされることが多い。使徒言行録はルカの福音書と一つながりであり、おそらくそれとほぼ同時期に書かれたと思われる。

新約聖書全体でもっとも執筆年代が古いのは、パウロ書簡だとされる。研究者によって年代推定は微妙に異なるが、ガラテア人への手紙やテサロニケ人への手紙Ⅰ、Ⅱは五〇年頃、それ以外の書もパウロがネロ帝の迫害で殉教する六〇年代後半以前の執筆だと考えられる。ただ、研究者の中には、牧会書簡を疑似パウロ書簡として二世紀初め頃に年代づける者もいる。また、ペテロの手紙Ⅱやヨハネの手紙、黙示録などは一般的に一世紀末頃に年代づけられる。

新約聖書の正典

このように新約聖書は紀元一世紀の終わり頃までにほぼすべて執筆されていたと思われるが、現在の二七書のみを正典とすることが正式に認められたのは三九七年のカルタゴの教会会議であった。これはそれ以前にこれらの書がキリスト教にとって権威ある書（聖典）として認められていなかったという意味ではない。正典（カノン）はもともと「定規」を意味する語で、単に権威のある書（聖典）ではなく、信仰の「基準」の書の範囲が確定されたのがこの時期だったということである。

実際に、パウロの書簡はすでに新約聖書が完成する以前から権威ある書とされ（ペテロⅡ三・一五～一六）、教会で回覧して朗読されていたことが知られている（コロサイ四・一六、テサロニケⅠ五・二七）。初代教会の礼拝では、旧約聖書の朗読とともにイエスを直接知っている使徒たちによる証言がなされたようである。彼らは「キリストの証人」とされており、その証は書き留められ、朗読されたと考えられる。とりわけ迫害が激しくなり、多くの使徒たちが殉教する中で、その記録を残すことはますます重要となった。

すでに一世紀末のローマのクレメンスは、さまざまな新約の書を神学論議のための根拠として引用している。また、二世紀前半のポリュ

▲インク壺とスタイロス（ペン）
▶書き板　日常的な連絡には、蠟でできた書き板が用いられた（ルカ1・63など参照）。

カルポスは、各地の教会間でパウロ書簡のやり取りが行われ、その集成が作られていたことを記している。こうした事象は、早い時期から新約聖書の多くの書の権威が認められていたことを示している。

正典化のプロセス

正典化が必要となった背景には、現在の二七書以外にもさまざまな福音書や書簡が記され、次第に教会内で選別されるようになったことがある。特に、グノーシス派などの異端が生まれてくると、正統的な信仰とは何かを明確化する必要が高まった。

その基準としては、まず「使徒継承」があった。キリスト教はイエスをキリスト（救い主）として認める宗教であり、その直接の証人である使徒たちに遡る記録かどうかが重要であった。そのため、使徒自身あるいは使徒から直接詳しく聞くことができる立場にあった者（マルコやルカ）の書であることが求められた。逆に、使徒が書いたものでもすべてが認められたわけではない。内容面でも使徒たちが生前に証したことと合致しているかどうかが検証され、各地の教会がそれを受け入れることが必要であった。

『ムラトリ断片』と呼ばれる二世紀後半のパピルスには、すでに新約聖書のリストが載っており、四福音書や使徒言行録、パウロ書簡、黙示録などが入っていたが、ヘブル人への手紙、ヤコブの手紙、ペテロの手紙等が欠け、二七書以外の書も入っていた。おそらくすでに二世紀中に大筋は固まっていたが、パウロ書簡以外の書簡の中にはまだその立場が固まっていなかったものもあったようである。一方、四世紀初頭のオリゲネスはすでに二七書の聖書を用いていたようであり、三六七年のアタナシウスの『第三九復活節書簡』もすでにこの二七書が正典化されていると述べている。カルタゴの教会会議の決定は、おそらくこのようにして次第に固まってきた正典を承認したものであり、その時点で初めて二七書を選んだものではないと考えられる。

新約聖書の性格

このように新約聖書が初代教会の活動の中で執筆、正典化されたことはあきらかであり、当然そこには彼らの意志が反映されていたと思われる。真実性の基準も、今日とは異なっていたであろう。同時に、新約聖書は基本的にすべてイエス・キリストの直接の目撃者の証言に

COLUMN 1……新約聖書の正典

聖書の構成

旧約聖書

ユダヤ教	キリスト教
律法（トーラー）	モーセ五書
創世記	創世記
出エジプト記	出エジプト記
レビ記	レビ記
民数記	民数記
申命記	申命記
先の預言者（ネビイーム）	歴史書
ヨシュア記	ヨシュア記
士師記	士師記
	ルツ記
サムエル記	サムエル記Ⅰ
	サムエル記Ⅱ
列王記	列王記Ⅰ
	列王記Ⅱ
	歴代誌Ⅰ
	歴代誌Ⅱ
	エズラ記
	ネヘミヤ記
	エステル記
	詩歌書
	ヨブ記
	詩篇
	箴言
	伝道者の書
	雅歌
後の預言者（ネビイーム）	預言書
イザヤ書	イザヤ書
エレミヤ書	エレミヤ書
	哀歌
エゼキエル書	エゼキエル書
	ダニエル書
12小預言者	ホセア書
	ヨエル書
	アモス書
	オバデヤ書
	ヨナ書
	ミカ書
	ナホム書
	ハバクク書
	ゼファニヤ書
	ハガイ書
	ゼカリヤ書
	マラキ書

ユダヤ教	キリスト教
諸書	
詩篇	
箴言	
ヨブ記	外典（第二正典）
雅歌	トビト書
ルツ記	ユディト書
哀歌	マカビ記Ⅰ
コヘレト（伝道者の書）	マカビ記Ⅱ
エステル記	知恵の書
ダニエル書	シラ書
エズラ記（ネヘミヤ記を含む）	バルク書
歴代誌	

新約聖書

ユダヤ教	キリスト教
	福音書
	マタイによる福音書
	マルコによる福音書
	ルカによる福音書
	ヨハネによる福音書
	歴史書
	使徒言行録
	書簡
	ローマ人への手紙
	コリント人への手紙Ⅰ
	コリント人への手紙Ⅱ
	ガラテア人への手紙
	エフェソ人への手紙
	フィリピ人への手紙
	コロサイ人への手紙
	テサロニケ人への手紙Ⅰ
	テサロニケ人への手紙Ⅱ
	テモテへの手紙Ⅰ
	テモテへの手紙Ⅱ
	テトスへの手紙
	ピレモンへの手紙
	ヘブル人への手紙
	ヤコブの手紙
	ペテロの手紙Ⅰ
	ペテロの手紙Ⅱ
	ヨハネの手紙Ⅰ
	ヨハネの手紙Ⅱ
	ヨハネの手紙Ⅲ
	ユダの手紙
	黙示
	ヨハネの黙示録

※本書本文中の出典記載には略号を用いる。
※赤字はユダヤ教とキリスト教で配列の異なる書。

基づくものであり、早いもので十字架刑から二〇～三〇年、遅いものでも六〇～七〇年以内、つまり同時代人の存命中に書かれていることは留意する必要がある。新約聖書の歴史的信頼性を安易に否定すべきではないであろう。

3章　ヘロデの王国

イエスの誕生とヘロデ王

イエス・キリストの誕生は、ヘロデがユダヤの王だった時のことだとされる（マタイ二・一）。ヘロデは「新しい王」（救い主）が生まれたと聞いて、ベトレヘムの二歳以下の男の子を皆殺しにしたとされており、残忍な王のイメージが強い。しかし、現在のイスラエルには彼の造った壮麗な建物が多数遺跡として残っており、非常に有能な王だったことも感じられる。そのため、「大王」と呼ばれることも多い。

ベトレヘムの虐殺は聖書外資料で確認できないが、ヘロデの残忍さと有能さの二面性は、さまざまな角度から知ることができる。一世紀のローマでユダヤ人の歴史（『ユダヤ古代誌』『ユダヤ戦記』）を記したフラウィウス・ヨセフスは、ヘロデについても詳しい記録を残しているので重要な資料となる。ヘロデの建築の多くも発掘され、その詳細を確認することができる。本章ではこれらを用いつつ、イエス誕生の背景にあったヘロデの王国の性格をあきらかにする。

ユダヤの王ヘロデ

ヘロデはユダヤの南にいたイドメア人の武将アンティパトロスの次男であった。アンティパトロスはハスモン家に仕え、ユダヤ教に改宗していたが、完全なユダヤ人の血統ではなく、ハスモン家の一員でもなかった。そのようなヘロデがユダヤの王となった背景には、前一世紀の二つの出来事が大きくかかわっている（巻末年表参照）。

まず、前六三年にローマの将軍ポンペイウスがユダヤを征服し、ローマの支配下に入ったことである。ハスモン家のヒュルカノス二世はローマの傀儡となり、実権はその高官アンティパトロスに任せられた。すでにヘレニズム化されていたハスモン家やユダヤは、その後継ともいえるローマ文化の影響を大きく受けることになる。また、ヘロデは若くして、父のもとガリラヤ地方の総督となり、成果を上げることとなった。

二つ目は、前四〇年にハスモン家のアンティゴノスが、パルティアの支援を受けて同じハスモン家のヒュルカノス二世を攻め、王位を奪ったことである。ヘロデも父や兄を失い、命からがらローマに逃走した。ところが、ヘロデはローマでアントニウスの支持を得て「ユダヤの王」に任命され（前四〇年頃）、大軍を引き連れて南レヴァントに戻ってきた。前三七年にはアンティゴノスを処刑して、名実とも「ユダヤ人の王」となるのである。さらにヘロデはヒュルカノス二世の孫娘マリアムネ一世と結婚して、自分の王位の正当化も図っている。

このように政局をうまく乗り越えて王位に上りつめたこと自体、ヘロデの有能さを表していると思われる。しかし、敵に囲まれて家族を殺された経験、ローマの後ろ盾なしに王ではいられない現実は、ヘロデが生涯パラノイア的に猜疑心の強い王となったことの背景にあるであろう。

ヘロデの有能さと残忍さ

このような政治的嗅覚の鋭さは、自分を支援してくれたアントニウスが失脚した時にも発揮される。アントニウスはクレオパトラとの結婚を通して、後に皇帝アウグストゥスとなるオクタウィアヌスと権力闘争を行うこととなるが、結局アクティウムの海戦で負けてしまう。後ろ盾を失ったヘロデは、すぐにそれまで反対勢力にいたオクタウィアヌスのところに出向き、自分がユダヤに必要なことを示し、王としての立場を維持することに成功する。

　ヘロデは自分の立場を守るためには、家族を暗殺することも厭わなかった。妻マリアムネの母アレクサンドラは、ハスモン家の復権を狙って息子のアリストブロス三世（つまり、ヘロデの義理の兄弟）を祭司長にしようとしたが、ヘロデはアリストブロスをエリコの水槽で溺れさせ殺してしまった。また、妻のマリアムネが不貞を働き、自分を毒殺しようとしたと聞くと、最初は否定したが、結局死刑にしてしまった。さすがのヘロデもマリアムネのことは愛していたようで、その後精神を病んだと言われている。

　晩年になると、自分の息子たちが王位を奪うのではないかと恐れて、マリアムネの二人の息子アレクサンドロスとアリストブロスを殺害した。自分が亡くなる前年（前五年）には、長男で後継者としていたアンティパトロスも謀反の疑いで処刑している。長男の処刑を許可したアウグストゥスは、「ヘロデの子よりは豚の子のほうがよい」と言ったとされている（Ambrosius Theodosius Macrobius, *Saturnalia* 二・四・一一）。ユダヤ人は豚を食べないので、豚の子は殺されないが、ヘロデの子はいつ殺されるかわからないからである。

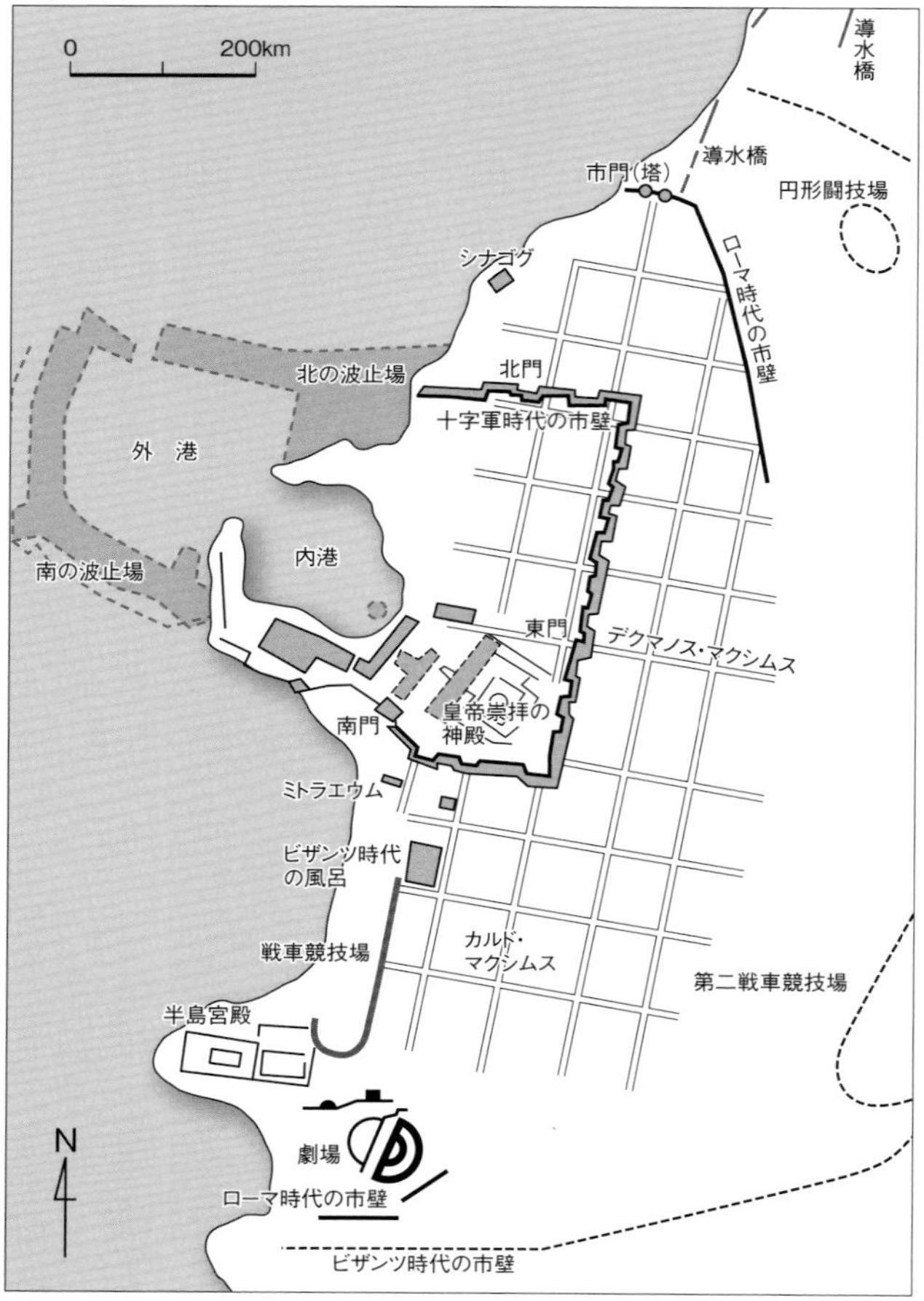

▲カエサリアの遺跡プラン

カエサリアの建設

　ヘロデが行った巨大な建築プロジェクトも、こうした文脈の中で理解される必要がある。それらの多くは、ローマへの忠誠心を示すためのものであった。ヘロデは、自分がローマの支持なしに王でいられないことをよく理解していたからである。

　その典型が、地中海岸に造った港町カエサリアで、その名前自体「カエサルの町」という意味である。元来ここに大きな湾はなかったが、当時開発されたばかりのコンクリート（水硬性セメント）を使用した水中工事で防波堤を築くなど、最先端の技術を用いて人工的な港を造った。これには地中海貿易の経済的メリットもあった。しかし外港、内港を通って船が到着すると、その正面の基壇の上に皇帝崇拝の神殿を見上

▲**カエサリアの皇帝崇拝の神殿**　高台の上にあったが、現在は展望台になっている。皇帝崇拝の神殿は他にもサマリア・セバステとガリラヤ地方（おそらくオムリット）に造られたとされている。

▲**カエサリアの港**

げるようになっており、ローマ皇帝に向けて築いた町であることはあきらかである。この町はローマ帝国のユダヤ支配の拠点となり、後にはローマ総督たちもここに滞在することとなった。

　カエサリアの都市プランも、典型的なローマ風のものであった。ローマ帝国の属州では画一的な都市が築かれ、ローマ的価値観や生活様式を浸透させていく役割を果たしたが、カエサリアはまさにそういう町であった。町の周囲は市壁と市門で囲まれ、南北にカルド・マクシムス、東西にデクマヌス・マクシムスという列柱道路が交差していた。また、町全体がその道路に沿って碁盤目状に区画されていた。フォルム（広場）やローマの神々の像の置かれた噴水が設置され、町の約九キロ北側の泉から水を運んでくる導水橋も整備された。

　海に突き出した南側の半島部分にはヘロデの宮殿が築かれ、海を見ながら入れる水泳用プールがあったことが発掘調査でわかっている。その東側にはコの字型に席が並び、横になって食事をするトリクリニウムという宴会用の食堂があった。ローマ人はグルメで知られ、「戻してはまた食べる」という飽食の文化だったとされる。アピキウスの書いた料理本も残っており、フォアグラなども当時の発明だったようだ。宮殿の上段テラスには、屋根つきの中庭があったと思われ、裁判などの公的行事が行われた。後に使徒パウロがアグリッパ二世の前で裁判を受けたのも、この場所だとされる（使徒二六章）。

　ローマ人は、漫画『テルマエ・ロマエ』で有名になった通り、風呂好きでも知られている。カエサリアでもビザンツ時代の公衆浴場が残っており、ヘロデ時代のものも各地の宮殿や地方都市で知られている。これらはカルダリウム（高温浴室）、テピダリウム（微温浴室）、フリギダリウム（冷浴室）、スダトリウム、ラコニクム（以上サウナ）といった何種類もの風呂の組み合わせでできていた。フリギダリウムは水風呂だったが、それ以外は別の部屋にある窯で熱せられた蒸気が床や壁の下のパイプ（ハイポコースト）を通って風呂を熱する仕組みとなっていた。風呂に入る前には玄関の中庭（アトリウム）で運動や議論をすることが一般的であり、飲食やマッサージも可能であった。現在の健康センターともよく似ている。一般に裕福なローマ人は、朝、使用人たちに仕事の差配をすると、残りの長い時間を風呂で過ごすことが多かった。

　さらに町の南端には海を背にした約五〇〇〇人収容の劇場もあり、修復され、現在

▲デクマヌス・マクシムス

もコンサートなどを開くことができるようになっている。その北側には、やはり海を背景とした長さ約三〇〇メートルの戦車競技場（キルクス）が存在しており、これは剣闘士たちの戦う円形闘技場（アンフィテアトルム）に改変することもできた。戦車競技も、映画『ベン・ハー』で知られる通り、ただ単に誰が最初にゴールするかというよりも、戦車同士をぶつけ合い、誰が最後まで生き残って走り続けられるかを競う血なまぐさいものであった。

　ローマの風刺詩人ユウェナリウスが、ローマ人の生活を揶揄して「パンと見世物（キルクス）」と言ったように、まさにそれは俗物的で人間の欲望に忠実な世界だった。ギリシア人は同じヘレニズムでも真理や理想を求めたが、ローマ人はその高い技術と豊かさを物質主義的で快適な生活の実現に集中させたのである。ヘロデはその導入を積極的に推し進め、カエサリア以外にも同様の町々を築いた。古代イスラエル王国（北王国）の首都サマリアもセバステ（「尊敬すべき」の意、アウグストゥスの称号の一つ）というローマ風の町に変えて皇帝崇拝の神殿を作った。こうした姿勢は、神の前の聖さや正しさを求めたユダヤ人にはまったく受け入れられず、反発を高めるだけであった。

▲デクマヌス・マクシムス沿いの豪華な家（ドムス）

城塞宮殿

　もちろんヘロデも名目上はユダヤ人であり、被支配民であるユダヤ人の歓心を買うことをしなかったわけではなかった。エルサレム神殿の大拡張工事を行ったり（5章で詳しく扱う）、ヘブロンにあったアブラハムの霊廟を整備したりしたが、ユダヤ人から信頼を得ることはできなかった。その残忍さはもちろんのこと、ローマの俗物的価値観を体現し、ユダヤ社会に持ち込んでくる張本人と理解されていたからである。

　自分の支配に不安を感じていたヘロデは、エルサレムの東に位置するユダの荒野に多くの城塞宮殿を築いて権力基盤を固めようとした。これらは、いざクーデターが起こった時に逃亡用ルートを確保するためでもあった。元来ハスモン王朝が築いたものが多かったが、ヘロデは大改築を施して自分のものとしている。

　城塞宮殿には、バプテスマのヨハネの首がはねられた場所であるマカエルス（2章参照）や、ヘロデの墓が造られたヘロディオンなども含まれるが、マサダがもっとも有名であろう。これらは険しい自然の岩山の頂上部に築かれたが、そこでもローマ的で豊かな生活を維持するための設備が供えられていた。

▲カエサリアの導水橋

▲カエサリアの噴水

▲▼カエサリアの半島宮殿　発掘調査前（上）と復元された現在の様子（下）　▲カエサリアの風呂

例えばマサダの場合、断崖絶壁の岩山の上に宮殿が設けられ、周囲は城壁で囲まれていた。北の宮殿は崖の急斜面に沿って三階構造に造られており、ユダの荒野の絶景を眺めることができるようになっていた。部屋はローマ風の列柱と漆喰装飾で飾られており、その背後には大型の倉庫があった。舗床モザイクで装飾されたローマ風呂も設置されており、ほとんど降雨量のない荒野で生活水を維持するための大型の水溜がいくつも掘られていた。この城塞は、後のユダヤ戦争の時にも重要な拠点となる（7章参照）。

エリコの冬の宮殿とヘロデの最期

ユダの荒野のオアシスに位置するエリコの町にも、ヘロデは「冬の宮殿」を築いた。エルサレムの冬は寒くなるので、その間ヘロデは好んでエリコの宮殿を用いたようである。全体像はまだ不明なものの、宮殿の周囲には導水橋や戦車競技場、シナゴグなどがあったことが知られており、相当な大きさの町だったと考えられる。

宮殿の遺跡はトゥルル・アブ・アル・アライク（Tulul Abu al-'Alayiq）と呼ばれており、やはりハスモン王朝の宮殿をヘロデが大改築したものだった。フレスコ画や漆喰細工が施された壁やモザイク床で装飾された宮殿、対になった水泳プールなどで構成されており、

▲**劇場**　ギリシアでは哲学的な内容を扱う悲劇が中心だったが、ローマではより軽いエンターテインメント的な喜劇が好まれた。

▲**カエサリアの戦車競技場**　写真は出走地点の様子

◀**ピラト碑文**　この碑文はピラトの歴史的実在性を証明するだけでなく、ローマによるユダヤ支配の拠点がカエサリアにあったことを示すものである（イスラエル博物館蔵）。

▶**サマリア・セバステの皇帝崇拝の神殿**

▲**マサダ遺跡の全景**　切り立った岩山の上（手前側）に3階構造の宮殿がある。

▶**ダビデの塔（エルサレム）**　ヘロデのエルサレムの宮殿は、この位置にあったとされるが、その痕跡はわずかしか見つかっていない。

ヘロデがアリストブロス三世を殺したのもこのプールである（二八頁参照）。もともと宮殿はワディ・ケルトという涸谷の北岸だけにあったが、ヘロデは南岸にも宮殿を拡げ、列柱廊で囲まれた広間、プール、風呂、ミクヴェ、庭、果樹園などを設け、それぞれ豪華に装飾した。また、ローマから職人を連れてきたことが知られており、ダイアモンド型にレンガを積むオプス・レティクラトゥム（Opus reticulatum）という当時人気だった技術も用いられていた。

ヨセフスによると、晩年のヘロデはかなりの痛みを伴う病気で苦しみ、死期を悟ると、ユダヤ人の指導者たちをエリコの競技場に集めたとされる（古代誌一七・八・一〜二）。ヘロデは神殿建設のことで彼らに激しい不満を持っており（5章参照）、自分の死と同時にこれらの人々をすべて殺害するように命じたという。自分が死んだとしても誰も悲しまないであろうことを予測していたので、こうすることで国中が喪に服すると考えたのである。この競技場は、旧約聖書時代のテル・アッ・スルタンと「冬の宮殿」の間にあるテル・アッサマラート（Tell as- Samarat）の遺跡だと考えられる。実際には戦車競技場で、北端は劇場のよう

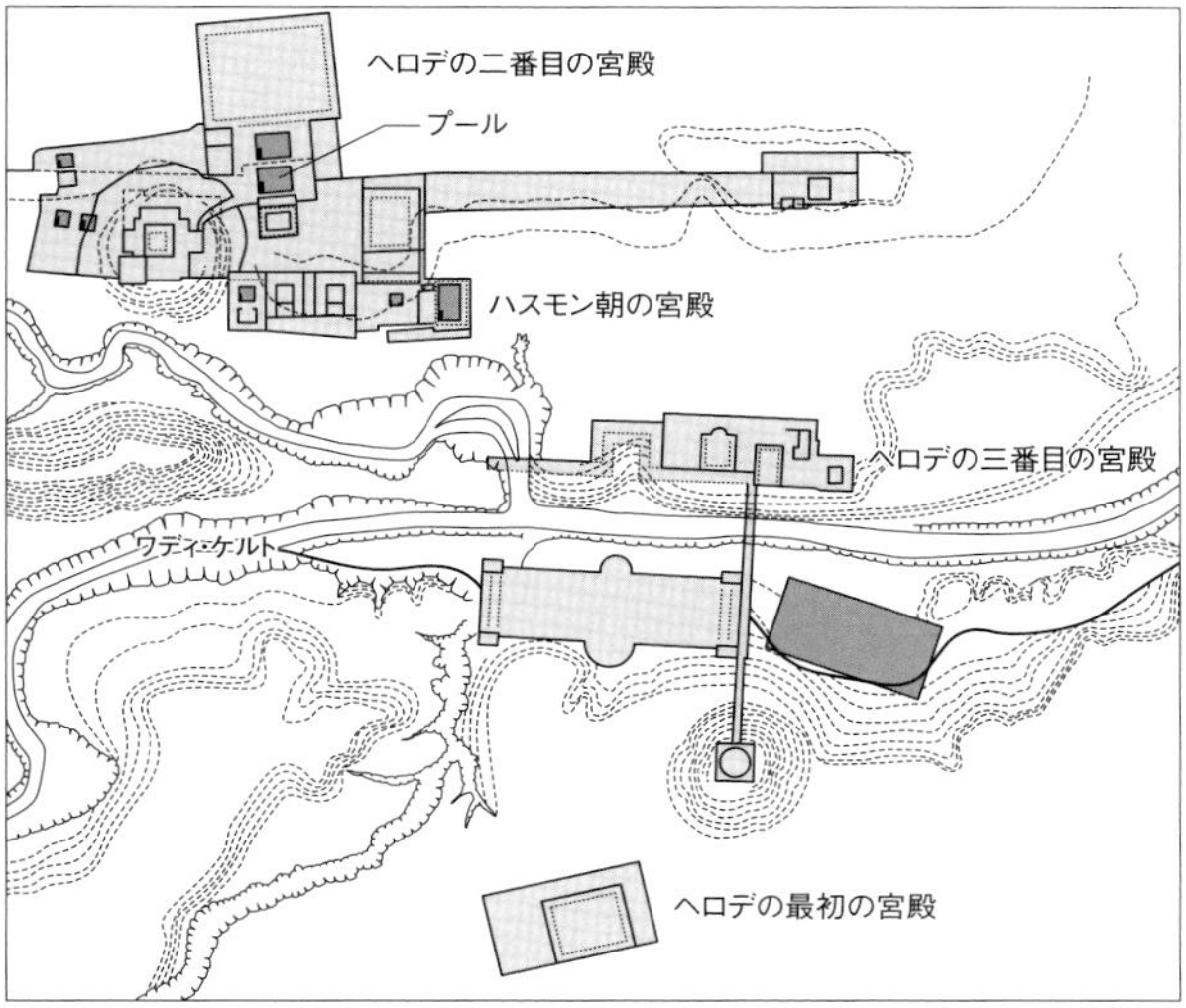

▲エリコの冬の宮殿　全体見取り図

▲ワディ・ケルトの北岸の宮殿から南岸を臨む

▲オプス・レティクラトゥム（網目積み）というレンガ積み技法が用いられた風呂

▲戦車競技場　ヘロデは神殿に黄金の鷲を持ち込もうとして止められたため、ユダヤ人の指導者たちに不満を持ったとされる（ヨセフス戦記33・1〜5）。

▲**北の宮殿のローマ風呂**　イスラエル博物館内の復元展示。

▲**マサダ遺跡、北の宮殿**

▲**ヘロディオンの全景**

▲**ヘロディオンの宮殿**　奥にトリクリニウム、手前にローマ風呂が見える。

▲**ヘロデの墓**

になっていた。ただヨセフスは、この殺害命令は実行されなかったとしている。

ヘロデの墓

　ヘロデが死ぬと、その遺体はエリコから城塞宮殿の一つであるヘロディオンまで黄金の棺台に載せて葬列で運ばれ、そこに埋葬された（古代誌一七・八・三）。ヘロデは、前もってこの墓所を用意していたのである。この墓がヘロディオンのどこにあるのかは長年不明であったが、ヘブル大学の考古学者E・ネツェルによる三〇年以上の探索の結果、二〇〇七年に発見された。墓は人工の丘の中腹にあり、壊れた石棺が確認されたが、遺体はすでに失われていた。しかし、大きな基壇や劇場があり、特徴的な花模様で装飾された棺が見つかったことから、これがヘロデ大王のものであることは間違いないと思われる。

　実はヘロディオンは何もない荒野の中にあるが、ここはヘロデが若い時に命からがらローマに逃げる起点となった場所であった。そのような墓を維持するため、ヘロデは近くの村の住民をそっくり移住させたと言われている。自分の墓を守ってくれる人がいるという確信を持てなかったためであろう。ヘロデは長いイスラエルの歴史の中でも稀に見るほどの能力を持ち、当時最高レベルの建築に囲まれ、ローマ風の豊かな生活を送ったが、結局最後まで心の平安と満足を持てなかったようである。その姿には悲しみを感じる。

イエスはいつ、どこで生まれたのか

イエスはいつ生まれたのか

いわゆる西暦は世界で広く用いられており、キリストの誕生を起点としていることもよく知られている。そうすると、イエスの誕生は紀元一年になるはずであるが、実際にはそうなっていない。最初に西暦を算定した六世紀の神学者ディオニュシウス・エクシグウスが誤ったためだと思われる。

マタイの福音書二・一はイエスの誕生をヘロデ王の時代としており、ルカの福音書二・一〜二はアウグストゥスが皇帝で、クィリニウスがシリア総督の時代に行われた人口調査の時だとしている。ところが、ヘロデ王は前四年に亡くなったことが知られているので、イエスの誕生はそれより後ではありえない。一般には、ヘロデの死より数年前が実際のイエスの誕生年だろうと考えられている。

その場合、アウグストゥスは前二七年から紀元後一四年まで皇帝だったので問題ないが、クィリニウスは後六年から九年までシリア総督だったのでルカの記録と合わなくなってしまう。これにはさまざまな解決法が提案されているが、いまだに決定的な見解はない。

一つは単純にルカ二章の記事が間違っており、後六年にクィリニウスが行った人口調査が、イエスの誕生とは関係ないにもかかわらず挿入されてしまったというものである。この人口調査はマリアとヨセフがベトレヘムに移動するきっかけとなった出来事であり、ベトレヘムはメシアが生まれる町と預言されていたので、イエスがメシアであることを示す神学的な意図をもってルカがこのエピソードを挿入したとされることが多い。

しかし、ルカ文書は全体的にローマ史上の出来事について正確に記す傾向があり、ここだけあえて事実と違うことを書いたとは考えにくい。とりわけマリアたちがベトレヘムに行くのに人口調査が必要だったわけではないからである。また、ルカはこれをクィリニウスによる「最初の」人口調査とわざわざ記しており、使徒五・三七では後六年の人口調査について言及している。そうすると、それ以前にもう一回人口調査を想定していたことになり、単に後の出来事を当てはめたというだけでは説明にならない。

このため、クィリニウスが二回シリア総督になったという説もある。クィリニウスは前一二年にローマ市の執政官（コンスル）になり、前三年にアジア州の総督となったことが知られているが、その間にシリア総督を務めていた可能性を想定するのである。アウグストゥス帝は前二八年、前八年、後一四年の三回人口調査をしているので、このうち前八年のものを指している可能性が考えられる。実際、ラピス・ティブルティヌス銘文には二度シリア総督になった人物の記録がある。その名前はわかっていないが、これがクィリニウスであった可能性も

▲聖誕教会（ベトレヘム）全景

ある。

もう一つの説は、ルカ二・一をクィリニウスによる「最初の」の人口調査ではなく、クィリニウスが総督になる「前の」人口調査と訳すものである。文法的にはどちらも可能な訳である。クィリニウスはローマ帝国がユダヤの独立を奪い直轄領にした時の総督であり、それより前の人口調査というのは無理のない表現であろう。前九～六年にシリア総督であったサトゥルニウスが人口調査をしたことは知られており、このことを指しているのかもしれない。

ただこれらはあくまで可能性で、どれも決定的ではない。現状では、おそらく前四年の数年前という以上のことは言えないであろう（クリスマスを一二月二五日とすることについては、コラム6を参照）。

イエスに関する言及
タキトゥス
この一派の呼び名の起因となったクリストゥスなる者は、ティベリウスの治世下に、元首属吏ポンティウス・ピラトゥスによって処刑されていた。（年代記15・44）
スエトニウス
ユダヤ人は、クレストゥスの煽動により、年がら年中、騒動を起こしていたので、ローマから追放される。（ローマ皇帝伝「クラウディウス」25）
ヨセフス
さて、この頃、イエスという賢人［――実際に彼を人と呼ぶことが許されるならば――］が現れた。彼は奇跡を行う者であり、また、喜んで［真理］を受け入れる人たちの教師でもあった。多くのユダヤ人と少なからざるギリシア人とを帰依させた。［彼こそはキリストだったのである。］ピラトゥスは、彼が我々の指導者によって告発されると、十字架刑の判決を下したが、最初に彼を愛するようになった者たちは、彼を見捨てようとはしなかった。すると、彼は3日目に復活して、彼らの中にその姿を見せた。すでに神の預言者たちは、これらのことや彼に関するその他多くのことを語っていたが、それが実現したのである。尚、彼の名にちなんでクリスティアヌスと呼ばれる族（やから）は、その後現在にいたるまで連綿として残っている。（ユダヤ古代誌18・63～64）
バビロニア・タルムード
過越祭の前日の夕刻、イエスは十字架にかけられた。（「サンヘドリン篇」43a）

イエスはどこで生まれたのか

イエスの誕生については、その年だけでなく場所についても議論がある。聖書はユダのベトレヘムとしているが、それに疑問を呈する研究者たちがいるからである。いくつか理由があるが、主なものは以下の通りである。①マルコの福音書やヨハネの福音書は、ベトレヘムで

◀**聖誕教会の洞穴**　ベトレヘムの聖誕教会では、イエスが生まれた家畜小屋として洞穴を記念している。よく聖画などに見られる木造切妻屋根の小屋ではない。当時の貧しい人たちの住居は洞穴であり、ベトレヘム周辺にも多数見られる。仮にイエスの誕生がベトレヘムでなくナザレだったとしても、同様に多くの洞穴住居が知られている。

▲羊飼いの野の教会　やはり羊飼いたちが滞在していた洞穴が記念されている。

の誕生の記事を含めておらず、「ナザレのイエス」と呼んでいるから。②マタイはベトレヘムでの誕生を東方の博士たちの来訪を結びつけているが、ルカは羊飼いの礼拝と関連させており、内容が異なっているから。③マタイ（二・一～六）は、ベトレヘムでの誕生を旧約聖書ミカ書五・二の預言の成就としており、神学的動機によってこの記事を含めたと考えられるから。④ルカはマリアとヨセフが人口調査のためにベトレヘムに移ってきて出産したとしている（二・一～七）が、上述の通り、総督クィリニウスの時代の人口調査はもっと遅い時期（紀元六年）だったかもしれないから。

　ここでもイエスがベトレヘムで生まれたことを実証することはむずかしいが、だからと言ってその可能性を否定することもできない。

　一つずつ検討すると、①イエスがナザレ人と理解されていたとしても、それは必ずしもナザレで生まれたことを意味しない。私自身幼少期から高校卒業まで神戸で育ち、この本の著者紹介でも「神戸市出身」としている。しかし、厳密に言うと、生まれたのは大阪府池田市だったが、物心つく前に神戸に引っ越した。たしかに蓋然性を論じれば、出身地で生まれたほうが高いであろうが、私のような人は少なくないであろう。

　②マタイの記事とルカの記事はまったく異なった内容であるが、矛盾するわけではなく、羊飼いの話も東方の博士の話も併せて理解することが可能である。

　③たしかにマタイがミカ書を引用し、イエスがベトレヘムで生まれたことをメシアの証拠として示す点には神学的動機が見てとれる。しかし、ルカはミカの預言に直接言及しておらず、羊飼いのエピソードを導入するだけならベトレヘムである必要はない。また、思想的動機のある記述がすべて事実に基づかないとも言えない。

　④クィリニウスの人口調査が誤りであるとするなら、それはルカのクリスマス物語の信頼性を否定するものになるであろう。しかし、すでに示したように、この問題はルカが単純に後の時代の話を持ち込んだというだけでは説明にならず、さまざまな可能性が考えられる。現状では、これを根拠にベトレヘムでの誕生を否定するには無理がある。

イエスは実在の人物か

　このようにイエスがいつ、どこで生まれたかを確実に知ることは難しい。しかし、だからと言ってその実在性を疑う研究者はほとんどいない。こうしたことは古代の人物に関しては珍しいことではないからである。また、イエスの存在については新約聖書をはじめキリスト教関係の文書が多数残っているだけでなく、キリスト教に反対する立場にあったローマ人やユダヤ人の史料にもイエスに関する証言が認められるからである。

　詳しくは、前頁の一覧表を見ていただきたいが、ローマ時代の歴史家のタキトゥスやスエトニウスがクリストゥスあるいはクレストゥスとしてイエスのことを記しているし、ユダヤ人歴史家のヨセフスも詳しくイエスの活動を記録している。ヨセフスの記事はあまりにキリスト教寄りなので、鍵かっこの中はキリスト教徒による加筆ではないかとも議論されているが、全体を創作だとする研究者は少ない。また、バビロニア・タルムードもイエスの十字架刑に言及している。実際、弟子たちが福音を語り始めた時にイエスの存在を否定する者はいなかったし、イエスなくしてキリスト教や弟子たちがどこから出てきたのか考えにくいので、イエスが実在の人物であったことはたしかであろう。

4章

ナザレのイエス

イエスが生まれたのはヘロデ大王の時代であったが、公の活動を行った時には、すでにその息子たちの時代になっていた。その活動のほとんどはガリラヤ地方の田舎で、カエサリアのようなローマ都市とはかなり異なる貧しい一般庶民の間で行われた。イエスの教えにも、農業や漁業などと関連したわかりやすいたとえ話が多い。抽象的な議論でなく、普通の人たちと共に生きる姿勢を表したものであろう。そのため、当時の社会や産業を知ることで、イエスの活動や教えの意味もよりよく理解できるようになる。

ガリラヤ地方の村――ナザレ

「ナザレのイエス」と呼ばれるように、イエスはナザレという村の出身と理解されていた。この村は非常に貧しい小さな村だったことが発掘調査で知られている。

▲ナザレ全景 現在では、受胎告知教会を中心にある程度の大きさのクリスチャン・アラブ人の町となっている。

▼現在のナザレ

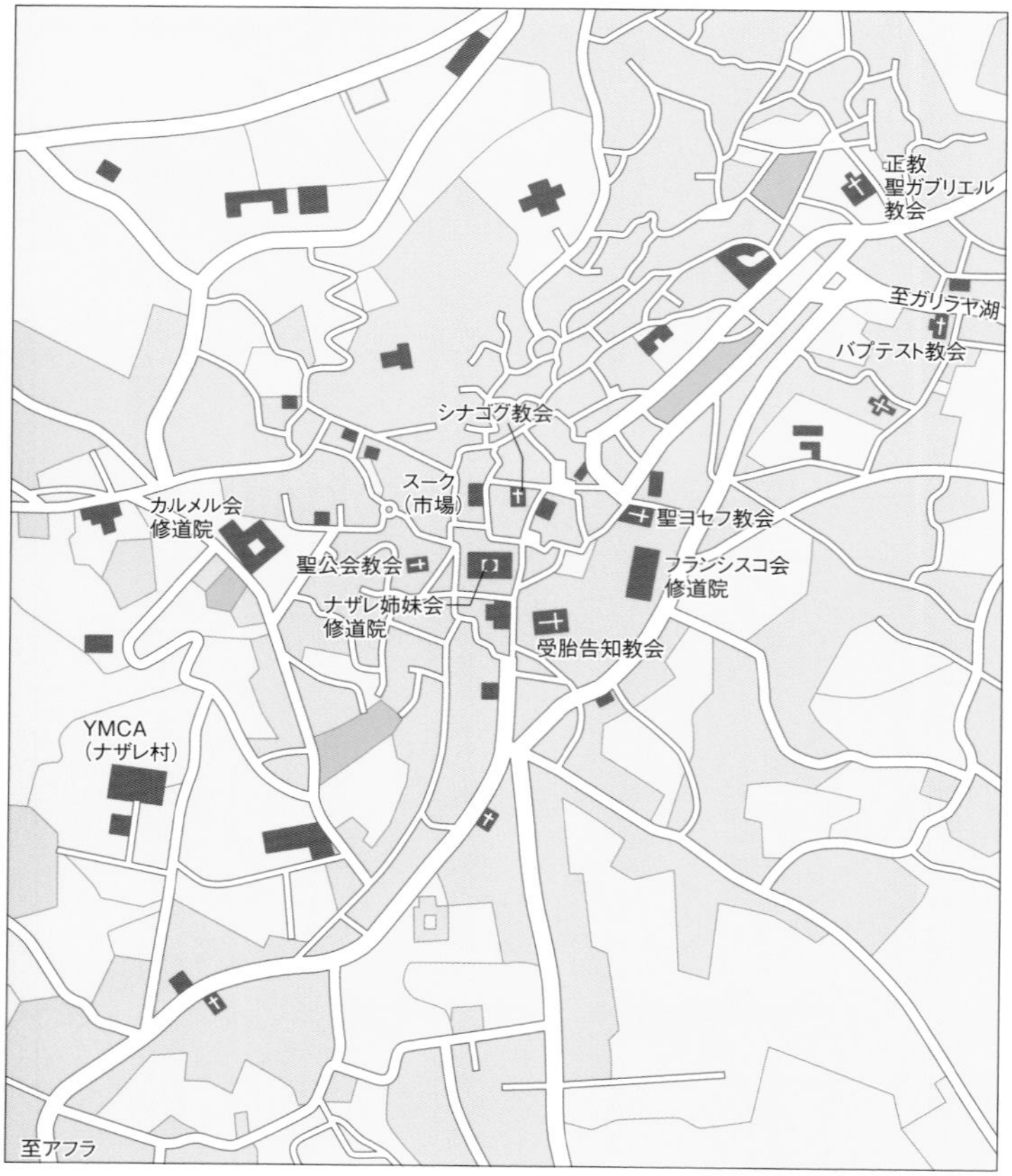

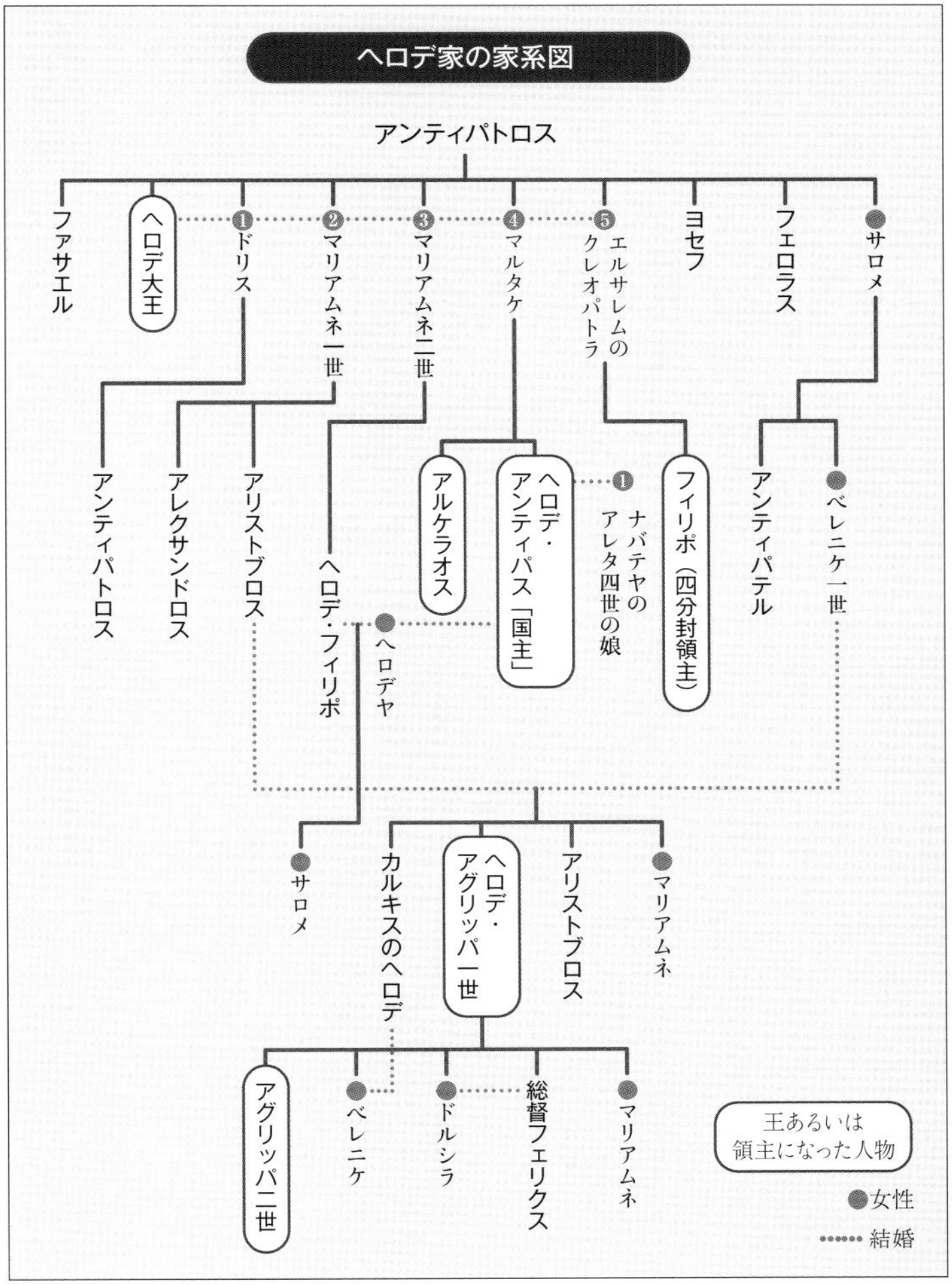

①受胎告知教会、聖ヨセフ教会

　現在の町の中心には受胎告知教会があるが、これはマリアがイエス懐妊のお告げを受けたとされる洞穴の上に立っている。つまり、マリアは洞穴に住んでおり、そこで天使と出会ったと考えられている。この洞穴の前面には、キリスト教が公認される前の三世紀頃から囲いのような建物（ユダヤ人キリスト者のシナゴグ？）があったことが知られており、ビザンツ時代にコンスタンティヌス帝の母ヘレナによって、その洞穴をアプス（祭壇の背面にある半円形の空間）の横に置くように受胎告知教会が造られた。その教会堂は十字軍時代に再建され、近代に入ってからも一七三〇年と一九六九年に改築されて現在の建物となっている。外観は比較的新しい建物に見えるが、中に入るとこうした教会の歴史が層位をたどって見られるようになっている。

　もちろん、この洞穴が実際のマリアの住居であったかどうかを証明することはできないが、洞穴には貯蔵穴（サイロ）や水溜め、粉ひき臼なども残っており、居住のために用いられていたことはたしかである（洞穴の上にテントなど簡単な上部構造があった可能性はある）。同様の洞穴は、受胎告知教会の北側にある「聖ヨセフ教会」の地下にも見ることができる。これもイエスの父親となったヨセフの住居と確定することはできないが、やはり貯蔵穴などが出土しており、居住用であった。これら二つの教会の間の空間も発掘されており、石灰岩の岩盤を加工した貯蔵穴やオリーブ搾り機、釣り鐘型の貯水槽などの農業施設が確認された。出土遺物は生活最低限のものだけであり、贅沢品などは認められなかった。最近の調査では、村から小さな石造りの住居も確認されているが、ナザレの人々の多くはこうした洞穴を利用して生活していたものと思われる。

②洞穴の伝承

　受胎告知の洞穴の南側にはモザイクの床が九か所残っており、そのうち六点はビザンツ時代の教会のもの、一点はそれを修復したより精度の高いものである。一方、もっとも洞穴に近い二点はビザンツ時代の教会とは方向がずれており、それより古いものだと考えられている。そうすると、これ

▲受胎告知の洞穴を利用したアプス

▼**アプスの天井と壁**　正面横の半円形の窪みはサイロの跡。天井には空気穴が後から開けられている。右側のくぼみ（アプス）と奥の通路も後代につけられたものである。

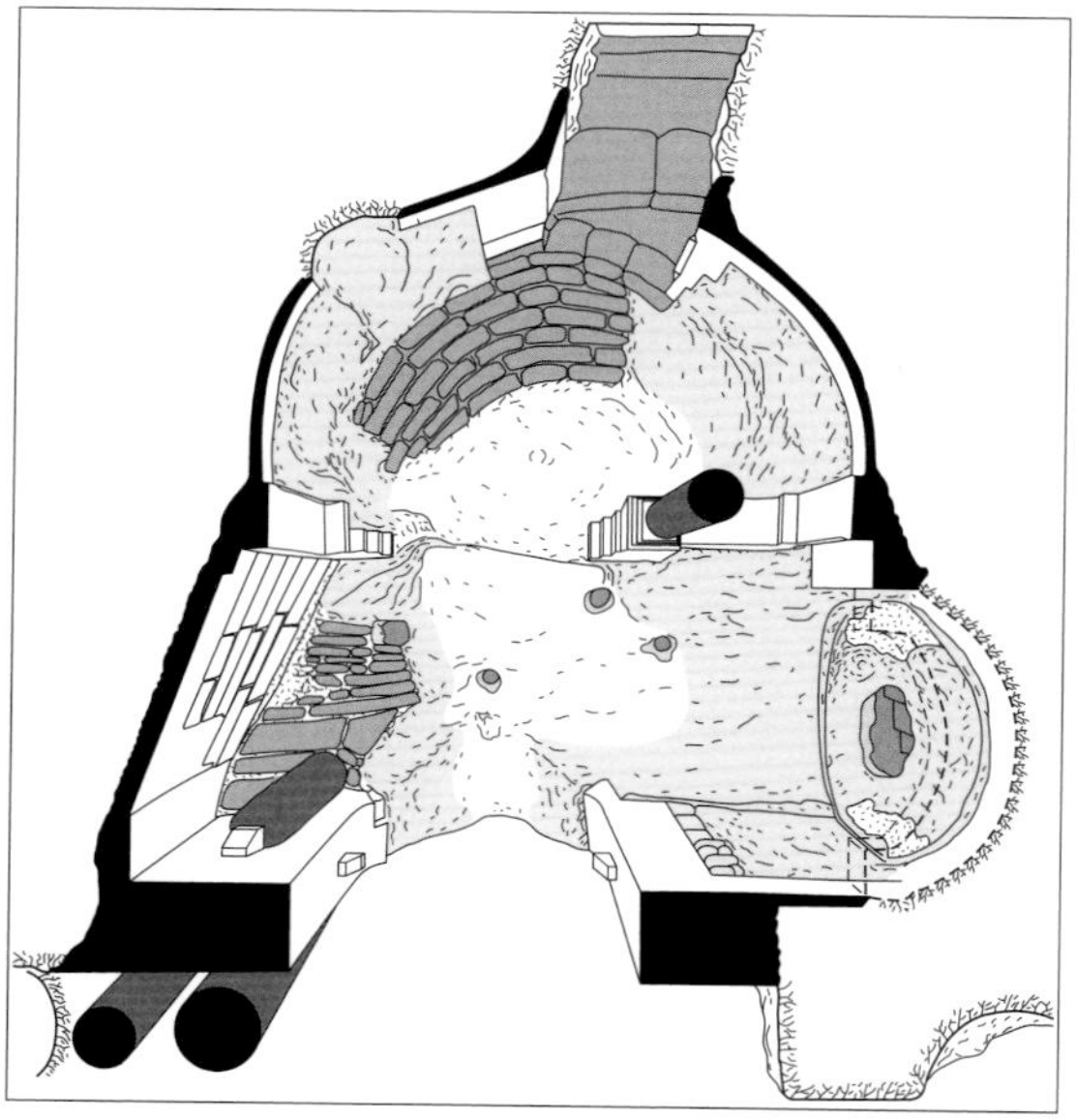

▶受胎告知教会の正面

▶聖ヨセフ教会の洗礼槽

らは公認以前（三世紀頃）の建築の一部だったことになり、上述の囲いと関係していたかもしれない。すなわち、この洞穴とマリアを結びつける伝承は、ビザンツ時代以前に遡ることになる。

　また、ビザンツ時代の教会堂の床下には、約二メートル四方の四角い水槽があった。水槽へは階段で降りるようになっており、北東角の床は一段窪められ、壁には多数の模様が刻印されていた。同様の水槽は聖ヨセフ教会にもあり、こちらは床にモザイクが敷かれていた。聖ヨセフ教会の水槽からは、後期ローマ～ビザンツ時代の土器が出土している。発掘したバガッティは、これらが最初期（三世紀）の洗礼槽だった可能性を指摘しているが、単なるブドウ酒をつくるための桶だとする説もある。実際、受胎告知教会のものからはブドウ摘みに使うタイプの黒曜石のナイフが出土しており、これらの教会の周囲からは農業施設が確認されている。しかし、

▲受胎告知教会と聖ヨセフ教会の間で発掘された農業施設や地下水槽

▲聖ガブリエル教会　教会の中にマリアの泉が存在する。

一般にブドウ酒を貯める水槽に階段がつくことはあまりなく、装飾の施されたモザイク床になることも考えにくい。少なくとも聖ヨセフ教会のものは一時期洗礼槽として用いられた可能性があるのではないだろうか。

　また、受胎告知の洞穴の西側にはより小さな洞穴があり、『コノンの殉教録』で知られる殉教者コノンを記念した聖堂として用いられてきた。『殉教録』によると、コノンはデキウス帝（在位　二四九～二五一年）の時代にパンフィリアで処刑された庭師で、ガリラヤのナザレ出身のイエスの家族であり、代々信仰を受け継いできたことを語っている。洞穴の入口前には、四世紀のビザンツ教会のモザイクがあり、「エルサレムの監督コノンによる」という銘文が記されている。このコノンは殉教者本人ではないが、ヘレナが受胎告知教会を建設した際に、同名であるエルサレムの監督がこの殉教者聖堂を献げたものと思われる。この洞穴は位置的にも受胎告知洞穴とセットで崇敬されていたと考えられ、洞穴の内側にはビザンツ時代以前（三世紀）のモザイクが存在する。また、洞穴自体の漆喰からはコンスタンティヌス帝時代初期のコインが出土しており、すでにその時代から何らかの崇敬が行われていたことを示している。この殉教者記念聖堂の存在は、ビザンツ時代までユダヤ人キリスト者たちがナザレに継続して存在していたことを示す上でも興味深い。

③マリアの泉

　受胎告知教会はカトリック教会であるが、そこから東に六〇〇メートルほどの地点にギリシア正教のマリアを記念する教会（聖ガブリエル教会）がある。ここは泉とそこに降りる階段を記念している。当時水汲みは若い女性の仕事だったので、マリアもここに水を汲みに来て、天使と出会ったということであろう。ただ、泉は通常村外れに位置していたので、このことは村が非常に小さかったことも意味している。

　こうしたことからイエスの出身地のナザレは、極めて貧しい最底辺の村だったことがわかる。イエスの弟子となる前にナタナエルが「ナザレから何かよいものが出るだろうか」（ヨハネ一・四五～四六）と言った理由がよくわかる。ただ、洞穴住居は前述のようにベトレヘムやクムランでも知られており、当時の貧しい人々にとって珍しいことではなかった。

ガリラヤ地方の都市

　一方、ガリラヤ地方にもローマ風の中心

▶セフォリスのカルド・マクシムス

◀セフォリスの大型住居（ドムス）のモザイク床　「ガリラヤのモナ・リザ」と呼ばれている。

▶フィリポ・カエサリアの宮殿　ペテロがイエスに対して「あなたは生ける神の子キリストです」と信仰告白をした場所として有名である（マタイ一六・一六）。

都市は存在した。ヘロデ大王の死後、南レヴァントは三人の息子たちによって分割統治されることになり、それぞれが拠点都市を築いたからである。ユダヤ、サマリア、イドメア地方はアルケラオス、ガリラヤ、ペレア地方はアンティパス、トランスヨルダン地方はフィリポが支配した（五頁の地図、三九頁の系図参照）。アンティパスはセフォリスやティベリアの町を、フィリポはフィリポ・カエサリアを築いている。

①セフォリス

セフォリスの町はナザレの北六キロほどにあり、ちょうどイエスの時代に建設されたと考えられる。一世紀の町にはミクヴェなども認められ、まだ住民の中心はユダヤ人だったと思われるが、町は碁盤目状に区画され、中心には列柱道路が走っていた。その周囲には店舗や石造りの豪邸が並んでいた。二世紀以降になると、ローマ化がさらに進み、劇場や異教のモザイクで飾られたドムスと呼ばれるローマ式の大型住居なども認められるようになる。

イエスとその父ヨセフの職業は大工であり、彼らはこの町の建設にかかわっていたのではないかと想定する研究者も多い。そうすると、彼ら自身は非常に貧しい生活をしていたが、ローマ都市を知らなかったわけではなかったこととなる。仕事をするために、ある程度ギリシア語を理解したと考える研究者もいる。

②カファルナウム

ヘロデ王朝主導で造られたローマ風の町以外にも、比較的大きな町は存在した。イエスが公生涯に立ってから、活動の中心としたカファルナウムはガリラヤ湖北岸の町で、北のダマスカスに続く交通の要衝として発達した。ローマ軍も駐屯していた。列柱道路はなかったが、町を南北に貫く舗装されていない中央の通りに沿って区画され

▲**カファルナウムのシナゴグ**　この遺構はビザンツ時代（4世紀）のもの。

▼**マグダラの魚群を監視する塔**　10章のシナゴグの写真も参照。

た街区があった。住居は黒い玄武岩の石造りであった。

街区の一つはシナゴグで、現在でも四世紀の白く美しい建物が残っている。その基礎には黒い玄武岩でできた一世紀の建物があり、これがイエスが説教をしたシナゴグではないかと考えられる（マルコ一・二一など）。一世紀のものであることは、周囲の街区がその年代であることや、四世紀の建物の下から一世紀のコインや土器が出土したことからほぼ確実である。また、この下の遺構は四世紀の建物と若干ずれているため、その基礎とは考えにくく、上等の切石でできていることから、公共建造物だった可能性が高い。宗教建築は同じ場所に建て直されることが一般的なので、シナゴグであったと思われる。そうすると、これはイエスに僕を癒してもらったローマの百人隊長が寄進したシナゴグということになる（ルカ七章）。

③マグダラ

マグダラは、イエスに従った女性の弟子の代表格マグダラのマリアの出身地であるが、近年その発掘も進んでいる。この町はガリラヤ湖の漁業の中心地で、魚の塩漬け加工なども行われていた。発掘によって、美しいシナゴグの他、魚群を観察するための塔、獲った魚を入れておく水槽、係船石などの港湾施設が確認されている。しかし、ガリラヤ湖の周辺で知られている港関連の集落の多くは、このように大規模ではなかった。

社会格差と身分制

南レヴァント地方の社会格差は以前から存在していたが、ローマ帝国の属州支配によって加速化した。ローマ帝国は実質上奴隷制をもとにした身分制社会であり、ローマ市民と属州民の区別も明確だったからである。

共和政時代のローマは市民による統治を原則とし、正式名称もSPQR（元老院ならびにローマ市民）としていた。しかし、現実には貴族（パトリキ）で構成される元老院に政治は握られ、平民（プレブス）には不満があった。貴族や平民の中で豊かになった者（騎士階級、エクイテス）は大土地を所有して農場経営を行ったので、市民の中でも土地を失う無産市民が増え、階層差が広がっていった。属州から安価な食糧が入ってくるようになると、さらに土地を失う没落農民が増えた。こうした無産市民の不満を除くために行った援助が「パンと見世物」である。

その下には自由民だが市民権を持たない者たちがおり、さらに奴隷たちが現実の労働を担っていた。奴隷の多くは、戦争の捕虜や借金が返せなくなって売られた者たちだった。戦争が少なくなり奴隷が減ってくると、没落した市民や自由民も大土地農園で労働者として使役されるようになった。実際には、投票権を持つ人はローマの成人男性の四分の一もおらず、市民権を持たない自由民と奴隷だけで人口の半分を占めていたとされる。

すなわち、ローマ市民の中にも、政治家や軍人、農場経営者として大きな一戸建て住宅（ドムス）に住む貴族や騎士階層の者もいれば、土地を失い、インスラと呼ぶ高層集合住宅に住む貧しい者たちもいたことになる。インスラの上層階には水回りもなく、生活環境は劣悪だった。前章で見たような豊かな物質生活を享受できたのは、ごく限られた人たちだったということであろう。

徴税制度と「取税人」

ローマ帝国は基本的にローマ市民の国であり、属州民は納税においても区別され、搾取された。属州税は住民（人頭）税として収入の一〇分の一、取り上げられた土地の地租として収穫物の三分の一（三分の一税）を納める必要があった。このほか、通行税や販売税などの間接税もあった。アウグストゥス帝時代から税は現物ではなく、銀貨で支払うこととされた。しかし、考古学的に知られる銀貨の流通量は限定的なことから、徴税の組織化が主な目的だったように思われる。こうした税を払うべきかどうかを聞かれたイエスは、「カエサルのものはカエサルに、神のものは神に返しなさい」と答えている（マルコ一二・一七）。銀貨には、皇帝の顔が刻印されていたからである。

属州での税の徴収は、取税人（収税人）と呼ばれる人々が担当した。ローマ総督は、地元の民間人に入札をさせて「取税人のかしら」を決めていた。税額自体は人口調査や土地の評価額で決まっており、その額をローマに納める必要があったが、取税人たちは「経費」を上乗せして徴収していたようである。また、税金を払えなくなった人にはお金を貸しつけ、その利子で儲け、それでも払えなくなった人は土地を手放して、奴隷にならざるを得なくなった。元来律法では借金の利子を取ったり、そのかたに土地を取り上げることは禁じられていた（レビ記二五・三五〜三七、申命記二三・二〇）が、それを無視する無慈悲な取税人たちは「罪人」とみなされたのである。まして、自分たちを抑圧するローマ帝国の手先となって、それを行う取税人は嫌悪された。

イエスに出会って回心し、それまでの不正のすべてを返すと約束したザアカイという人物は、エリコの町の「取税人のかしら」であった（ルカ一九・一〜一〇）。また、福音書の一つを書いたマタイは、カファルナウムの町の取税人であった（マタイ九・九）。たしかに取税人は金のためには何でもする卑しい人たちだったかもしれないが、大きく見るとローマ帝国の支配がもたらした社会矛盾の現れともいえる。イエスは、取税人も含め、現実生活の中でもがいている人々に神の愛は向けられていることを示そうとしたのである。

農業の運営

ガリラヤ地方の代表的な産業は農業であった。ナザレの南に広がるイズレエル平野は、イスラエル最大の穀倉地帯で、イズレエルは「神が種を蒔かれる」という意味である。イスラエルでは、雨季にあたる秋から春が大麦や小麦の栽培時期で、秋に「初めの雨」が降ると種を蒔き、春の「後の雨」によって実った大麦や小麦を五月頃に収穫した。乾季の夏は、水が少なくても育つブドウやイチジクなどの果物やオリーブを栽

古代イスラエルの農業

現代の月名	捕囚期後の月名	捕囚期前の月名	農作業	祭り	
9-10月	ティスリ	エタニム	先の雨	1日 10日 15-21日 22日	ラッパの祭り 大贖罪日 仮庵の祭り 聖なる会合
10-11月	マルヘシュワン	ブル	耕作		
11-12月	キスレウ		種蒔き	25日	ハヌカの祭り
12-1月	テベト		雨（高地では雪）		
1-2月	シュバト		アーモンドの開花		
2-3月	アダル		柑橘類の収穫		
3-4月	ニサン	アビブ	後の雨 亜麻の収穫	14日 15-21日	過ぎ越しの祭り 種を入れない パンの祭り
4-5月	イヤル	ジブ	大麦の収穫		
5-6月	シワン		小麦の収穫	6日	7週の祭り ＝五旬節
6-7月	タンムズ		ブドウの木の手入れ		
7-8月	アブ		ブドウの収穫		
8-9月	エルル		オリーブの収穫 夏の果物の収穫		

▲▼油搾り機　回転式のもの（上）で粗くつぶした後、ネジ式のもの（下）で油を搾りだす。

▲▼粉ひき用臼　大きいもの（下）はパン屋などの業務用、小さなもの（上）は家庭用だったと思われる。

培した。

　富裕層は都市のドムスに住みながら、田舎に別荘のついた広大な農場（ウィラ）を持ち、自由人や奴隷の中で信頼できる者を現地の監督として立て、小作人や奴隷を使って運営していた。このような制度をパトロン制と呼ぶが、イエスのたとえ話でも、僕に仕事を任せたままいなくなってしまう主人の話がよく出てくる。まさにこうした農場経営のあり方が前提とされているのである。ユダヤ人は元来自分の土地を運営する自立農民であったが、没落してこうした不在地主に雇われ、小作人になる者も少なくなかった。

　イエスの有名な「放蕩息子」のたとえ（ルカ一五・一一〜二四）も、こうした環境を背景にしていたと思われる。土地を持った農夫の息子が家を出て自力で生きようと町

▲**羊飼い**　ベトレヘム近郊にて。
◀**大工の実演**　ナザレ村にて。

（おそらくローマ都市）へ行ったもののうまくいかず、行き詰まって不在地主に雇われる話である。息子は奴隷のような生活の中で自分自身を見直し、父の家に帰ってやり直すことができるようになった。父とは当然父なる神のことである。

農村の中心にある大型住居の周囲からは、大型の粉ひき用臼、オリーブ搾り機、ぶどう酒の酒船、見張り塔などが出土する。おそらくこれらはウィラの一部で、雇われた小作人や奴隷たちが共同で使用するためのものだったであろう。一方、各家庭には直径三〇センチほどの小型の石臼があり、毎日自分たちのパンを焼くためのものだったと思われる。

羊飼いの評価

羊やヤギの牧畜も、イスラエルでは伝統的な産業だった。アブラハムもダビデも、もともとは羊飼いであった。羊の肉やヤギの乳は食料として重要であり、その毛は絨毯やテントなどのために用いられた。

しかし、イエス時代になるまでに、キリスト教とユダヤ教では羊飼いに対してまったく異なる評価がなされるようになっていた。ユダヤ教では、羊飼いは盗賊で、子供に教えてはならない仕事であるとされている（『ミシュナー』キドゥシーン四・一四b）。これは、他人の土地に勝手に踏み入り、農地や作物を荒らしたためだと思われる。また、羊飼いは毎日動物の世話をしなければならないので安息日を守れなかったことや、読み書きを覚えて律法を学ぶことができなかったことも、律法の戒律を守ることを重視するようになったユダヤ教で蔑視される理由であろう。ラビ・アキバという一～二世紀の律法学者は、元来無学な羊飼いだったが、四〇歳を過ぎてから読み書きを覚えて偉大な学者になった。このことが模範例として語られることも、律法を学ばない羊飼いに対する否定的な見方を示している。

一方キリスト教では、イエス自身が「良い羊飼い」であり（ヨハネ一〇・一一）、一匹の迷った羊を助けるために九九匹を置いてでも助けに行くとしている（ルカ一五・四）。クリスマスの知らせも、最初に野にいる羊飼いたちに届けられた（ルカ二・八～二〇）とされている。旧約聖書では、羊飼いは一貫して神や神の代理人としての指導者たちの比喩として用いられており、その伝統を引いていると言えよう。イエスは、パリサイ派などによって変質したユダヤ教を元に戻そうとしていたのかもしれない。

イエスの職業「大工」

イエスの職業は一般に「大工」だったと

されているが、イスラエルでは木造の家はほとんどないので、日本で考えるイメージとはかなり異なる。ギリシア語ではテクトーンという語で、木製品の加工をする職人だったのではないかと思われる。石を加工したり石造りの家を建てる仕事だったとする人もいるが、石工には別の単語が存在する。石造りの家であっても、屋根の梁や扉、窓には木材を使う必要があり、戸棚や机、農機具など木製品全般を作っていた職業だと思われる。

当時、石造りの建物、特に切り石作りの住居（ドムス）に住める人は限られており、上述のように、イエスの村では多くが洞穴を利用して生活していた。中間的なものとしては、自然石を積んでつくる住居があった。ローマ風の切り石住居の場合、屋根には土製の瓦が葺かれていたが、より一般的な住居では、天井に横木を渡した上で藁を敷き、泥で固めて屋根を作った。ルカ五・一八～一九には、中風の病人が癒してもらうためイエスのところに連れてこられたが、人が多くて入れないので屋根をはがして吊り降ろされたという物語が記録されている。それは、こうした構造の家だから可能だったと思われる。切妻や瓦屋根だったら、そんなに簡単に釣り下ろすことはできなかったであろう。

ガリラヤ湖の漁業

イエスの弟子たちの多くは、ガリラヤ湖の漁師であった。ガリラヤ湖は南北二一キロ、東西約一一キロの湖で、海抜下約二〇〇メートルの窪地に位置する。ガリラヤとは「ガリール（輪の意味）」という語から来ており、湖の周囲に港町が散らばっていたことからそう呼ばれたと思われる。

ガリラヤ湖の漁師だったアマチュア考古学者のM・ヌーン氏は、新約時代のガリラヤ湖の漁業の研究で知られ、ガリラヤ湖の周囲に残るローマ時代の突堤などから、当時の港を特定した。港の周りからは小石でできた網の錘や浮き、石を穿った錨なども採集された。一九八六年の旱魃時には水深が下がり、別のア

▲ガリラヤ湖　前面のすり鉢状の土地は、イエスが山上の説教（マタイ5～7章）を行った場所とされている。

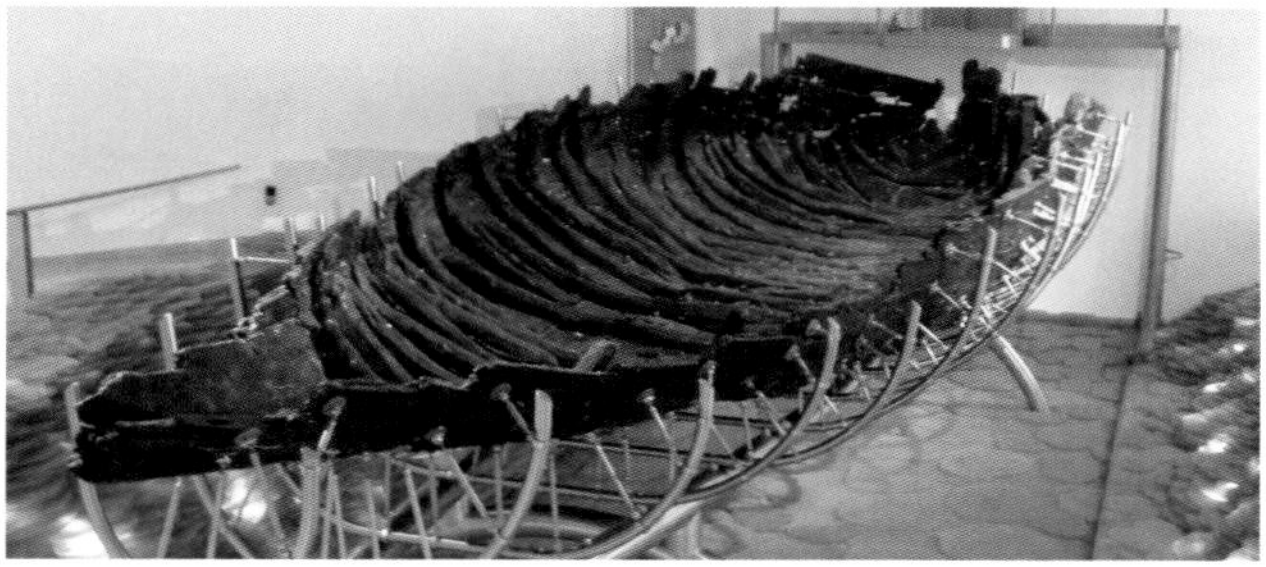

▲ガリラヤ・ボート　湖底で発見された1世紀の船は、保存作業が終了し、現在キブツ・ギノサールの展示室で見ることができる。全長約7.2m、幅2.1mで、糸杉、杉など7種類の木材が用いられていた。

◀復元された一世紀の漁船　発掘されたガリラヤ・ボートや図像資料、文書の記録などから復元したもの。キブツ・エン・ゲヴに置かれている。

▲**ペテロの魚**　この魚は卵を口にくわえて孵化させる習性があり、卵以外のものをくわえていることもある。そのため、ペテロが税金とするよう釣り上げたコインをくわえた魚（マタイ17・27）はこれだとされてきた。しかし、この魚はプランクトンを主食としており、釣り針では釣れないので、現在ではペテロが釣ったものではないだろうとされている。

▼**ペテロ首位権教会**　ペテロが再召命を受けたことを記念した教会。タブハの港の近くにある。かつては基礎の岩の高さまで水面が来ていた。

▲**船の錨**　キブツ・エン・ゲヴの漁業博物館の前には、ガリラヤ湖で採集された錨が陳列されている。大きな石に丸い穴をあけたものがそれである。

マチュア考古学者たちが湖底に埋まっていた紀元一世紀の船を発見した。これはガリラヤ・ボートと呼ばれ、イエス時代の船を復元する上で役立っている。

ガリラヤ湖は、水深が最も深い所で六〇メートル以上あり、突風が吹くと海のように高い波が立つ（嵐を沈めたイエスの奇跡［マルコ四・三五～四一、六・四五～五二参照］）。そのため、ガリラヤ湖はヘブル語でも英語でも「海」と呼ばれており、そこに住む魚も海の魚と似たものが多い。イワシはマグダラで保存食として塩漬けにされたので、五つのパンと二匹の魚のお弁当で五〇〇〇人の人を養ったというイエスの奇跡（マルコ六・三〇～四四）の魚は、これだったのではないかと考えられている。その他、一般に「ペテロの魚」と呼ばれる鯛のような魚や鯉、ナマズなどもいるが、ナマズは鱗がないように見えるので食べてはならない魚とされた。

漁の方法には、釣り漁もあった（マタイ一七・二七）が、多くは網漁であった。イエスの弟子たちも複数の船で共同して漁をしていたことが記されている（ルカ五・一～七）。また、多数の漁師が浜で大きな網を引いて、その中に入った魚を一気に獲る地曳網漁も行われていた。イエスは、神の国に人々が集められるたとえとしてこの情景を用いており（マタイ一三・四七～四八）、旧約聖書では、神の国の祝福を漁師に例えている（エゼキエル四七・一〇）。イエスが弟子たちを召命した時、「人間を獲る漁師にしてあげよう」と語り（マルコ一・一七など）、大漁の奇跡を見せている（ルカ五・一～一一）が、それにはこうした背景があったのである。

イエスが十字架に架かる前に裏切ってしまい、自信を喪失したペテロを再度召命する時（ヨハネ二一・一～一九）、イエスは二度目の大漁の奇跡を見せている。この奇跡を通し、神は失敗した者を見捨てていないことと、人々を神の国に集める働きに召していることを知らせようとしている。

COLUMN 3

イエスの奇跡

奇跡は、教えと並んでイエスにとって中心的な活動であり、福音書にも多数記録されている。大きく分けると、人々の癒しと自然界を支配する奇跡がある。癒しの中には病気の癒しの他、悪霊の追い出しや死者の蘇生もあり、自然界の奇跡では嵐を鎮めた出来事や二匹の魚と五つのパンで五〇〇〇人を養った奇跡がよく知られている。

近代合理主義の洗礼を受けてきた者にとって「奇跡」は抵抗があるかもしれない。たしかにイエスの個々の奇跡の歴史性を確認することは難しいが、当時の史料にはイエスが驚くべき業を行ったとする証言が少なくない。

たとえば聖書は、イエスの奇跡に反対したパリサイ派の人々がイエスは奇跡を行わなかったとは主張せず、悪霊の頭ベルゼブルの力で行ったと非難したことを伝えている（マルコ三・二〇～三〇等）。本来は、奇跡そのものが偽物だと主張するのが筋であろうが、多くの目撃者がいる出来事を否定できなかったからだと思われる。ヨセフスもイエスは「奇跡を行う者」だったとしており（古代誌一八・六三～六四）、バビロニア・タルムードもイエスが魔術や癒しを行ったことを記している（サンヘドリン四三a・六七b）。キリスト教に反対したケルソス（二世紀末）もイエスが奇跡を行ったことは認めつつ、それは魔術によるものだとしている（オリゲネス「ケルソス駁論」一・三八）。

考古学的に興味深いのは、ローマ時代の願かけ用の貴石や金属製のペンダント、護符などが多数出土しており、イエスの名が呪文の言葉に用いられていたことである。レバノンのテュロス遺跡では京都大学が長文の銀製の呪いの巻物を発見したが、これにもイエスの名が呪文に記されていた。これらは正統的なキリスト教信仰に基づいたものとは言えないが、多くの者たちがイエスを強力な奇跡を行った者と認識していたことがわかる。

すなわち、イエスの奇跡が具体的にどのようなものであったかを知ることは難しいが、当時の人々の間にイエスは通常考えられないことを行ったという認識があったことはたしかである。そのため、人々はイエスに神のはたらきと権威を感じ、畏れを持つようになった。そもそも奇跡がなかったら、最初から人々は集まらなかっただろうし、驚きがなければキリスト教信仰も新約聖書も生まれなかった。

奇跡を議論する際、それをどう定義するかが課題であり、それによって受けとめ方は大きく変わるであろう。イエスがどのような奇跡を行ったのかを知ることは難しいが、人間の想像以上のことを行う人物だという認識がローマ時代に広まっていたことは確かなようである。

◀**呪詛貴石**（大英博物館蔵）

▼**ローマにあるサン・カリストのカタコンベに描かれたラザロを蘇生させるイエスの壁画（3世紀頃）**
初期キリスト教美術では、しばしばイエスが杖を用いて奇跡を行った姿が描かれている。

5章

イエス時代のエルサレム

イエスの活動は基本的にガリラヤ地方が中心であったが、その生涯で何度かエルサレム神殿を訪問している。とりわけ最後にこの町で十字架にかかったことは、「救い主」のはたらきの完成として極めて大きな意味を持つ。エルサレムは神殿を中心とした宗教都市であり、大祭司など宗教的指導者たちが大きな影響力を持っていた。

ヘロデも神殿を壮麗に拡張し、ユダヤ人たちの信仰の中核としての地位を高めた。この神殿にはヘロデの建築家としての天才的な能力がよく反映されているが、同時にそのローマ的価値観もエルサレムのさまざまな側面に反映されることとなった。

現在の「神殿の丘」

ヘロデの神殿が建っていた場所には、現在イスラム教の岩のドームが建っており、アラビア語でハラム・アッ・シャリーフ（高貴な聖域）と呼ばれている。これはダビデの町の北側の丘で、もともとソロモンの神殿が建っていた場所であるが、捕囚からの帰還後、第二神殿が建てられた。そのため、ヘブル語ではハル・ハ・バイト（神殿の丘）と言う。ただ、第二神殿は非常に貧しい中で建てられたものだったので貧弱であり、ヘロデが大改修を施したのである。大規模であってもあくまで改修なので、ヘロデの神殿も第二神殿である。

神殿の丘の西側には別の丘があり、人口の増加とともに「新市（カイノポリス）」が築かれ、高級住宅街となった。神殿の丘、ダビデの町、新市は東西を谷に囲まれており、東側にオリーブ山があった。

文献資料から復元されるヘロデの神殿

1 全体構造

ヘロデの神殿建築に関するヨセフスの記事は少し混乱しているが、おそらく前二〇年頃に建築を開始し、完成したのは総督アルビヌスの時（六二～六四年）とされているので、ユダヤ戦争で炎上する（七〇年、7章参照）わずか数年前ということになる。ただ、神殿の建物自体は祭司たちによって一年半で完成しているので、周囲の境内地を整備するのに何十年もかかったということになる。

ヘロデは、神殿の丘が狭いので、大規模な土盛り工事を行って周囲に擁壁を築き、その庭を二倍に広げたとされる（戦記一・二一・一）。このことは、現在の神殿の丘が四角い周壁で囲まれ、周囲の地表面よりもはるかに高く立ち上がっていることからも確認される。周囲の実測は南壁二七九メートル、北壁三一〇メートル、東壁四六五メートル、西壁四八〇メートルで、全周約一五四〇メートル、約一四万平方メートルの規模となる。現在ユダヤ人は、イスラム教の聖域となった神殿の丘に入ることができないので、西壁（嘆きの壁）の前でエルサレム神殿の復興を祈っている。

神殿自体の大きさや構造は律法で規定されており変更できなかったので、ヘロデは、それに黄金や貴石を貼って装飾した。また、南の擁壁の上には列柱廊で豪華に装飾された「王の柱廊」を造り、東側には「ソロモンの柱廊」を設置した。王の柱廊部分には、現在は銀のドームで知られるアル・アクサ・モスクが立っている。この南西角は地表面との標高差が三五メートルもあり、一〇階建ての建物に相当する。イエスが公生涯の初めに悪魔の誘惑に会い、「神殿の頂」か

▲**ヘロデ時代のエルサレムの復元模型**（イスラエル博物館）

▼**ヘロデ時代のエルサレム神殿の復元模型**（イスラエル博物館）イエスの弟子たちはこの神殿を建てるのに四六年かかっていると言ったのに対し、イエスはそれを三日で建て直すと答えたとされる（ヨハネ二・二〇）。イエスは「神殿」である自分のからだの復活のことを語っていた。

ら飛び降りるように言われた（マタイ四・五）のは、この場所ではないかとされている。王の柱廊は、宮の納入金のための両替商や犠牲の動物を売る商人がいた場所だとされる。イエスが本来「祈りの家」であるはずの神殿を「『強盗の巣』にしている」として、彼らを追い出して「宮清め」をした（マルコ一一・一五〜一九）のもここであろう。また、ユダヤ議会（サンヘドリン）も、その頃までに「イスラエルの庭」からここに移っていたと考えられる（以下参照、ミシュナ・サンヘドリン四一・二、アボダ・ザラ八・二）。

2 内部構造

神殿域の内部は、何重にもなった庭で構成されていた。一番外側の庭までは誰でも入ることができたので「異邦人の庭」と呼ばれ、内庭との間には垣根が設置されていた。この垣根には「異邦人にしてこれから先に入るものは死をもって処罰される」と記された警告文が設置されていた（古代誌一五・一一・五）。警告文の石板は現物が二点出土しており、現在イスタンブールとエルサレムの博物館に所蔵されている。

内庭の一番外側には「女性の庭」があり、その四隅に賽銭箱が置かれていた。わずかな金額（レプタ銅貨二枚）を献げた女性をイエスがほめた（マルコ一二・四一〜四四）のは、ここである。さらにその内側に「イスラエルの庭」があり、ユダヤ人の男性が入ることができた。ここには六つの部屋があり、元来ユダヤ議会はその南東の部屋にあった。神殿に来た少年イエスが律法学者たちと問答をしたとする記事（ルカ二・四六）が事実なら、この場所ということになる。

その内側の「祭司の庭」は祭司だけが入ることができ、神殿自体の前に祭壇があった。神殿は旧約聖書の規定（列王記Ｉ六〜七章）にそって玄関、聖所、至聖所の三部屋構造となっていた。聖所と至聖所の間には天幕の仕切りがあり、至聖所には年に一度大贖罪日にだけ大祭司が入ることができることになっていた（出エジプト記三〇・一〇、レビ記一六章）。

このように何重もの段階を経て神に近づく構造は、俗なる人間が簡単に近づけない神の聖さを表す表現であった。一方、イエスが十字架上で亡くなった時にこの天幕が裂けたとされているが（マタイ二七・五一）、それは誰もが直接神に近づくことができるようになったという、キリスト教による新しい神学理解を反映するものである。

考古学的に確認されるヘロデの神殿

1 入口部分

ヘロデの神殿は七〇年のユダヤ戦争で破

▲「隔ての壁」の警告板　異邦人の庭から女性の庭に入れるのはユダヤ人だけであった。パウロがイエスの福音によって取り除かれたとしているユダヤ人と異邦人の「隔ての中垣」（エフェソ2・14）は、この垣根のことを意味している。また議論はあるが、ペンテコステの後、ペテロが足の不自由な人を癒した「美しの門」（使徒3・2）は、婦人の庭の入口にあったニカノル門のことだと考える者もいる。

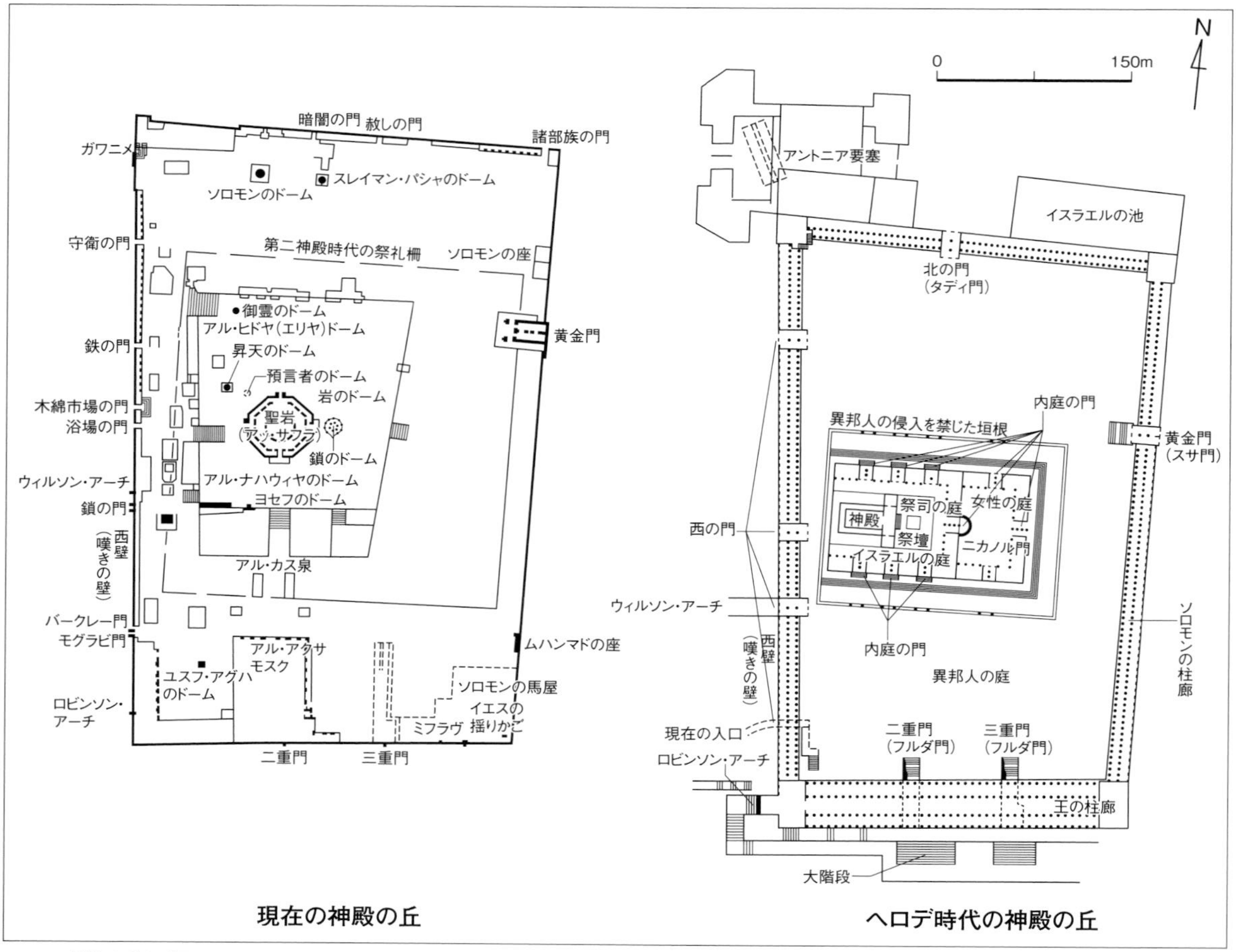

▲神殿の丘のプラン

▲神殿入口の大階段

壊されて残っておらず、その上にイスラム教の聖域が造られているので、発掘調査することもかなわない。しかし、第三次中東戦争（六日戦争）でイスラエル国がエルサレムを併合（一九六七年）すると、周壁の周囲の調査を徹底的に行うようになり、多くの情報が明らかになってきた。特に大きな発見は、ヘロデ時代に神殿への入口となっていた大階段が出土したことである。

▶入口南側の大型のミクヴェ
◀入る者と出る者が仕切られているミクヴェ

　大階段自体は神殿域の南壁に沿って発見されており、その一つは幅約六四メートル、奥行き約二〇メートルの堂々たるものであり、さらに東側にもう一つ、幅約一五メートルの階段があった。階段には石灰岩の岩盤を削って造られた場所と、石灰岩を積み上げて造られた場所があり、約六メートルの高さを三〇段かけてゆっくり登るようになっていた。数段おきに踊り場が設けられ、巡礼に来た者同士が挨拶できるようになっていた。

　神殿の丘の周囲にはミクヴェが多数認められ、特に大階段の麓のものは巨大である。ペンテコステの時には、一度に三〇〇〇人の人がイエスの福音を信じて洗礼を受けた（使徒二・四一）とされるが、その際にはこの沐浴槽が用いられたと推測されている。また、沐浴槽に降りる階段の中央に仕切りが設けられているものもあり、これから沐浴する者とすでに沐浴して「聖められた」者が接触しないための工夫だったと思われる。

　大階段の上部は神殿の南側の擁壁（王の柱廊の下）にぶつかるが、そこに三重門（東側）と二重門（西側）があり、トンネル内をさらに一四メートルほど登って神殿の庭に出ることができるようになっていた。地上出口部分は、現在もイスラム教の聖域内に見ることができる。これらはフルダ門と呼ばれ、旧約聖書の女預言者フルダ（列王記Ⅱ二二・一四）を記念するとされる。しかしフルダには「もぐら」の意味があり、このトンネルとかけた名前とも考えられる。これらの門は後のイスラム時代に閉じられており、特に二重門のほうは一部がアル・アクサ・モスクの壁となって壊されている。

　南壁自体は神殿域を拡大した斜面にあたり、内部は高さ九メートル、一二列八八本の列柱で支えられた地下室になっていた。後の十字軍時代に軍馬の厩舎として用いられたため、「ソロモンの馬屋」と呼ばれている。こうした工夫は壁を重くしないためでもあったであろう。

▲**王の柱廊**　直径約1.6メートル、高さ約12メートルの円柱4列で構成されていた。

▲**フルダ門**　大階段上（アル・アクサ・モスク）の壁の左隅にその痕跡が見られる。

2 周壁の石積み

神殿の周壁も、ユダヤ戦争の結果、ローマ軍によって徹底的に破壊されたため、ほとんど残っていない。たとえば西壁では、二〇世紀半ばに発掘調査が始まるまでヘロデ時代の石積みは地上五段分だけであり、その上にローマ時代とオスマン朝時代の石積みが残っていた。一番下のヘロデ時代のものには巨石が使われているが、上に行くほど小さな石となっている。その後、ヘロデ時代の石積みがさらに二段発掘され、現在は七段露出しているが、その下にさらに一九段二一メートルの基礎部があったことがわかっている。

ヘロデはセメントなどの接着剤を一切使用せず、ただ切り石を積んで壁を造ったが、二〇〇〇年たった現在でもほとんどずれることなく、そのままの状態を保っている。しかも、これらの石は一段毎に三センチほど内側にすぼまるように積まれており、それもそのまま維持されている。こうした工夫は美観のためでもあり、擁壁として内側の盛り土の重量を支えるためでもあった。この精巧さはとてつもない技術である。

これが維持された理由は三つ考えられる。これらの石がすべて平らに加工された岩盤の上に建てられていたこと、非常に大きく重い石で造られていたこと、非常に精巧に石が切られていたことである。石は小さなものでも二～五トンほどあり、現在知られる最大のものは長さ一三・五メートル、高さ三・五メートル、推定重量六三〇トンである。当然、大きくなればなるほど石を積み上げたり、精巧に切ったりするための技術が必要となる。それを考えるだけで、ヘロデの美しい建築に対する情熱が理解できる。

石は周囲だけでなく、表面も均一かつ精巧に切られており、積み上げられた状態を遠くから見ると、一枚の壁のように見える。しかし、それぞれの石は中央だけが一～二

▲ソロモンの馬屋

周壁の石積み

▲**西壁の北側延長部分**　トンネル状に発掘して確認された。

▲**西壁の前で祈るユダヤ人たち**　西壁は神殿の丘擁壁の西側部分にあたる。

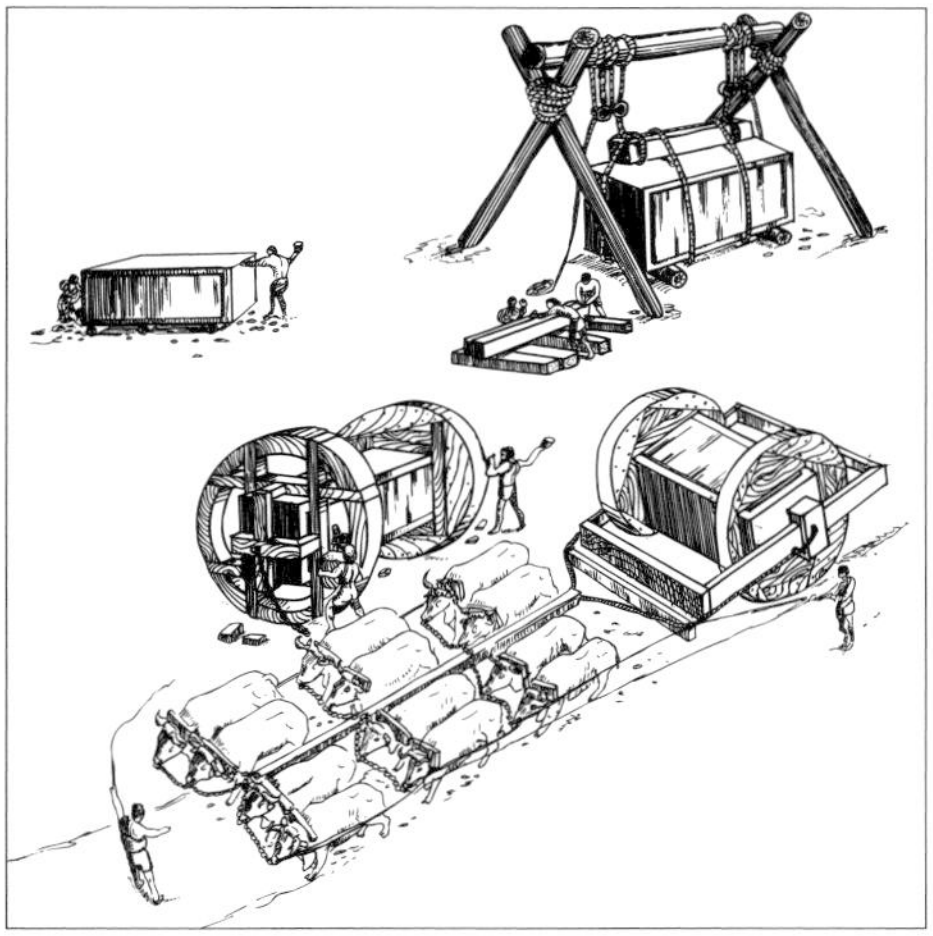

▲**切りかけの円柱**　ヘロデ時代のものだが、未使用だった。新市街のロシア人地区に今でも残っている。

▶**西壁の基礎部**

◀**巨石の運搬方法**　復元された巨石を持ち上げる装置

センチ高く加工されている。こうした「縁取り仕上げ」の結果、壁をよく見るとそれぞれの石が独立して見え、アクセントとなるようになっている。

3 周壁の構造

周壁の南西角の落石からは、「ラッパを吹く場所のために」という銘文の彫られた石が発見された。おそらくこれはその真上から落ちてきたもので、安息日の始めと終わりを呼びかけるためのトランペットが吹かれた場所に設置されていた石だと思われる。一方、西壁の北側部分では、後代の住居に守られてヘロデ時代の石積みが高く残っている箇所があり、石積みの最上段は平らな壁ではなく、ピラスター（付け柱）がついていたことがわかる。

西壁の南側部分では、すでに一九世紀から、石が斜め上に飛び出している箇所が二つ知られており、それぞれ発見者の名前からロビンソン・アーチ、ウィルソン・アーチと呼ばれてきた。神殿の丘とその西側の丘との間には谷があるが、そこに商店街があったことが現在では発掘調査でわかっている。これらのアーチはそれをまたぐもので、西の丘の高級住宅街「新市」から神殿に直接来るための陸橋となっていた。また、その下では商店街から「新市」に上る階段

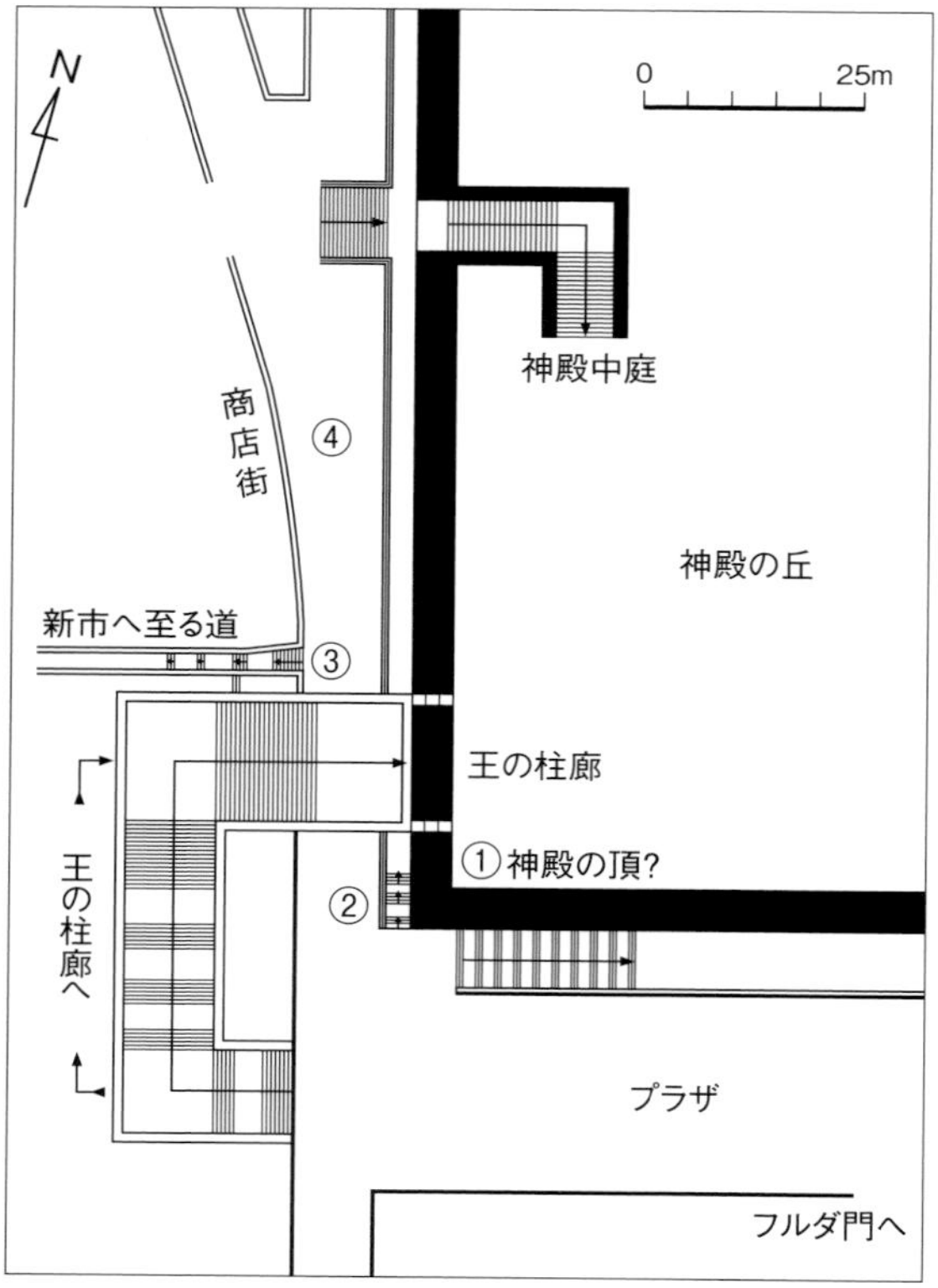

▲ロビンソン・アーチ付近のプラン図

▲①**南西角から落ちて来た石**　安息日の始まりと終わりの合図のラッパを吹く位置を示す碑文が記されていた。

▲②**神殿の丘南西の角**　イエスが飛び降りるように誘惑された「神殿の頂」（マタイ4・5～7）かもしれない。新市への陸橋となっていたロビンソン・アーチの始まり部分も見える（左のプラン図参照）。神殿の頂は、神殿の丘の南東の角だという説もあり、そちらのほうが標高差は大きい。しかし、この誘惑は、人々が驚くようなことを行い強烈な印象を与えて救い主になるのではなく、十字架にまで神に従う道をイエスが選ぶかどうかを試すものだった。南西角はエルサレムの住宅街や商店街との接点に位置しており、悪魔の目的から考えると、むしろこちらが想定されていたと考えるべきであろう。

▲③**神殿の丘から西側の新市に上る階段**

▲④**西壁沿いの商店街**

も出土している。近年は、「西壁」の北側の住居地区の地下をトンネル状に発掘し（西壁トンネル）、その延長でもヘロデの精巧な石積みが続いていたことが確認されている。このような発掘は「狸掘り」と言って本来は禁じ手であるが、現在は観光客もこのトンネルを通って西壁の北端まで歩くことができるようになった。

周壁には、東西南北それぞれに門がついていた。これらの多くは現在もイスラム教徒の出入口として利用されているが、東壁の黄金門だけは閉じられている。ユダヤ教ではメシア、キリスト教ではキリストが再臨の時にここからエルサレムに入城するとされており、それを防ぐためにイスラム教徒がマムルーク朝時代に封鎖したのである。東壁では、南端から三二メートルほど北に行った地点で、石積みが明確に変化する箇所がある。これは「継ぎ目」と呼ばれており、ここから南側がヘロデの拡張した部分であることがわかる。

▶黄金門　東壁にあるが、後にイスラム教徒によって閉じられた。

4 給水施設

これだけの神殿を維持するためには、膨大な量の水が必要だった。祭りの時のエルサレムの人口は一〇万～二〇万人になったと推定され、その生活用水はもちろんのこと、参拝者たちが神殿に向かう前に行う沐浴用の水も必要だった。また、神殿祭儀では大量の動物犠牲の血を洗い流す必要があった。エルサレムの自然の水源はダビデの町東側のギホンの泉とエン・ロゲルの泉であったが、それらだけでは十分ではなかった。

▶黄金門の復元模型　◀東壁の「継ぎ目」

そこで、ヘロデはエルサレムの南、ベトレヘムのさらに南にあるアイン・アルブとアイン・ワディ・ビヤルから六八キロかけて水を運んで来る導水橋を建設した。これらは石を穿った水道管でできており、現在でも一部そのまま残っている。ポンプがあるわけではないので、自然の傾斜やサイフォンの原理を用いているが、傾斜角はわずか一度ほどしかなかった。水はいったん「ソロモンの池（プール）」と呼ばれる三基の人工の大型貯水池（総貯水量一六万トン）に貯められ、水圧を高めて運ばれてきた。この導水橋はエルサレムの南のヒンノムの谷の「スルタンの池」と呼ばれる地区を廻って、神殿まで続いていた。

エルサレム自体にも多数の大型貯水池が残っており、そのいくつかは今でも見ることができる。たとえば、エルサレムの西の門ヤフォ（ヨッパ）門近くのマミラの池、神殿北西のアントニア要塞の地下にあるストルスィオンと呼ばれる地下水槽などである。これらの貯水池は、ヘロデ時代までに少なくとも一五基あったことが知られており、導水橋で運ばれてきた水用のものもあれば、雨水を貯めるためのものもあった。

神殿建設の動機

こうして建てられたヘロデの神殿は、すべてエルサレム・ストーンと呼ばれる乳白色の石灰岩でできており、統一感があり非常に美しい。地元の石が用いられており、現在の新市街にも切り出し途中の石柱が残っている。イエスの弟子たちも、その美しさに嘆息して「なんと立派な石、立派な建物でしょう」（マルコ一三・一）と言って

給水施設

◀石をくり抜いた水道管

◀マミラの池

▲**シロアムの池**　盲目の人がイエスに癒された場所（ヨハネ9・6）でもある。

▲導水橋のルート

▲**ソロモンの池**　ベトレヘムの南にある。

おり、ユダヤ人も「ヘロデの神殿を見たことのない者は、美しい建物を見たことがない」（バーバ・バスラ四ａ）と言って誇りとしていた。

　ヘロデがこのように立派な神殿を建てた動機について、ヨセフスは「敬神の事業」（戦記一〇・四）としている。ヘロデのユダヤ教徒としての信仰が反映されていた可能性は除外できないし、被支配民であるユダヤ人の歓心を買うことも意識したであろう。しかし、それでもヘロデに染みついたローマ的価値観は隠すことができなかった。ヨセフスは、ヘロデが神殿の門の上にローマ軍のシンボルである黄金の鷲の像を設置しようとしたのに対し、ユダヤ人の一団がそれを破壊してしまった事件（戦記三三・二〜四）を報告しており、そうした矛盾をよく表している。これだけの建物を建てながら、ユダヤ人の信頼を得ることができなかった理由はこうしたところにあるのであろう。

　また、この拡張工事には、より現実的な理由もあったように思われる。ユダヤ教の大きな祭りのたびに、エルサレムにはディアスポラ（国外に離散したユダヤ人）も含め膨大な数の人々が集まり、神殿の丘の狭い敷地では収容しきれなくなっていた。巨大な擁壁を作って庭を拡げたり、大量の水を供給したのは、ただ立派に見えるようにするだけではなく、エルサレムの混雑を解消するためでもあったと思われる。

エルサレムのローマ的性格

　ヘロデやエルサレムの上流階級のローマ志向は、黄金の鷲以外にも、町のさまざまな側面に見ることができる。エルサレム神殿の北西隅には「アントニア」と呼ばれる要塞を建設し、神殿地域の治安維持をはかった。異邦人であるローマ軍は神殿に入れないが、ここに駐屯させ、神殿内の状況を上から見張ることができるようにさせたのである。残念ながら、この要塞の遺構はほとんど残っていないが、ヨセフスの記述（戦記五・二三八）や他のヘロデの建築との比較から、四隅に塔を持つほぼ正方形の建物

ヘロデの宮殿

▲残存するヘロデ時代の塔

▲ダビデの塔　ヤフォ門からミナレットのあたりをダビデの塔と呼んでおり、ヘロデの宮殿があった場所だと考えられている。32頁の写真も参照。

▲黄金のエルサレム　ヘロデの築いた神殿はすべてエルサレム・ストーンと呼ばれる石灰岩でできていた。その後もエルサレムの町は、全体がこの石で統一されるように条例が存在する。朝日が当たると輝いて見えるため「黄金のエルサレム」と呼ばれることもある。

▼ヘロデの宮殿の推定復元模型　（イスラエル博物館）

だったと想定されている。ネツェルは、「西壁トンネル」の北端部の壁が九〇度に突き出している部分がアントニア要塞の一部だとしている。

ヘロデは、エルサレムの西の門であるヤフォ門の近くにも自分の宮殿と城塞を築いた。宮殿の遺構はほとんど残っていないが、城塞のために築いた三つの塔は見ることができる。これらの塔はヘロデの家族にちなんでファサエル、マリアムネ、ヒッピクスと呼ばれ、その一つ（ファサエルかヒッピクス）は今でも上部構造まで残っている。この塔は後に「ダビデの塔」と呼ばれるようになり、現在では周囲の城塞も含めてそう呼ばれている（ただし、ダビデと歴史的つながりはない）。

神殿に上る大階段の南側では特殊な形の石材が多数見つかっており、元来ローマ式の劇場の観客席（カウェア）のものだと考えられている。これらの石には座面とその下のへこみのような加工が見られ、席の番号が刻まれたものや階段のステップがついたものも見られるからである。ヨセフス（古代誌一五・八・一）は、ヘロデがエルサレムに劇場を築いたとしている。その後のハドリアヌス帝も劇場を造ったので、これらの石材がどちらのものかは特定できないが、ヘロデ時代のエルサレムにも、ローマ式の劇場が導入されていた可能性が高い。実はこれらの石には水が流れるような溝も彫られているので、その後ビザンツ時代に公衆トイレの石材に変えられ、さらにウマイヤ朝になって宮殿の一部に用いられたと考えられている。

神殿の北側の聖アンナ教会が立っている場所は、ベテスダの池の跡と同定されている。ベテスダの池はイエスが三八年間病気で苦しんでいた男を癒した場所（ヨハネ五・一～一五）とされ、エウセビオス（二六〇頃～三四〇年頃）は『オノマスティコン』で、以前は五つの回廊があったが、彼の時代までに対をなす二つの池となっていたことを記している。現在では、中央に幅六メートルもの堤防をもつ二つの巨大な池（深さ約一二メートル）が発掘されており、池の底から神殿方向に水路が出ていたことが知られている。また、その東側には五つの池が知られ、そこから水浴する女性の像や小麦を捧げる人物像、蛇の図像などが出土しており、ギリシアの癒しの神で、ローマ時代に人気のあったアスクレピオスの神殿だったと思われる。これらの池の建造年代などは不確かであるが、もしイエス時代にすでに存在していたとすると、イエスはローマ宗教で癒されなかった者を癒したことになる。

▲エルサレム新市の高級住宅

上の町の高級住宅街

神殿の西の丘に造られた「新市」は高級住宅街で、祭司たちが数多く住んでいたことが考古学的にあきらかになった。一九六九年から七一年にかけてN・アヴィガドは、現在の旧市街ユダヤ人地区を発掘し、七〇年にローマ軍によってエルサレムが陥落した時の状況をそのまま残す遺構群を確認した（7章参照）。これらは「焼けた家」の遺構と呼ばれている。

A地区の大型建築では、プラスターの壁

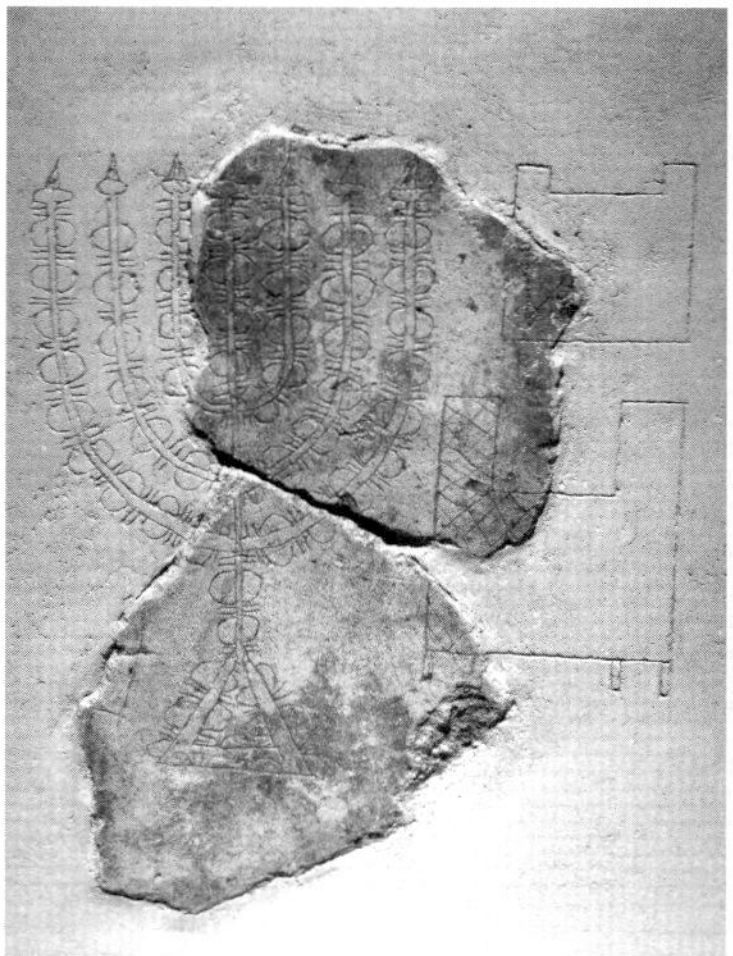

◀プラスターに刻印されたメノラー

◀高級土器テラ・シギラタと石製のカップ

▲**石製大甕**　カナの婚礼の奇跡（ヨハネ2章）でぶどう酒に変えられた水は、おそらくこうした石製大甕に入れられたものと思われる。

▼この時代のエルサレムに特有な優美な土器

に七枝の燭台（メノラー）が線刻で描かれているのが確認された。B地区からは、「バル・カトロス」と刻印された石錘が出土した。この名はタルムード（ペサヒーム五七・一）から、当時評判の悪かった祭司の家系の名の一つであったことが知られており、おそらくその住居であったであろう。F地区からは名前は特定できないものの、非常に大型で豪華な住居が出土した。

　これらの家からは多数のミクヴェ（沐浴槽）が検出されており、彼らがユダヤ教の戒律を尊重していたことが知られる。壁はポンペイと同じような赤黒のフレスコ画や漆喰細工で装飾されており、床にはモザイク床がふんだんに用いられていたが、律法に従って人物像や動物像は一切描かれていなかった。テラ・シギラタ土器や青銅製の碗、水差しなど高級な食器も多数出土しており、家具などからローマ風の饗宴の場トリクリニウムが設けられていたこともわかっているが、大甕や小型のカップには、土製ではなく石をくり抜いて作られたものが用いられていた。これは土製の壺は一度汚れると廃棄せざるを得ないが、石製のものは聖めると繰り返し使用することができると口伝律法が定めていたからである。

　すなわち、これらの住居には、ユダヤ教の戒律を細かく守りながら、ローマ風の贅沢な暮らしを享受していた祭司などエルサレムの上流階級の人々の暮らしを垣間見ることができる。立場上宗教儀式を司りながら、自分たちだけこのように俗物的な生活を送っていた祭司たちを、一般のユダヤ人たちは偽善者とみなし、見限っていたのである（3章参照）。大祭司のカヤパは、イエスに関して「一人の人が民に代わって死ぬほうが得策であろう」と言ったとされる（ヨハネ一一・五〇、一八・一四）。このような記事は、祭司階級が正義よりも自分たちの体制維持ばかりを考えていると理解した人々がいたことを示しているであろう。

6章 十字架への道とイエスの墓

毎週金曜日の午後三時になると、今でもエルサレムではイエスの十字架への道（ドロロサの道）を覚えてたどる行進がクリスチャンたちによって行われている。これはイエスの裁判が行われたとされるアントニア要塞の上を出発し、イエスの刑場であったゴルゴタと墓を記念する聖墳墓教会まで、大きな十字架を担げ、賛美を歌いながら行進するものである。受難週の聖金曜日の行進はとりわけ大きく、世界中から数万人の人々が参加して狭い旧市街の道を埋め尽くし、壮観である。

　ドロロサの道の行進はキリスト者による聖地巡礼のハイライトとなるものであるが、始まったのは一四世紀頃で、そのルートも途中で止まって祈る場所（留と呼ぶ）もしばらくは固定されていなかった。現在の形が確定したのは一八世紀であり、教皇庁によって聖地の管理を任されているフランシスコ会が監督している。このようなイエスの十字架と墓にまつわる場所は、どの程度考古学的な根拠を持っているものなのだろうか。

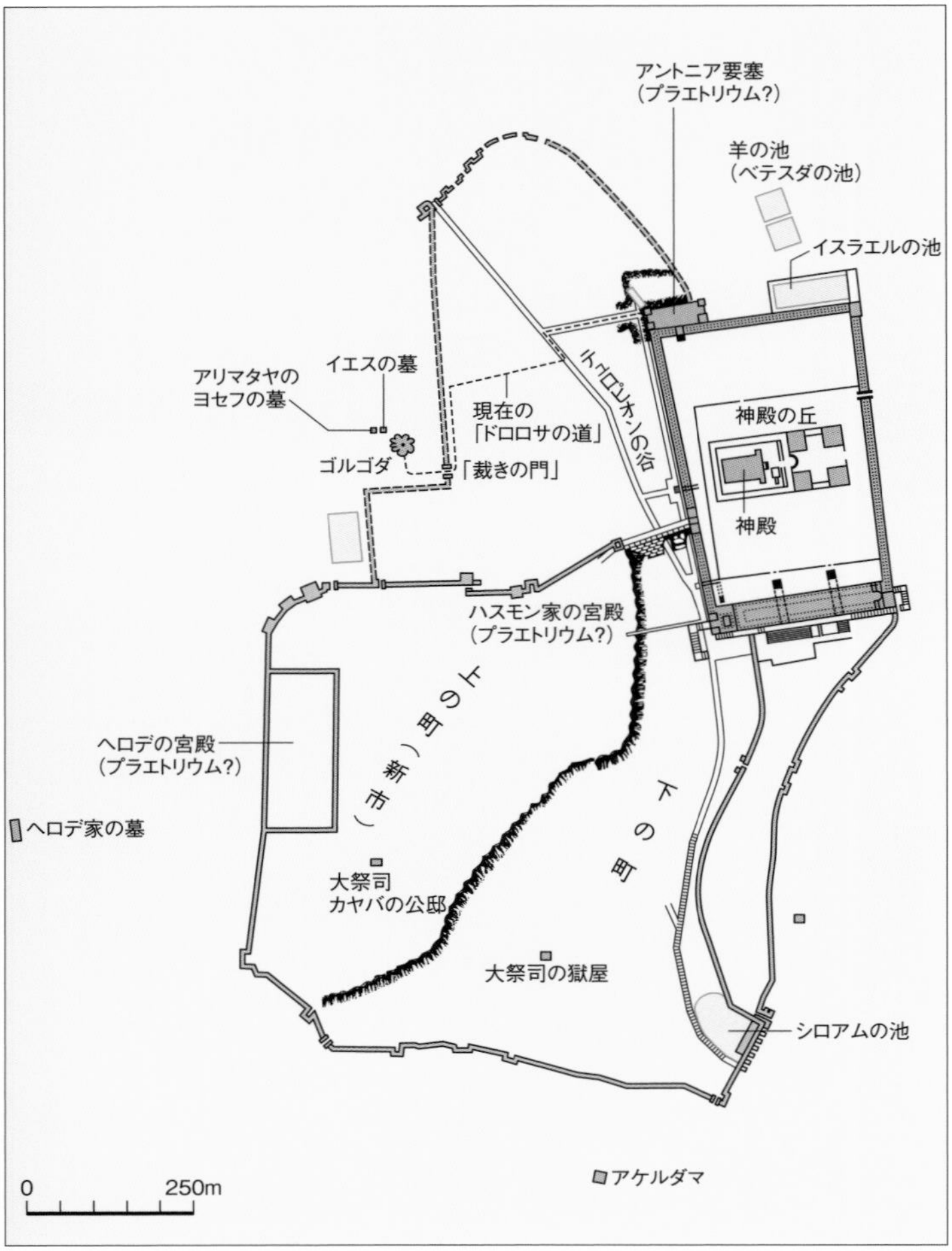

▲イエス時代のエルサレム地図

◀ドロロサの道の十字架行進の様子

第1留	ピラトに裁かれた所
第2留	有罪に定められ、鞭打たれた所
第3留	最初に倒れた所
第4留	悲しむ母と出会った所
第5留	キュレネ人シモンがイエスを助けた所
第6留	ベロニカがイエスの顔を拭いた所
第7留	2度目に倒れた所
第8留	イエスがエルサレムの女性たちに語りかけた所
第9留	3度目に倒れた所
第10留	衣服を剝ぎ取られた所
第11留	十字架に釘づけられた所
第12留	十字架上で死なれた所
第13留	十字架の下に母マリアがいた所
第14留	イエスの墓

▲ドロロサの道の留一覧

▲ヴィア・ドロロサの地図

福音書に記された出来事の経緯

イエスが十字架に架かる前の出来事に関しては、四つの福音書の記事に微妙な違いがあるので議論があるが、一般に以下のような経緯が考えられている。

①日曜日にエルサレムに入城する。②木曜日に弟子の足を洗い、二階の広間で最後の晩餐を取る。③食事の後、ゲッセマネの園で祈り、ユダの裏切りによってローマ兵に逮捕される。④大祭司の官邸に連れてこられ、その舅で実権を握っていたアンナスに引き合わされ、大祭司カヤパによる審議

▲ヴィア・ドロロサの道　①アントニア要塞の上にあたるアル・オマリヤ小学校、②鞭打ちの教会、③最初に倒れた所を記念する聖堂、④母マリアと会ったことを記念する教会、⑨聖墳墓教会屋上の入口

を受ける。⑤金曜日の朝、ローマ総督ピラトに引き渡される。⑥ガリラヤ地方の領主ヘロデ・アンティパスのところへ送られるが、ピラトに送り返される。⑦ピラトによる裁判を受け、十字架刑が容認される。⑧鞭を打たれ、いばらの冠をかぶせられて外に引き出される。⑨十字架を背負って刑場への道を進むが、途中キュレネ人シモンが代わりに十字架を背負う。⑩午前九時頃、二人の犯罪人とともにゴルゴタの丘で十字架に架けられる。⑪午後三時頃、息を引き取る。⑫アリマタヤのヨセフが所有していた近くの墓地に葬られる。

最後の晩餐の部屋

イエスと弟子たちが最後の晩餐を取った場所は、「二階の広間」(アナガイオン)だったとされている(マルコ一四・一五、ルカ二二・一二)。過ぎ越しの祭り直前に食事会ができる場所だとすると、親しい人の家ということになる。イエスの復活、昇天後、弟子たちは「屋上の間」(ヒュペローン)で聖霊を受けたとされ(使徒一・一三)、最初のエルサレム教会の人々は福音書記者マルコの母マリアの家に集まっていたことが知られている(使徒一二・一二)。これらは同一の場所だったと考えられ、それを記念する建物(チェナクルム[食堂の意味])は、旧市街南西部のシオン山に存在する。

シオン山に、最後の晩餐とペンテコステの場所であった初代エルサレム教会が存在したことは、さまざまな初期キリスト教徒の記録から確認される。たとえば、四世紀の人エピファニウスは、一三〇年にハドリアヌス帝がこの場所に来た時、イエスの昇天後に弟子たちが集まった二階の部屋の小さな教会があったことを伝えており、元来は七つのシナゴグがあったが、一つだけコンスタンティヌス帝の時代まで残っていたとも記している。つまり、初代教会はシナゴグと認識されていたようである。このシナゴグの存在は、キリスト教公認直後にエルサレムにやってきたブルディガラの巡礼者(三三三年)も記録している。

一方、この場所はビザンツ時代になると小さな教会となったようで、キュリロス(三四八年)は「屋上の教会で聖霊について説教することはふさわしい」と述べている。さらに、六世紀のテオドシウス(五三〇年)は、その場所に「すべての教会の母」なる「聖シオン教会」があったことを記しており、それは福音書を記したマルコの家だったとしている。七世紀の聖地地図を描いたものとして知られるマダバ・モザイクにも、大きな矩形の教会が描かれている。

このキリスト者のシナゴグ、小さな教会、聖シオン教会が、チェナクルムの場所にあったのかどうかについては議論がある。現在チェナクルムの建物の一階は「ダビデ王の墓」を記念するシナゴグになっており、建物自体は建築様式などからあきらかに十字軍時代のものだからである。二階の部屋の壁には、後にイスラム教のミフラブもつけられている。ただ、ここをダビデ王の墓とするのは、シオン山が「ダビデの町」ではなくこの丘だとされた十字軍時代の誤解

▲**最後の晩餐の部屋**　建物外観(上)、二階の部屋(中)、ダビデ王の墓(下)

▲推定される聖シオン教会の位置

に基づくもので、あきらかに後代の改変である。

　一九五一年にこの場所を調査したピンカーフェルドは、現在の床下に上から十字軍時代の遺構、ビザンツ時代の遺構、石敷きに漆喰を塗った床の三層を確認し、現在の壁にあるニッチ（壁龕）は最も古い建物と関連しているとした。これに基づいてピクスナーは、最下層の床は、ユダヤ人キリスト者（クリスチャン）のシナゴグで使徒教会（小さな教会）とも呼ばれたものだと解釈し、その上にビザンツ時代に聖シオン教会が建てられたと議論した。壁に設置されたニッチがエルサレム神殿ではなく、聖墳墓教会を向いていること、また壁にキリスト教の信仰告白と思われる銘文が刻印されていたことも、この壁がユダヤ人キリスト者のシナゴグと考えられた理由である。

　一方、この解釈に反対する研究者は、ローマ時代の建物の壁の直上に十字軍時代の建物が建ったとすると、ビザンツ時代の大型教会の壁は残っていないことになり、不自然であると指摘する。現在のシナゴグの壁は、周囲のビザンツ時代の建物の壁と方向が合致しており、石材の大きさも、小さなシナゴグより大型の教会に合っている。

　たしかに現存する建物の壁はビザンツ時代の大型キリスト教建築のものだったと思われ、それにニッチがついていたからといって、ユダヤ人キリスト者のシナゴグとは言えない。しかし、この壁がユダヤ人キリスト者のシナゴグのものでなかったとしても、シナゴグが存在した可能性が否定されたことにはならない。床は三層あるからである。

　むしろ文献史料が示すように、キリスト教徒たちの最初の集会所（シナゴグ）はビザンツ時代まで継続し、その上に使徒教会、それらの上に聖シオン教会が建ったのかもしれない。そうすると、大型のビザンツ時代の教会（聖シオン教会）の下には、最後の晩餐の部屋であり初代エルサレム教会の場所であったシナゴグがあったことになり、最下層の床がそれである可能性は除外できない。もちろん床だけからそのことを証明することは難しいが、その記憶が伝承されていた可能性は十分に考えられる。

ゲッセマネの園

　最後の晩餐の後、イエスはゲッセマネの園という場所で祈り、弟子のイスカリオテ・ユダの裏切りでローマ兵に逮捕された。十字架に架かることが神の計画であると受け止め、自分の意思を従わせるために夜通し血の汗を流して祈ったとされる（ルカ二二・三九〜四六など）。

　ゲッセマネの園は、オリーブ山のふもとに現在も残っており、オリーブ畑となっている。ゲッセマネとは「油搾り」の意味で、オリーブ油を搾る場所だったからついた名前だとされる。現在、オリーブ畑は道をはさんで南北に広がっており、南端には「万国民の教会」、北側には「ゲッセマネの洞穴」を記念する教会がある。「万国民の教会」の中にはイエスがその上で祈ったとされる「苦悶の石」が残されており、ゲッセマネの洞穴はユダに裏切られた場所だとされる。

　これら二つの教会は、それぞれ改築されているが、すでにビザンツ時代から存在していた。ゲッセマネの園はイエス時代から継続しているので、その同定に間違いはないであろう。ただ、厳密にゲッセマネの園のどの地点でイエスが祈り、逮捕されたのかを検証することは、今となっては不可能である。オリーブ畑が現在の区画に限定されたものだったかどうかもたしかではない。

大祭司カヤパの公邸

　逮捕後、イエスは大祭司の公邸で大祭司カヤパとその舅アンナスの審問を受けた。弟子のペテロも群衆に紛れてその様子を見ていたが、人々からイエスの弟子ではないかと問い質され、怖くなって「そんな人は知らない」と三度否定したとされる。その時、イエスの預言通り鶏が鳴いたので、ペテロは号泣した（マルコ一四・二九〜三一、六六〜七二）。

　カヤパの公邸の場所に関しては二つ候補があり、その一つは聖シオン教会（すなわち最後の晩餐の部屋）の北側の、現在のアルメニア正教「救世主教会」の位置にあったとするものである。四世紀前半のブルディガラの巡礼者や六世紀のテオドシウスは、この教会に言及していると思われる。もう一つは、聖シオン教会の東側の急な坂を一段降りた所にある鶏鳴教会の場所だとされる。鶏鳴教会の名前は、この同定を前提として、ペテロの裏切りの後鶏が鳴いたことから来ている。八世紀末のエピファニウスは、ペテロがイエスを否定した教会を聖シオン教会とするが、その他にペテロの涙の教会があったことを記している。

▲ゲッセマネの園　オリーブの古木
▼万国民の教会内の「苦悶の石」

1 救世主教会

　アルメニア正教救世主教会の地点では大規模な発掘調査が行われており、ハスモン王朝時代末期およびヘロデ時代の大型住居が確認され、非常に質の高い壁画で装飾された漆喰壁やミクヴェも検出された。その上には、モザイク床やアプスをもつビザンツ時代の教会堂があったことがわかっている。この住居が大祭司のものであったと証明はできないが、それにふさわしい豪華さがあり、その上に教会堂が立っていたこともこの場所の特殊性を示している。

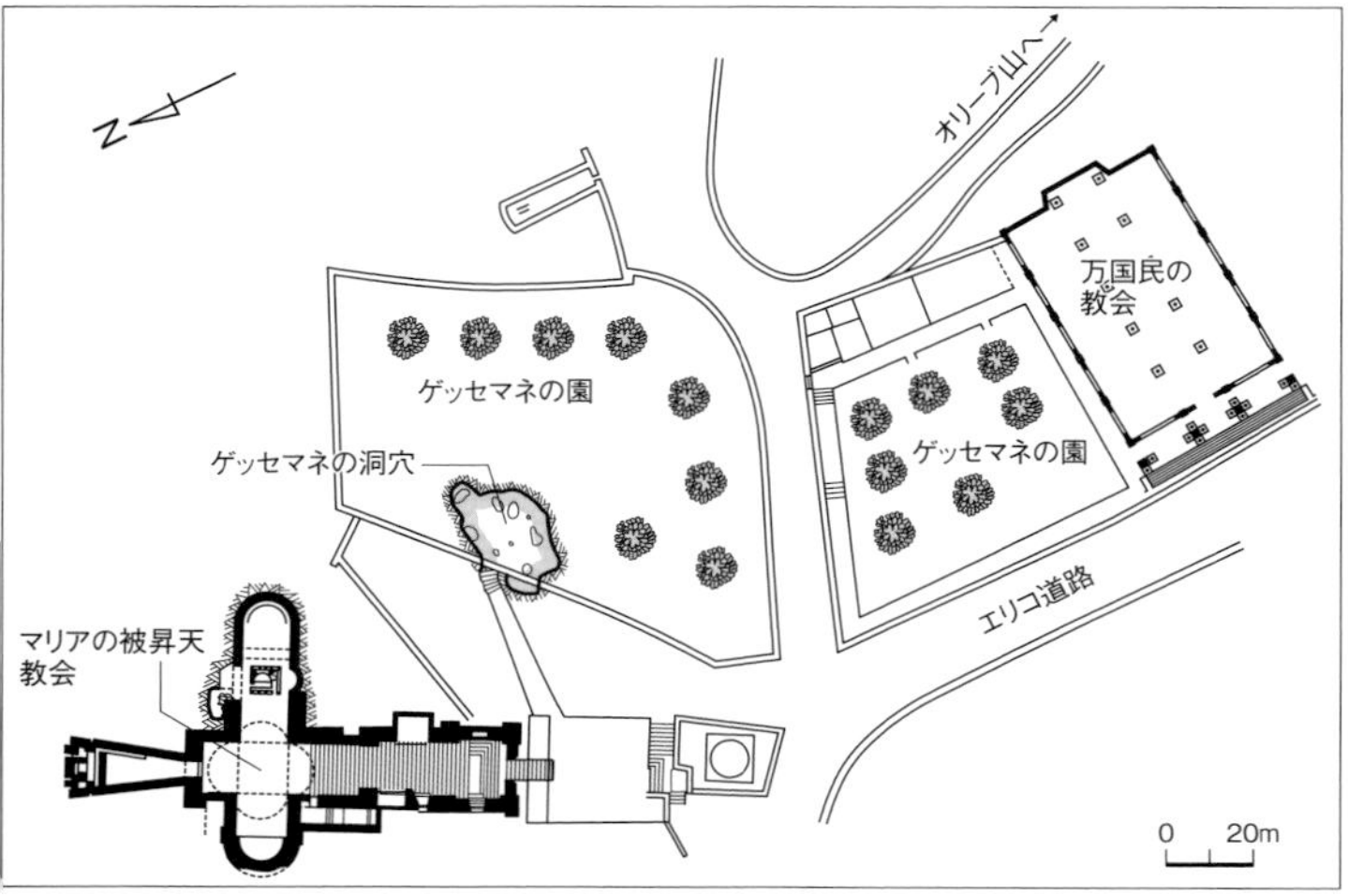

◀ゲッセマネの園プラン図

断定はできないが、ここが大祭司の邸宅であった可能性は高いであろう。この地点からさらに北側には、アルメニア正教の「大天使教会」もあり、そこは大祭司の舅アンナスの家だったとされている。もしその同定が正しいなら、それも大祭司の邸宅が近くにあったことを支持するものであろう。

2 鶏鳴教会

一方、鶏鳴教会では、ビザンツ時代の教会堂の床下に丸い穴があけられており、その下に小さな部屋のような空間があった。この部屋は上部の四角い窓から覗くこともできるようになっていた。この構造は預言者エレミヤが幽閉された場所（エレミヤ書三〇・六～一三）や、パウロらが入れられたとされるローマのマメルティヌスの牢獄とよく似ており（8章参照）、上からロープで吊り降ろされなければ出入りできなくなっていた。また、その横には中央広場をはさんで両側に小部屋が造られた施設があり、石の壁と柱には小穴が複数残っている。囚人をつないで鞭打ちなどの拷問を加えた場所ではないかと想定されている。もちろんこれはあくまで推測であり、単なる地下倉庫や水槽だとする研究者もいる。しかし、特殊な遺構であることは確かであり、この場所が大祭司と関連していたことは「罪のための供え物（コルバン）」と記されたまぐさ石が見つかったことからも支持される。

　また、教会の北側には長さ一〇〇メートルほどの石段になった道が残っており、シロアムの池に向かっていた。周囲にはローマ～ビザンツ時代の遺構が残っており、イエスが最後の晩餐の部屋からゲッセマネの園に向かう時、また逮捕されてから大祭司の公邸に連れてこられる時に通った道と考えられる。

▲アルメニア正教救世主教会北側の発掘調査区（Yadin 1976, 58）

▼大祭司カヤパのオシュアリ（イスラエル博物館蔵）

　すなわち、救世主教会の地点は大祭司の住居であった可能性が高く、鶏鳴教会がその獄屋であった可能性も否定できない。もしこれら両方が大祭司と関係していたとすると、エピファニウスが語る通り、大祭司と関連した教会は二つあったこととなる。新約聖書はマルコが大祭司の知り合いだったと記しており（ヨハネ一八・一五）、彼の家が大祭司の住居の近隣にあったとすると自然である。ただその場合、イエスの最後の晩餐は大祭司の目と鼻の先で行われていたこととなり、なんとも皮肉なことである。

ピラトの裁判の場所

　イエスを死刑にすることを決めた大祭司たちは、正式な裁判をしてもらうためローマ総督ピラトのもとにイエスを送った。ユダヤ人には死刑の執行権がなかったからである。通常ローマ総督はカエサリアに居住していたが、イエスの処刑はユダヤ人の過ぎ越しの祭りの時期になされたので、ピラトがエルサレムに一時滞在していた場所で裁判はピラトが行ったものと思われる。この総督の公邸（プラエトリウム）には、三つの可能性が示されている。アントニア要塞、ヘロデの宮殿だった場所、ハスモン王朝の宮殿だった場所である（六三頁の地図参照）。

1 アントニア要塞

アントニア要塞は、神殿の北西角にヘロデが築いた要塞で、ドロロサの道もここを出発点としている。ビザンツ時代最初期のブルディガラの巡礼（三三三年）も、ダマスカス門に向かう途中で、右にピラトの公邸、左にイエスの刑場があったとしており、アントニア要塞をピラトの公邸と考えていたと思われる。

鶏鳴教会　①全景、②教会横の石段、③地下牢、④拷問を加えた部屋？

現在この場所は、神殿の丘の北に隣接するアル・オマリヤという小学校の敷地の下になっており、要塞は道を挟んで北側の鞭打ち教会やエッケ・ホモ教会まで広がっていたようである。エッケ・ホモ教会の地下では大きな敷石の床（南北四八メートル、東西三二メートル）が知られており、これがピラトが裁判の座についた要塞の中庭の石敷き「ガバタ」（ヨハネ一九・一三）だとされてきた。この敷石は一つ一つが一辺一メートル以上もある巨石で、人々がゲーム盤として遊ぶために刻んだ絵なども残っている。

しかし近年は、この石敷きは二世紀にハドリアヌス帝が整備したフォルムか道路の一部だと考えられるようになってきている。教会の外に見られるアーチが、ハドリアヌス帝の凱旋門であることが判明したからである。

ただ、アントニア要塞の存在自体はヨセフスの記録などから確実で、その遺構が残っているとしたら、この石敷きの下ということになるであろう。アントニア要塞は、名前からしてヘロデ治世の最初期、アントニウスが失脚する（前三〇年）より前に建てられたはずであり、後に新たな宮殿を建てるまでその機能を果たしていたと思われる。ヘロデの死後はローマ軍の駐屯地となり、大群衆が集まる祭りの時期には、治安維持のために総督も滞在したと考えられて

▲アントニア要塞の復元模型

▲エッケ・ホモ門　エッケ・ホモとは「この人を見よ」の意味で、ピラトが判決を下す前、イエスの無罪を人々に訴えようとして言った言葉とされ（ヨハネ19・5）、この教会の前にあるアーチがその場所だとされてきた。

▼ガバタ　聖書（ヨハネ19・13）は、ピラトが建物の外の敷石でヘブル語でガバタと呼ばれる所で裁判を行ったとしているが、おそらく「中庭」のことであろう。

きた。そのため、ここでピラトが裁判をした可能性は否定できない。

2　ヘロデの宮殿

もう一つの可能性は、ヘロデが新たに造った宮殿である。これはヤフォ（ヨッパ）門の南に位置していたとされ、その北側を守っていた城塞の三つの塔のうちの一つが、現在もダビデの塔として残っている。宮殿は南北三〇〇メートル、東西五〇メートルほどの規模があったとされ、ヨセフスがその詳細を記している（戦記五・四・四）。ヘロデの死後はローマ総督の宿泊所として用いられ、たとえばピラトがここに黄金の盾を掲げてユダヤ人の反発を買ったことや総督フロルスがここに裁判の座を設けたこと（戦記二・一四・八）が記録されている。そのため、イエスの裁判もここで行われたとする研究者が少なくない。

ただこの宮殿も、城塞の塔以外ほとんど残っていない。二一世紀になってからの調査で基礎石列と排水施設が確認されたが、宮殿の性格を知るには不十分であり、イエスの裁判の時にピラトがここにいたという確実な証拠は存在しない。

3　ハスモン家の宮殿

第三の可能性はハスモン家の宮殿で、後にヘロデ・アグリッパ一世も宮殿として用いたものである。六世紀のテオドシウスは、聖シオン教会の北にあったカヤパの公邸からピラトの公邸まで一〇〇歩程で、そこに聖ソフィア教会があったこと、そこから羊の池（ベテスダの池）まで一〇〇歩程だとしている。そうすると、ピラトの公邸はアントニア要塞よりかなり南だったことになる。また、プラツェンツァの巡礼も、プラエトリウムは神殿の廃墟の前に位置し、そこに聖ソフィア教会が立っていたと記している。これらの記録は、ピラトの公邸は、神殿を見渡す高台の上にあったとしており、ヨセフス（古代誌二〇・八・一一）の記すハスモン家の宮殿の立地と合致する。

ローマ総督のピラトがその宮殿を使用した可能性はあり得る話である。ただ、この地域は発掘されておらず、宮殿の遺構も聖ソフィア教会の遺構も確認されていない。また、その厳密な位置も不明である。

結局、これら三つの建物が存在したことは文献史料からあきらかであり、どの建物をピラトが使用したとしてもおかしくないが、彼がイエスの裁判時にどこにいたかを決定する証拠が不足している。また、それぞれの建物の遺構もほとんどわかっておらず、現状ではそれらの性格を判断することも難しい。もしピラトの裁判がアントニア要塞で行われたとするなら、ドロロサの道の少なくとも出発点は歴史的根拠を持つことになるが、断定はできない。ドロロサの道の残りの留のうち聖墳墓教会に到達するまでの二～九留については、その場所を同定することはさらに難しい。

▲タルピヨットの墓

ゴルゴタとイエスの墓

一方、ドロロサの道の終着点、イエスの刑場ゴルゴタの丘と墓についてはかなりの確度をもって聖墳墓教会と同定できる。イエスの墓についてはさまざまな提案がなされてきたが、ここでは代表的な三つの可能性を検討したい。近年テレビ番組で注目を集めたタルピヨットの墓と「園の墓」、聖墳墓教会である。

1 タルピヨットの墓

タルピヨットは現在のエルサレムの南端に位置する新興住宅地で、住宅建設のための調査で見つかった墓の一つがイエスの墓だとするものである。この説は、二〇〇七年にジャーナリストのS・ヤコボヴィッチと映画監督のJ・キャメロンが『キリストの棺』というドキュメンタリー番組を作って主張したもので、その書籍も邦訳されている。

その根拠は、この墓から見つかったオシュアリという骨蔵器にイエスの家族らしい名前が書かれていたからである。そのうち、ヨセフの子イェシュアはイエス自身、マリアムネ・エ・マラはマリアのギリシア語名なのでイエスと結婚していたマグダラのマリア、イェシュアの子ユダは二人の息子のものだとする。また、イエスのオシュアリとマリアムネのオシュアリについていたパティナ（油膜）のDNA鑑定をしたところ、血縁関係がないことがわかった。血縁関係がないにもかかわらず家族墓に入っていたのは、彼らが夫婦だったからだと議論する。

たしかにこれらの名前の組み合わせは興味深いが、現在考古学者でこの提案を真面目に受け取る人はほとんどいない。イエス時代のオシュアリはすでに二〇〇〇点以上知られており、そのデータベースもできているが、そこに記された名前はバラエティが少なく、タルピヨットのオシュアリの名前もかなり一般的なものだったからである。例えば、ヨセフは男性名の出現頻度二位で八・三パーセント、ユダは四位で六・二パーセント、イエスも六位で三・八パーセントである。マリアに至っては、女性名の圧倒的第一位である。つまり、これらの名前の組み合わせは特段珍しいものではなく、それだけでイエスの家族とは言えないということである。事実、この墓は番組よりはるか前にイスラエル考古局によって発掘され、報告書も出ていたが、誰もイエス・キリストとの関係は想定していなかった。

DNA鑑定についても、血縁関係がなくても即夫婦とは言えないことを理解する必要がある。義理の関係はみなそうなるからである。また、ヤコボヴィッチとキャメロ

オシュアリに書かれた名前の出現頻度			
1位	シモン／シメオン	243例	9.3%
2位	ヨセフ	218例	8.3%
3位	エレアザル	166例	6.3%
4位	ユダ	164例	6.2%
5位	ヨハネ／ヨハナン	122例	4.6%
6位	イエス（イェシュア）	99例	3.8%
7位	ハナニヤ	82例	3.1%
8位	ヨナタン	71例	2.7%
9位	マタイ	62例	2.4%
10位	マネアン／メナヘム	42例	1.6%

ンはイエスのオシュアリとマリアムネのオシュアリだけを調べているが、この墓には全部で一〇点のオシュアリがあり、この二人が誰と家族関係を持っていたのかはわからない。

　また、これらの組み合わせがイエスの家族を表しているというのは、イエスがマグダラのマリアと結婚しており子供もいたという前提に基づくもので、それ自体根拠に乏しい。たしかに二世紀末頃に記されたグノーシス主義の著作（例えば、『フィリポの福音書』）には、イエスとマリアが親しくしていたという記述があるが、一世紀の正典福音書にそのような記事は一切認められない。D・ブラウンの『ダ・ヴィンチ・コード』も、同じようにイエスがマグダラのマリアと結婚していたとするが、二人の子供は『キリストの棺』ではユダという男の子であり、『ダ・ヴィンチ・コード』では女の子である。

　さらに『キリストの棺』によると、イエスは実際には十字架上で死なず、エルサレムの郊外でひっそりと隠れ住んだとするが、そうすると、このように目立つ墓を造ったこと自体考えにくい。この墓は石を切った立派な横穴墓で、イエスやマリアの名前が明確に記されており、人目を避けて生活していた者が造るようなものではない。また、イエスは刑場のすぐ近くのアリマタヤのヨセフの墓に葬られ、その後、空となったことはキリスト教徒以外も知っていた（例えば、マタイ二七・五七〜六〇、二八・一一〜一五）。もし別に墓があるなら、キリスト教の成立を喜ばなかった当時のユダヤ人指導者やローマの官憲が本物の墓を探さなかったとは考えにくい。イエスの弟子たちも嘘だと知りつつ、殉教に至るまでイエスの死と復活を証言したと考えるには無理がある。

2 園の墓

　園の墓はエルサレム旧市街ダマスカス門の北に位置し、美しく整備された庭の中にある横穴墓である。この墓は二〇世紀前半のイギリス委任統治領時代に総督だったゴードンによってイエスの墓と主張され、今でも一部のプロテスタント教会の人々がこの場所を守っている。

　ここが支持される根拠としては、伝統的な場所である聖墳墓教会が聖書の描くイエスの墓の情景と合わないことが大きい。聖書ではイエスは城壁の外に葬られ、墓は園の中にあったとする（ヨハネ一九・四一）のに対し、聖墳墓教会は城壁の内側に位置し、周囲も園のようになっていないからである。また、園の墓に隣接する崖はどくろのように見え、現在はイスラム教徒の墓地となっている。聖書はイエスの刑場をゴルゴタ（「どくろ」の意味）と呼んでおり、それと隣接した墓に葬られたとすると、まさにこの墓が合致すると考えられたのである。

　しかし、近年この説を支持する者は少なくなってきた。園の墓の型式が、イエス時代のものとは異なり、むしろイスラエル王国時代（鉄器時代）の墓と合致するからである。イスラエル王国時代の墓も石灰岩の崖に横穴を掘って造られたが、内部は当時の「四部屋式住居」と同じ構造をしており、中央の通路の三方に遺体を置く長方形の棚が配置されたものであった。遺体は白骨化すると、棚の下などに設けられる収骨室に入れられ、先祖の骨と一緒にされた。この型式は捕囚から帰還後もしばらく継続したようであるが、前二世紀頃になると新たな型式が一般的となった。それは、鉄器時代の墓のような墓室の壁にロクリ（ヘブル語

▲**園の墓**　外観（右）、内部（中）、どくろの丘（左）

▶**鉄器時代の墓の典型的プラン**（左）Reich, Avni, and Winter 1999, 150 を改変）

▶**園の墓のプラン**（右）

▼**前2世紀から後1世紀の墓の典型的プラン**（Reich, Avni and Winter 1999, 151を改変）

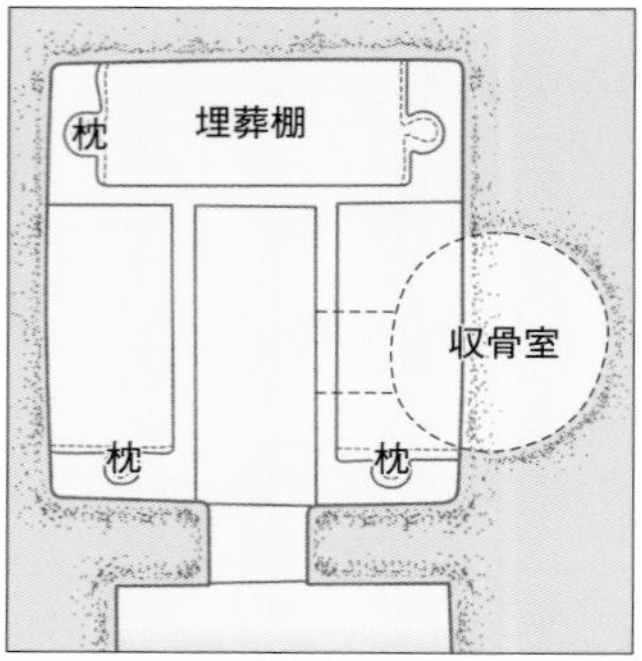

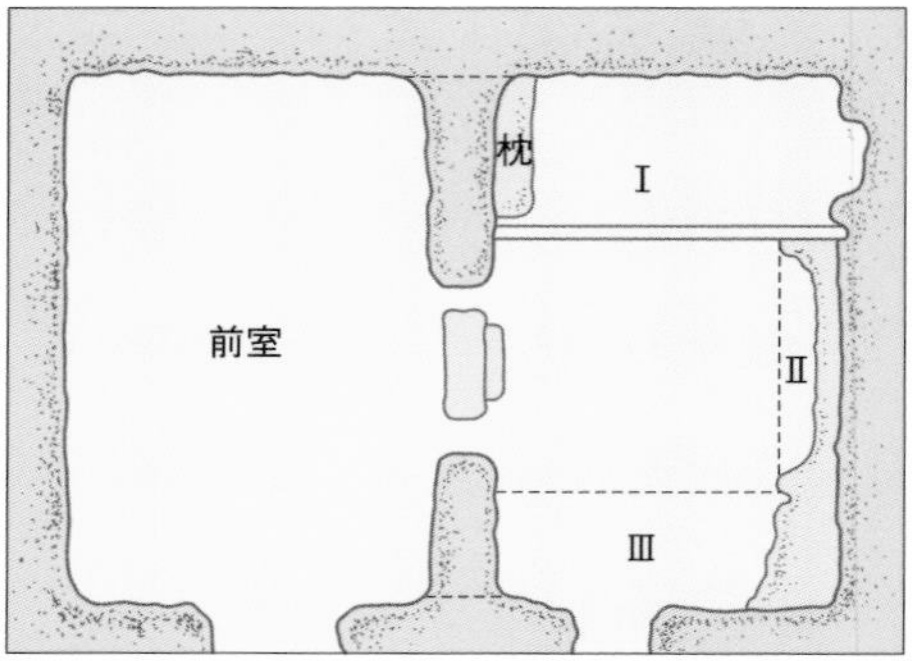

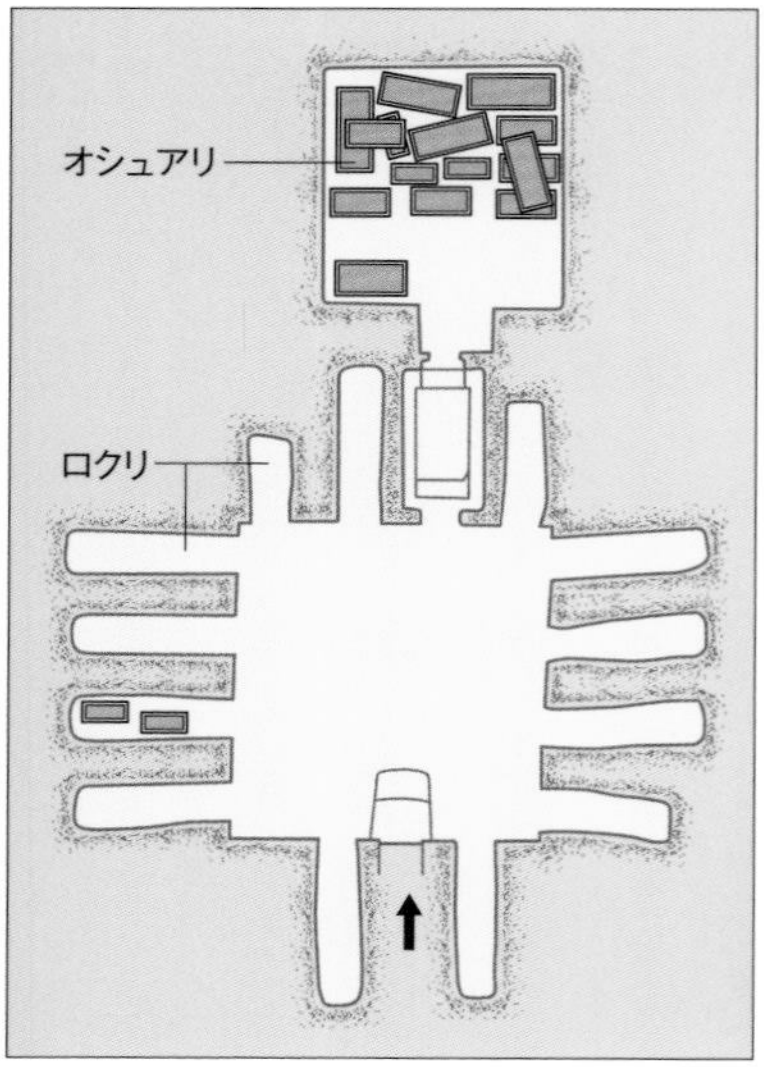

◀▲**ローマ時代の市壁**（左）**と市門**（右）

ではコヒム）、あるいはアルコソリアと呼ばれる細長い壁龕を複数掘り込んだ形のものである。フェニキアなどではロクリごとに別々の遺体を葬り、名前を記したりすることが多いが、イスラエルで知られる例はむしろオシュアリなどが置かれることが多い。園の墓にはロクリもアルコソリアも認められず、あきらかに前二世紀以前のものであり、イエスの墓としては古すぎる。

聖墳墓教会が城壁の内側にあることも、それほど大きな問題にならない。現在の旧市街の城壁はオスマン帝国のスレイマン一世が築いたもの（一五三五／六〜四一年頃）であり、イエス時代の城壁の位置は異なっていたからである。実際、聖墳墓教会の東側に位置するロシア正教のアレキサンダー・ホスピス地下の発掘調査では、イエス時代の城壁と城門が出土しており、現在の聖墳墓教会は城壁の外側、「裁きの門」と呼ばれる門の外にあった刑場にあたることがあきらかとなった（六三頁の地図）。この場所が園のように見えないのも、教会堂の中に取り込まれる際に墓の周囲が削られ、イエス時代とは状態が変わってしまったためである。

3　聖墳墓教会

聖墳墓教会は、コンスタンティヌス大帝

聖墳墓教会

①聖墳墓教会の全景　②ゴルゴタ　十字架の両脇のガラス・ケースの中に岩山の一部が見える。③墓を覆っている小聖堂　④イエスの墓の上に置かれた大理石の板　⑤教会内のロクリ墓（アリマタヤのヨセフの墓？）　⑥聖ヘレナの礼拝堂　⑦フィレンツェのサンタ・クローチェ教会に描かれたヘレナ。実際には、ヘレナはすでにかなり高齢（80歳代？）だったとされている。

がキリスト教を公認した直後に聖地イスラエルに建設した教会のひとつである。コンスタンティヌスは三二七年から三二八年に母ヘレナをアウグスタ（アウグストゥスの女性形）として聖地に派遣し、キリスト教ゆかりの場所を同定するように命じた。この経緯はカエサリアの主教で歴史家のエウセビオスが詳しく記している。

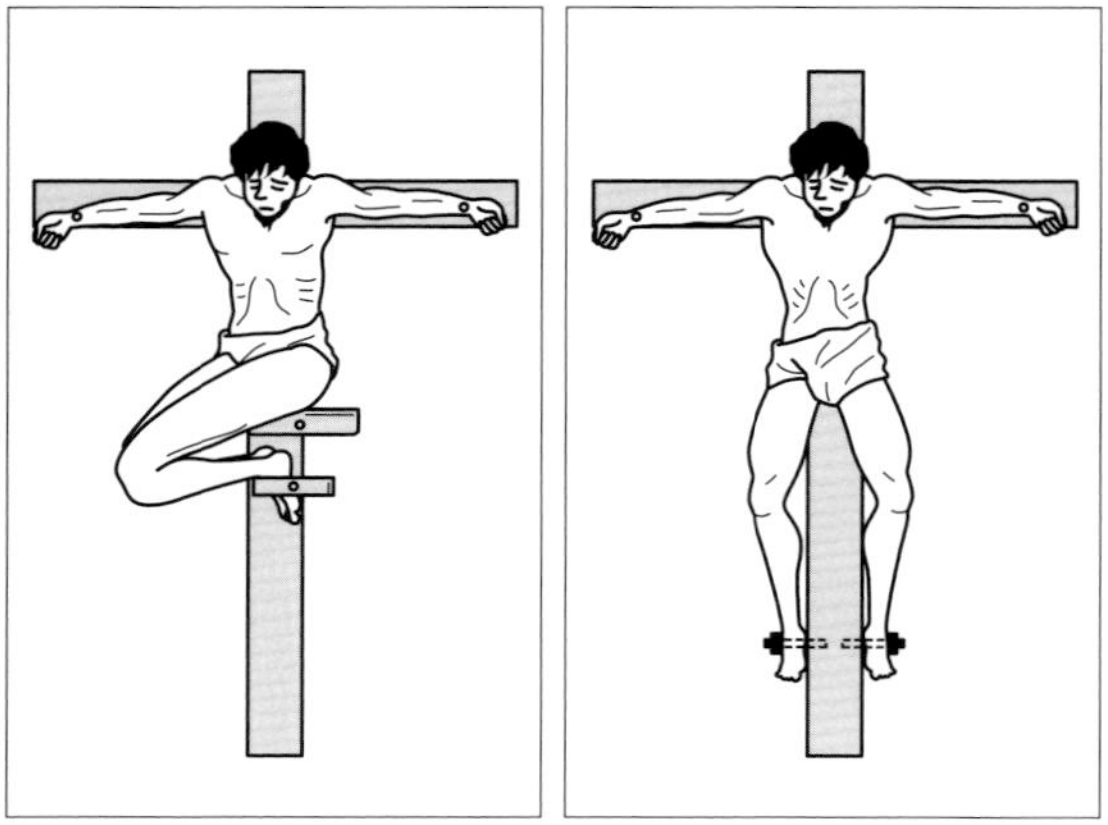

▲十字架刑の推定復元図　ギヴァト・ハ・ミヴタルの人骨などをもとに、当初左図のように推定されたが、現在では右図のように考えられている。コラム3の呪詛用の貴石の図像も参照されたい。

▲ギヴァト・ハ・ミヴタル出土の人骨　十字架刑にかけられた者の骨が出土している。それを見ると、西洋の宗教画によく見られるように手の平や足の甲に正面から釘を打ったのではなく、上腕部やかかとに釘を打ったことがあきらかである。おそらくそうしないと、しっかり身体を十字架に固定することができなかったと思われる。

　ユダヤ戦争の後、皇帝ハドリアヌスはエルサレムを徹底的にローマ化するため、ユダヤ教の中核である神殿の丘とキリスト教の中核であるゴルゴタの丘にローマの神像や神殿を建てさせた（7章参照）。ヘレナはアフロディテ神殿（ユピテルとする史料もある）のある所がゴルゴタの丘の場所だと示され、発掘したところ十字架の一部が見つかったので、そこに教会を建てることにしたという。さらに瓦礫を撤去するとその下から洞穴墓が見つかり、聖墳墓教会はゴルゴタの丘とイエスの墓の二つを記念する教会となった。

　この聖墳墓教会の墓がイエスのものである可能性は、さまざまな証拠から支持される。まず墓の型式であるが、残念ながら現在は周囲の岩が削られて当初の姿をとどめていない。しかし、その奥には別の墓が数基残っており、園の墓とはあきらかに異なるロクリ墓であることがわかる。イエスの墓自体の型式は不明なものの、この地域に前二～紀元一世紀の墓域が存在したことはたしかであろう。

　また二〇一六年から一七年には、イエスの墓を覆っている小聖堂の改修をするのに合わせて、アテネ国立技術大学のA・モロポーロらによって墓自体の調査が行われた。墓の上には大理石の板が置かれているが、それを外して調べたところ、洞穴南側の壁の漆喰から三三五年と一五七〇年代の年代が得られ、墓の入口部分から一一世紀の年代が得られた。一一世紀と一六世紀の改修作業は記録に残っており、三三五年のものはまさにコンスタンティヌス帝時代のものということになる。

　さらに聖墳墓教会は、位置的に考えてもイエスの墓の場所にふさわしい。すでに述べたように、この教会は城壁の外、「裁きの門」を出た先に位置していた。隣接するアレキサンダー・ホスピスではローマ時代の神殿の遺構も確認されており、ヘレナのエピソードを支持している。

　一九七三年から七八年には、聖墳墓教会の地下にあるヘレナを記念する礼拝堂（アルメニア正教）東側部分の発掘調査も行われ、二世紀のローマ神殿を支える壁と、その上にあった四世紀の教会堂の壁が検出された。二世紀の壁には当時の船の絵と巡礼者の言葉も記されていた。征服者が自分たちの優位性を示すために先行する宗教の聖所の上に神殿を建てることは、広く行われてきたことである。ゴルゴタの丘とイエスの墓の上にローマ時代の神殿が存在したことは、逆にここそがキリスト教の中心的な聖所であったことを示すものであろう。

第3部　キリスト教・ユダヤ教の確立

7章　ユダヤ戦争

イエスが十字架で亡くなった後、復活を信じた弟子たちは神のゆるしと新生の福音を掲げて教会を生み出した。一方、ユダヤ人とローマ帝国の対立はますます先鋭化し、ついに六六年、全面戦争に突入した。ユダヤ戦争と呼ばれるものである。これに敗れたユダヤ人は国のない流浪の民となり、長く世界史上の課題となり、現代の中東問題の遠因ともなっている。

ユダヤ戦争の背景

ユダヤ人とローマ帝国の対立は、ヘロデ王の死後も継続した。ヘロデの王国は息子たちのアルケラオス、フィリポ、アンティパスによって分割統治されたが、紀元六年にはアルケラオスが失脚し、ユダヤはローマの直轄領となる（一三六頁年表参照）。ローマから送られてきた総督たちは、基本的にユダヤ人に対して懐柔政策を取ろうとしたが、現実には何度もユダヤ人の宗教的感情を逆なでする事件が起きた。

三九年には、ヤムニアの町に皇帝カリギュラのための祭壇が造られ、憤慨したユダヤ人たちがそれを破壊するという事件が発生した。すると、カリギュラ帝はエルサレム神殿に自分の像を立てることを要求するようになった。この命令は結局取り消されたが、緊張感が高まるきっかけとなった。四一年から四四年まで、ヘロデの孫アンティパス一世が短期間南レヴァント全体を支配したが、彼が亡くなると、この地域はローマ属州イウデア（ユダヤ）に改変された（三九頁ヘロデ家家系図参照）。サンヘドリン（ユダヤ議会）の権力は奪われ、税制に対する不満も高まり、ヘレニスト（ヘレニズム支持者）たちとユダヤ人の対立はさらに激しくなった。

第一次ユダヤ戦争

第一期：戦闘の開始

こうした状況の中で、ユダヤ人の側では次第にローマ人たちを武力で排除しようとする熱心党が支持を集め、各地でテロ行為が行われるようになった。

六六年、ネロ帝の時代にカエサリアで暴動が起こると、それはエルサレムにも広がり、神殿の監督をしていたエレアザル・ベン・ハナニアはローマと皇帝に献げる犠牲を中止した。これに対してローマ総督フロルスは軍隊を差し向け、エルサレム神殿に突入して神殿財産から大金を奪い取り、多くのユダヤ人を殺害した。この混乱を収めるため、ヘロデ大王のひ孫でガリラヤやペレアの王アグリッパ二世が調停しようとしたが、ローマ寄りだとみなされ聞き入れられなかった。また、シリア属州総督ケスティウス・ガッルスが第一二軍団を率いてきたが、かえってベト・ホロンで熱心党のシモン・バル・ギオラやエレアザル・ベン・シモンの襲撃を受けて敗走した。この時約六〇〇〇人のローマ兵が殺されたとされる。

ガリラヤのメナヘム・ベン・イェフダーも、熱心党の一派シカリ派を率いてエルサレムの制圧に貢献した。彼らはユダヤ戦争が本格化する前から、シカという短剣を持ってローマ支持者を暗殺して回っており、そのためシカリ派と呼ばれる。シカリ派はまず死海西岸のマサダ要塞を占領し、その武器を用いてエルサレムの宮殿やアントニア要塞を攻め落とした。ただメナヘムはその後、自分を王かつメシアとするような行動を取ったので、エレアザル・ベン・ハナニアによって処刑された。シカリ派の残党はマサダ要塞に逃れ、抵抗活動を続けることとなった。

エルサレムでの勝利を機にユダヤ議会は暫定政府を組織し、エルサレムの防備を固め、全土に七つの管区を設けた。エルサレム、イドメア、エリコ、ペレア（トランスヨルダン）、ユダヤ海岸地帯、ユダヤ北部、ガリラヤとガウラニティス（ゴラン高原）である（地図参照）。このことは、すでにユダヤからガリラヤの広い範囲が解放軍の支配下に入っていたことを示している。この時ガリラヤとガウラニティスの指揮官であったのが、後にローマに降伏してユダヤ人の歴史を書くこととなったフラウィウス・ヨセフスである。

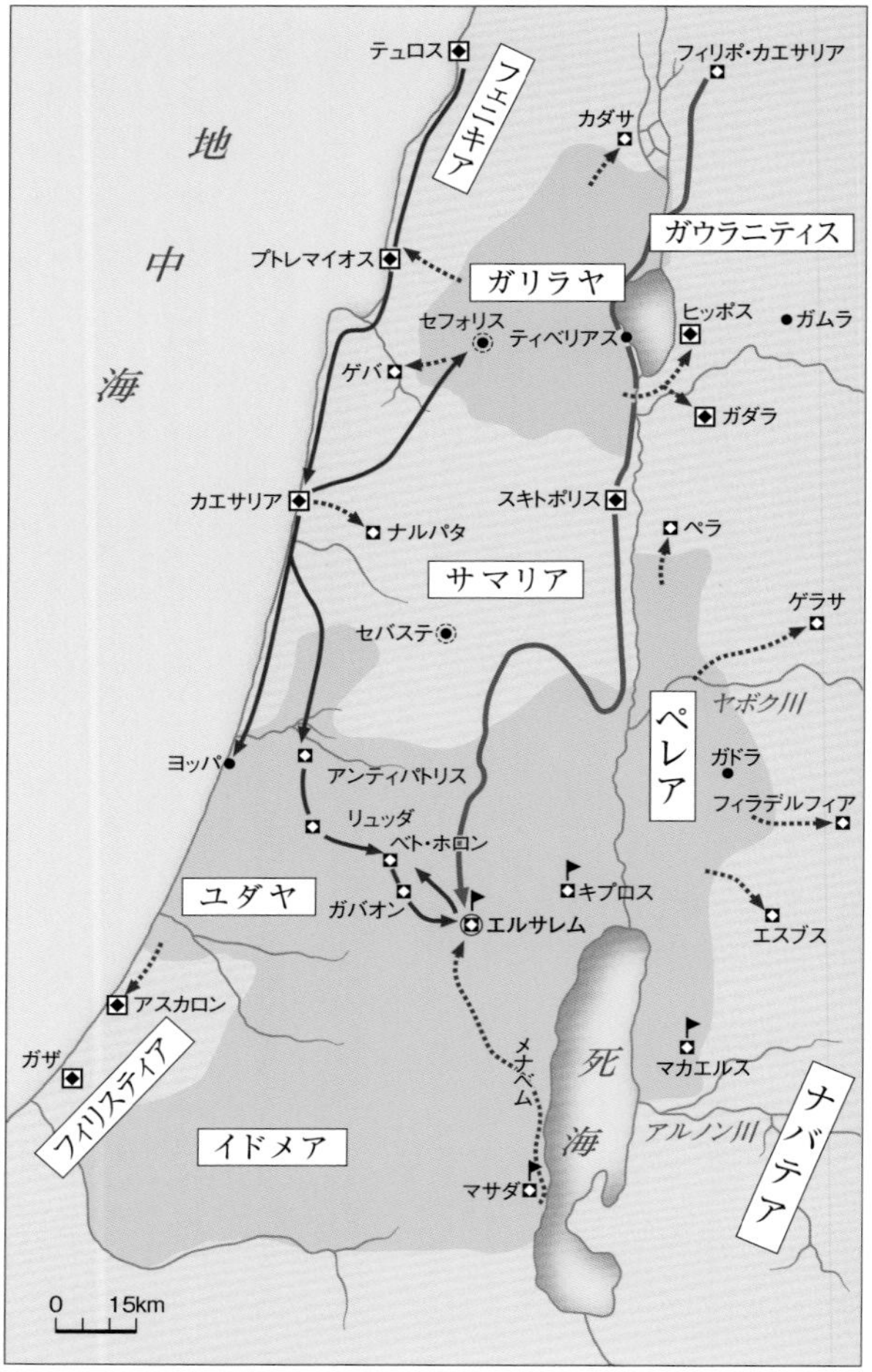

▲ユダヤ戦争開始時の反乱軍

第二期：ウェスパシアヌスによる制圧

六七年春になると、事態を重く見た皇帝ネロは、戦闘経験豊富なウェスパシアヌスを司令官として三個軍団を送り込んだ。解放軍はギスカラのヨハネを中心に戦ったが、ウェスパシアヌスはガリラヤ地域の要塞を次々に征服していった。下ガリラヤのセフォリスは戦わずに降伏し、ヨセフスもヨタパタの要塞に避難したが、四六日間の包囲戦後投降した（戦記三・八・七〜八）。ゴラン高原のガムラは包囲戦に抵抗して、一度はローマ軍を退けたものの、二回目には突入を許した。何千人もが殺され、残りの者は町の周りの断崖絶壁から身投げをすることを選んだ（戦記四・一〜八三）。これは六七年一一月一〇日のことであり、この年の終わりまでに北パレスチナはローマの手中に入った。ガムラの遺跡は発掘されており、切り立った崖の上に位置した集落の様子を見ることができる。

六八年になると、ウェスパシアヌスはペレアのマカエルスを占領し、地中海岸沿いの町々を征服、サマリア、エリコ、ヘブロンも支配下に置き、エルサレムを残すばかりとなった。ウェスパシアヌスはカエサリアでエルサレム攻略の準備を始めたが、同年六月にローマでネロ帝が自殺したという情報がもたらされる。帝国は混乱に陥り、一年以上にわたり次々に皇帝が立っては殺されることとなった。ウェスパシアヌスは軍事行動を一時見合わせ、動静を窺うこととした。

第三期：エルサレム陥落

六九年七月一日、ウェスパシアヌスは自

身の軍団およびシリア駐屯軍の支持を受けて皇帝に推挙されることとなった。彼はアレクサンドリアで勢力基盤を整え、ローマをめざすこととなり、ユダヤ戦争の終結は息子のティトスに委ねられた。

七〇年春、ティトスは北方から二軍団、エリコから一軍団、エマオから一軍団を率いてエルサレム征服に取りかかる。エルサレム市内ではすでに反乱軍の指導者同士の勢力争いが起こっており、和平を望む者は裏切り者として処刑され、町は荒廃していた。ティトスはオリーブ山に陣を敷き、五月二五日に総攻撃が開始された。神殿も含め、ダビデの塔の三つの塔以外はすべてエルサレムの町を破壊することが決行された。七月二二日にアントニア要塞が陥落、八月二八日に神殿が炎上させられた。これはユダヤ暦のアブの九日で、第一神殿が炎上したのと同じ日だったとされ、今でもユダヤ人たちは「神殿崩壊記念日」として覚えている。

▶ガムラの断崖

◀破壊されたエルサレム神殿の落石　発掘調査では神殿の擁壁沿い一面に落石が見つかったが、現在は手前の半分は商店街の通路が見えるように取り除かれ、奥の半分だけ落石が残してある。しかし、通路を見ると破壊の跡が見て取れる。

この時神殿が徹底的に破壊された様子は、考古学的に検証されている。神殿の丘南東部の商店街前の舗装道路の上には、上から落とされた大量の切石が堆積している様子が確認された。ローマ軍は、ユダヤ人の捕虜たちに神殿を破壊させたといわれている。実際、現在の西壁は下から五段だけがヘロデ時代のもので、それより上はローマ時代やオスマン朝時代の石壁が神殿の基壇を支える形になっている。

また、神殿の西側に広がっていた新市の高級住宅街も炎上し、徹底的な破壊を被った。すでに五章で見た大型住居は、この戦いで破壊された時の状態で発掘されており、壁は黒くすすけ、部屋には焼土が堆積していた。そのため、これらの住居は現在「焼けた家」の遺跡と呼ばれている。家財道具は部屋の一方に放り投げられており、金目のものが物色された様子がわかる。また台所では、逃げ遅れたと思われる若い女性の腕が階段をつかんだ状態で出土している。

ティトスはこの勝利を記念した凱旋門をローマのフォロ・ロマーノの東端に建てて

◀焼けた家　エルサレム新市の高級住宅街は、炎上した状態で発掘された。

おり、今でも見ることができる。その内側には、ローマ軍がエルサレム神殿からメノラー（七枝の燭台）やラッパなどの祭具を持ち出す様子が描かれている。また、ウェスパシアヌスとティトスは、エルサレム征服を記念してユダヤ・キャプタと呼ばれる硬貨も鋳造した。これにはいくつかのヴァリエーションがあるが、典型的なものは表に皇帝の顔、裏にユダヤ（イウデア）・キャプタ（「征服されたユダヤ」の意）の文字とヤシの木の下に座り込む女性を刻印しており、女性はエルサレムを象徴していると言われている。

▲ユダヤ・キャプタ硬貨　表にはウェスパシアヌスの顔が描かれている。

▲▼ティトスの凱旋門　全体像（上）。内側にはエルサレム神殿の宝物を略奪する様子が描かれている（下）。

第四期：マサダの陥落

エルサレム陥落後も、熱心党の残党たちはかつてヘロデ大王が築いたユダの荒野の要塞群に立てこもり、ゲリラ戦を継続した。このうちマカエルスやヘロディオンは七二年に陥落したが、マサダは七三年（七四年とする説もある）まで持ちこたえた。マサダはユダヤ戦争の初期にメナヘム・ベン・イェフダーによって占領され、その後同じシカリ派でメナヘムの血縁のエレアザル・ベン・ヤイルによって指揮されていた。陥落時には九六七名の者がいたとされる。

ローマ第一〇軍団を率いるフラウィウス・シルウァは七二年に包囲戦を開始した。要塞の立つ岩山を壁と軍営で取り囲み、破城槌を城壁に近づけるための巨大な進入路を築いた。七三年四月一六日、ローマ軍がいよいよ城壁を破って突入すると、すでに亡くなった抵抗軍の死体だけが残されていた。エレアザル・ベン・ヤイルが、奴隷として屈辱を受けるより名誉ある死を選ぶよう訴える英雄的な演説をしたと、ヨセフスは記録している（戦記七・八・六）。彼らはそれぞれが自分の妻と子供を殺害し、その後くじを引いて一〇人を選び、その一〇人が残りの者を殺害し、さらにくじをひいて残った一人が他の九人を殺害し、最後の者が要塞に火をかけて自害するという方法を取ったという。自殺は禁じられていたからである。

この出来事は外国人の抑圧に果敢に戦った英雄の物語として記憶され、現在のイスラエル国が建国された時には「マサダを繰り返すな」という標語が民族の独立を鼓舞するために用いられた。また、ヤディンによる大規模な発掘調査が行われ、ヘロデの王宮はもちろんのこと、シカリ派の住居や洞穴、シナゴグなども検出された。特に注

▲マサダ包囲戦のためのローマ軍の陣地と包囲壁

▲ローマ軍が築いたマサダへの進入路

▲投石機用の石

目を引いたのは、倉庫近くの部屋から見つかった一一個のオストラカ（文字の記された土器片）である。これらには同じ筆跡で名前が一つずつ書かれており、その一つはベン・ヤイルであった。ヤディンは、これはまさにマサダ陥落の直前にひかれたくじであると解釈し、センセーションとなった。

しかし、近年このような解釈には疑問も呈されている。マサダからはわずか二八名分の遺体しか発見されておらず、集団自決は起こらなかったのではないかという指摘である。また、ベン・ヤイルの演説はマサダの貯水槽に隠れていて助かった二人の女性と五人の子供たちによって伝えられたとされるが、その信頼性にも疑問がある。古代の歴史記述で演説は、しばしば出来事に対する歴史家の注釈として用いられるので、創作かもしれないとされる。

ただその場合でも、一一個のオストラカをどう解釈するかという問題は残される。また、こうした歴史の見直し自体、現在のイスラエル国が安定的に発展した結果、「民族独立のために戦った英雄」に対する尊敬から、「宗教的に過激な人々」が起こした無謀な戦いと距離を置きたい気持ちへと社会の思潮が変化したことが反映されているようにも見える。

第一次ユダヤ戦争時のキリスト者

一方、エルサレムにいたキリスト者（キリスト教徒）たちは、ヨルダン川東岸のペラに避難して戦うことがなかったことを、エウセビオスが記録している（教会史三・五・三）。ペラは、前六三年にポンペイウスがパレスチナを征服した時にギリシア語を話す人々をを植民して造った一〇の町「デカポリス」のひとつであり、より広い範囲を代表していた可能性もある。

この記録に関しては、S・G・F・ブランドンなど信頼性を否定する者もいるが、多くの研究者たちは実際に移住があったと考えている。ブランドンが否定する主な理

▲ペラ　ビザンツ時代になって築かれた教会堂の遺構。

由は以下の通りである。①初期キリスト教徒の記録にこの出来事があまり触れられていないこと、②第一次ユダヤ戦争時にはエルサレムの町中が独立の機運にあって、キリスト教徒だけ別行動するとは考えにくいこと、③ユダヤ戦争の最初期（六六年）にペラは解放軍によって破壊されており、彼らが同じユダヤ人であるキリスト教徒を受け入れたとは考えにくいこと、である。

　しかし①に関しては、新約聖書自体に「エルサレムが軍隊に囲まれるのを見たら、ユダヤにいる人たちは山に逃げなさい」というイエスの言葉（ルカ二一・二〇、マルコ一三・一四、マタイ二四・一六参照）があり、こうした状況を想定しているように思われる。二世紀にはペラ出身のキリスト教の弁証家アリストが存在した記録があり（エウセビオス「教会史」四・六・三）、四世紀のエピファニウスは、ペラと他のデカポリスにキリスト教徒たちがいたことを記している。また、エルサレムのシオン山にあった最初のエルサレム教会の場所（6章参照）で、第一次ユダヤ戦争後も一三六年までユダヤ人キリスト者たちが活動していたことが知られており、それはペラから戻った人々であったことをユティキウス（一〇世紀）や『ソロモンの頌歌』が示している。

　考古学的にも、すでに一九世紀のシューマッハーの踏査で、ペラの洞穴に居住跡とキリスト教のシンボルが確認されている。シドニー大学が長年行ってきた発掘調査でも、ペラの町は一世紀の終わり頃から規模が拡大し、二世紀にはフォルムや劇場を備えた大きな町となったことが知られている。キリスト教公認後は、すぐにデカポリス地方に多くの司教座が設けられ、キリスト教発展の中心地のひとつとなった。四～五世紀から多数の教会堂遺構が見られるほか、北側に隣接するゴラン高原からは、メノラーと十字架や魚が組み合わされた模様で装飾された石材も確認されている（一三三頁参照）。こうした石材はビザンツ時代になってから改宗した異邦人キリスト者のものとは考えられず、ユダヤ人キリスト者がこの地域に継続的に存在したことを示している。

　②についても、第一次ユダヤ戦争時のエルサレムの住民がみな熱心党やシカリ派と同じ考えを持っていたわけでないことはすでに見てきた。とりわけキリスト教徒は、自力で神の国や救いを引き寄せることより、神の愛と計画に信頼することを強調していた。イエス自身が神の国はかならずしもエルサレムに限定されず、神の正義と平和が支配するところだと語っており（マタイ五・三～一二、ルカ一七・二〇－二一、ヨハネ四～二一など）、「剣を取る者はみな剣で滅びる」（マタイ二六・五二）と教えたことも、争いを避ける行動の基礎となったであろう。

　③の指摘も推測の域を出ない。たしかにペラは独立解放軍の攻撃を受けているが、だからといってユダヤ人のすべて、特にユダヤ人キリスト教徒を受け入れなかったかどうかは確かでない。上述のように、ペラなどのデカポリスの考古的調査では、一世紀後半以降人口が増大してキリスト教徒たちが多く住む地域になったことがあきらか

だからである。

第二次ユダヤ戦争

戦争の背景

ローマ帝国とユダヤ人の対立はエルサレム神殿の陥落をもって決着したように見えたが、実は反感がくすぶり続けていた。七〇年以降もエルサレムに第一〇軍団フレテンシスが駐屯し続けていたことやさまざまな行政改革が行われたことも反発を招いた。一一五年から一一七年には、東地中海世界一帯にユダヤ人の蜂起が起こり（「キトス戦争」と呼ぶ）、ローマ軍が鎮圧したが、それも不満であった。そこに一二九～一三〇年にハドリアヌス帝がエルサレムを訪問し、完全にローマ風のアエリア・カピトリーナという町を建て、神殿の丘にユピテル神殿を建設することをあきらかにした。アエリアはハドリアヌスの家名であるアエリウス、カピトリーナはユピテル、ユノー、ミネルウァを祀るローマのカピトリーノの丘に基づいている。その起工式では、総督ルフスが「神殿を鋤上げる」行為をしたということで、さらにユダヤ人たちの反感を買うこととなった。

こうした状況を反映する考古学的資料として興味深いものに、第一次ユダヤ戦争後のエルサレムから大量に出土する特殊なレンガがある。これらには第一〇軍団の名前と、そのシンボルであるイノシシの絵がスタンプで押されており、すでに戦闘を終結した彼らが工兵として破壊された町の修復に励んでいた様子がわかる。また二〇一四年には、ダマスカス門周辺から大型のラテン語碑文が発掘された。この碑文はすでに一九世紀から知られている別の碑文と接合でき、第一〇軍団がハドリアヌスの来訪を記念して献げた碑文であることが判明した。実はそれまで、一三〇年頃にハドリアヌスがエルサレムに来たことを疑う議論もあったが、この碑文の発見で、その訪問が史実である可能性が俄然高まったと言える。さらに、ハドリアヌスが一三〇年から一三二年の間に鋳造したコインは、表に自身の肖像、裏に「コロニア・アエリア・カピトリーナの創設」という文字と、ハドリアヌスが牛の引く犂を使っている姿が描かれている。まさにハドリアヌスが、エルサレムをアエリア・カピトリーナに改造することを宣言するものである。

▲テル・シャレム出土のハドリアヌス像
▶アエリア・カピトリーナのコイン
▼ハドリアヌス来訪を記念する碑文

▲**第10軍団のレンガ**　アエリア・カピトリーナ建設のために用いられた。

戦闘の経緯

　一三二年、シモン・バル・コシバが反乱を起こすと、それは全国に広がり、多数のユダヤ人が参加することとなった。彼らはエルサレムの第一〇軍団に甚大な打撃を与え、独立を獲得し、バル・コシバはナシー（王）を名乗った。すでに熱心党はいなかったが、この反乱はパリサイ派の人々から支持され、特にラビ・アキバはバル・コシバをメシアとみなして、バル・コホバ「星の子」という名前を与えている。そのため、この反乱は「バル・コホバの乱」としても知られている。

　反乱軍の戦略はゲリラ戦で、さまざまな町の地下トンネルを隠れ家にしつつ、ローマ軍に対して出撃した。当初の敗戦を見たハドリアヌスは、一三四年、司令官のセウエルスをブリタニアから召還し、大軍とともに反乱軍の徹底的な壊滅を図った。セウエルスはベト・シャン近くのテル・シャレムの戦いに勝利し、次第に領地を取り戻し、一三五年にベタルの要塞に反乱軍を封じ込めて虐殺した。ハドリアヌスは、ラビ・アキバなど反乱を支援したサンヘドリンの指導者たちも拷問の上処刑した。

　ディオ・カッシウスの『ローマ史』（六九巻）によると、五八万人のユダヤ人が殺され、五〇の城塞のある町、九八五の村々が焼き落されたという。捕虜になった者たちは奴隷に売られ、ユダヤ人にとっては第一次反乱の時よりもさらに壊滅的な打撃となった。同時にこの戦いは、ローマ軍にとっても大きな損害となり、ハドリアヌスが勝利の報告を元老院に送った文書には、慣例となっている「我とわが軍は軒昂なり」という文言を用いていない。

▲**抵抗軍のトンネル**　アドラム（右）及びヘロディオン（左）のもの。

　バル・コホバの乱については、ディオ・カッシウス以外の文献史料が非常に乏しく、わからないことが多いが、一九六〇～六一年に死海周辺の「書簡の洞穴」からバル・コシバ本人とその部下の書簡を含む多数のパピルスが見つかった。彼の本名がバル・コシバであるのも、この情報に基づいている。また、このパピルスの中にはババサ文書と呼ばれるものがあり、この時期に生きたババサという女性の経験を克明に知ることができる。バル・コシバは、テトラドラクマ銀貨を四年間鋳造しているが、その表には神殿のファサード、裏には「エルサレムの解放のために」という文字が記されている。神殿は実際には再建されなかったが、彼らの意図がよく反映されている。

　彼らが隠れ家として使った地下トンネルは、ユダの荒野やエルサレム周辺の多くの町に残されており、中には人ひとりようやく入れるような細いものもあって、複雑につながっている。第二の本拠地としていたヘロディオンでは、ヘロデ大王の墓の裏側に複雑なトンネルがあることが知られている。

さらに、彼らが決定的な敗北を被ったテル・シャレムでは、発掘調査で凱旋門の跡が見つかっており、おそらくハドリアヌスのものだと思われる。近くからは青銅製のハドリアヌスの胸像がほぼ完形で出土し、現在イスラエル博物館で見ることができる。これらの存在は、第二次ユダヤ戦争がエルサレム周辺だけでなく、パレスチナ全域を巻き込む大規模なものであったことを示している。反乱軍が最後に立てこもったベタルの要塞もベトレヘムの北西に残っており、近くから第五軍団と第一一軍団に言及した石碑が出土している。

アエリア・カピトリーナの建設

ハドリアヌスは、この地からユダヤ人の痕跡を消し去ることを意図し、トーラーの朗読、ユダヤ暦の使用を禁止し、属州ユダヤはシリア・パレスチナに名前を変えられた。また、アエリア・カピトリーナの建設が続けられ、神殿の丘にはユピテル像とハドリアヌスの像が建てられた。聖墳墓教会の上にアフロディテ神殿が建てられたことはすでに述べた。

アエリア・カピトリーナの痕跡は、当時の首都であったカエサリアにつながるダマ

▲バル・コホバ・コイン

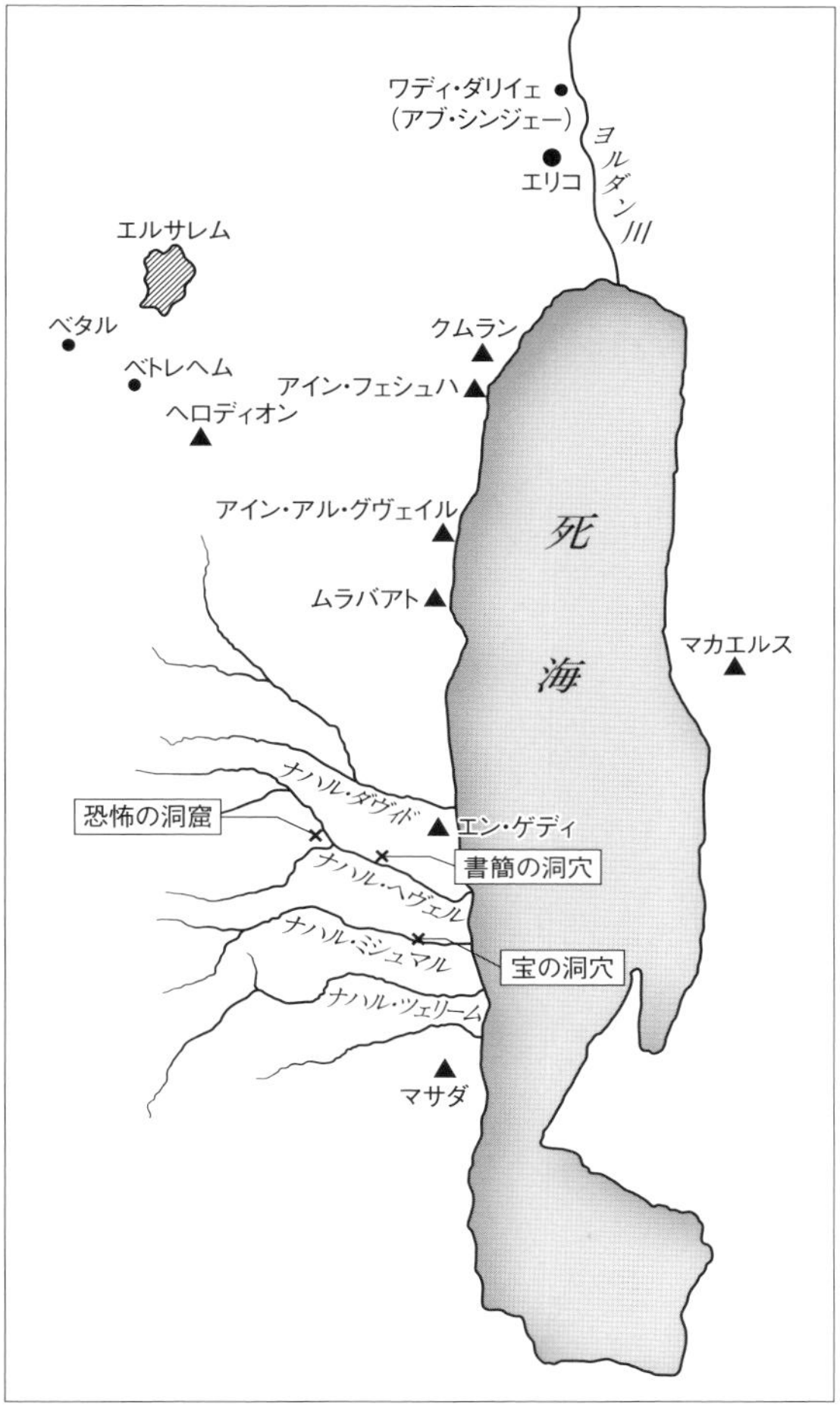

▲ユダの荒野の洞穴　ユダの荒野には、このような洞穴が多数存在している。

▼「手紙の洞穴」の内部

スカス門に見ることができる（一二三頁の地図参照）。現在のダマスカス門の地表面より上はオスマン朝時代の建設であるが、一九七九年の発掘調査で、それより下にローマ時代の三連門の両側の門と塔屋が残っていることが判明し、今でも見ることができる（10章）。ビザンツ時代のマダバ地図を見ると、この門の内側には広場があり、おそらく皇帝の像のついた柱が立っていた。ここから町の南端までは二本の列柱道路（カルド・マクシムス）が走っており、大きな平石で舗装されていた。神殿の丘の北西部（アントニア要塞のあった場所）とゴルゴタの丘の南側にはフォルムが作られ、前者にはハドリアヌス帝の凱旋門（エッケ・ホモ門）が設置された。神殿の丘北側のベテスダの池にはアスクレピオスの神殿があり、第一〇軍団の軍営は、町の南側の大きな区画を占めていたと考えられる。

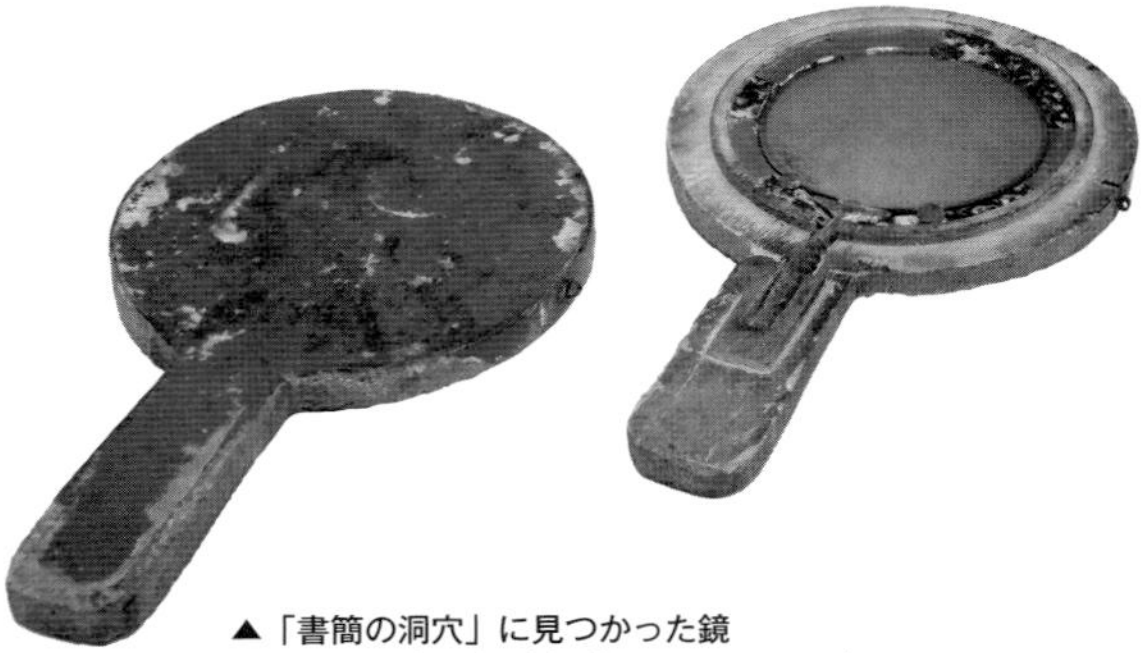

▲「書簡の洞穴」に見つかった鏡
▼ベタル要塞　（写真提供：Getty Images）

　ユダヤ人たちは、年に一日「神殿崩壊記念日」以外は、アエリア・カピトリーナから一〇マイル圏内に入ることを禁じられ、離散の民（ディアスポラ）として生きるしかなくなった。南レヴァントに留まった者たちは、ガリラヤ地方やベト・シャン、ゴラン高原、あるいはユダの周縁部などに居住するようになった。ラビ・ユダヤ教の中心もガリラヤに移り、エルサレム・タルムードもそこで編纂されることとなる。後にこの規制は少し緩くなるが、ユダヤ人がエルサレムに入ることができるようになったのは、七世紀のササン朝ペルシアおよびウマイヤ朝時代になってからである。

　ユダヤ人キリスト者たちはこの戦争にも参加しなかったが、一緒にエルサレムへの立ち入りを禁止された。エウセビオスの記録では、七〇年から一三〇年の間に出てくる司教の名前はすべてユダヤ名であるのに、一三六年以降はすべてギリシア語名であることが指摘されている。すなわち、エルサレム教会はその後も存在したが、バル・コホバの乱以降ユダヤ人キリスト者は追放され、異邦人キリスト者中心の教会になったものと思われる。これまでの研究では、ユダヤ人キリスト者はこの後すぐ存在しなくなったと考える傾向があったが、最近はガラリヤ地方やシリア、レバノン、南アナトリアなどで存在し続けた可能性が指摘されている（4章のコノンのモザイクも参照）。

ローマの軍隊

Column 4

ローマは強力な軍隊国家であり、そのために地中海世界の広大な地域を支配することができた。

ローマは伝説上の王ロムルスによって前七五三年に建国され、前五〇九年に共和政となり、前二七年にアウグストゥスが皇帝につくことで帝政になったとされる。共和政時代の軍隊はエトルリア人など周辺民族の侵入を防ぐことが目的であり、国民皆兵で武器などの装備も自前で調達した。経済的な力によって格づけされ、貧しい市民はよろいなどのない軽装歩兵、裕福な市民は重装備の重装歩兵となった。実際の戦闘では軽装歩兵の戦列が先陣を切り、重装歩兵のうちでも機動力のあるハスタティが攻撃をし、最後に重装歩兵が勝利を決定づけるという形であった。

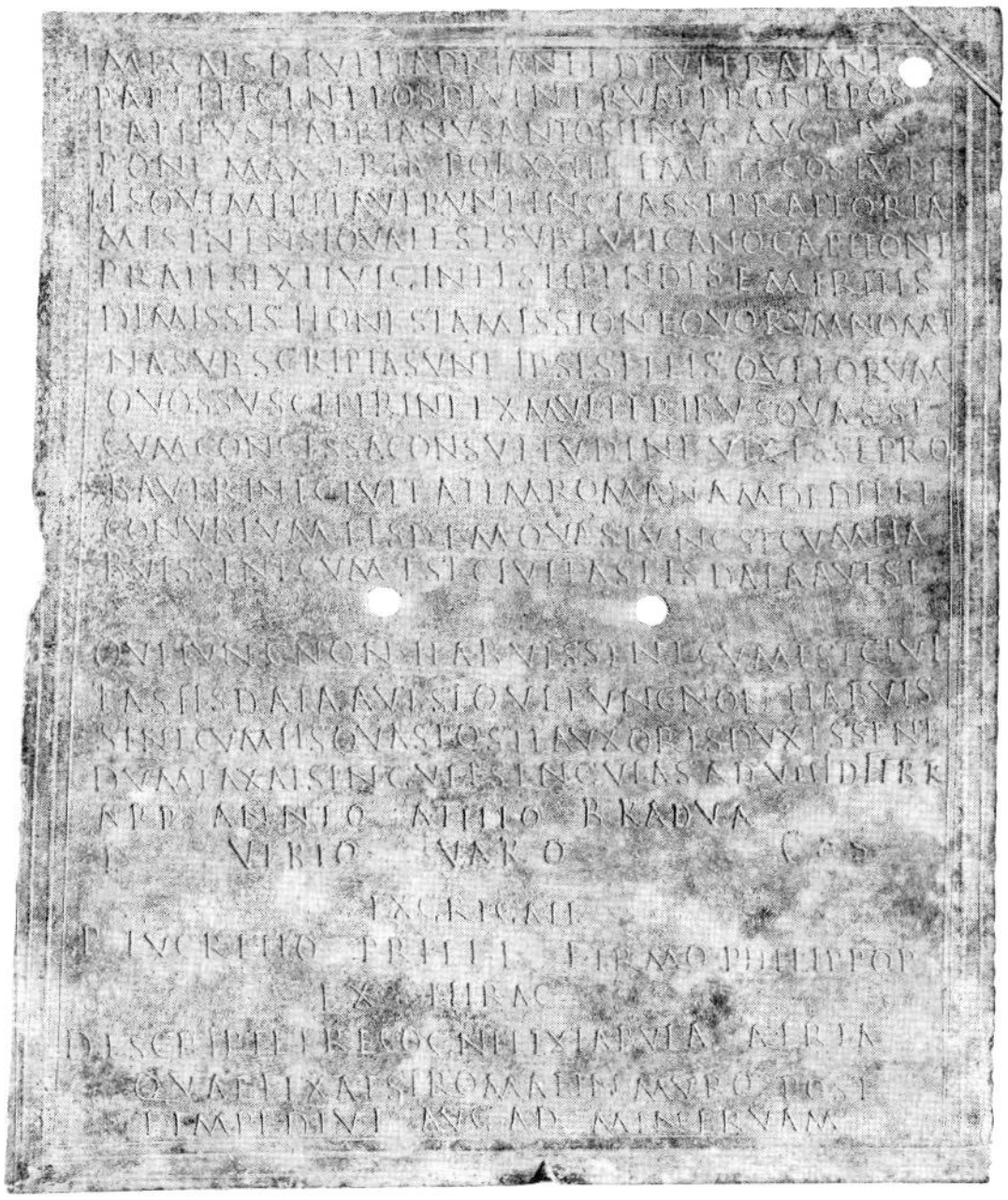

▼退役証明書　二〇年以上の兵役を終えると、市民権を始め、結婚に関するものなどさまざまな特権が与えられた。兵役証明書は、綴じ合わされた二枚の青銅製書字板に日付、皇帝名、兵士名、授与された特権、兵役年数、所属部隊名などが記されたもので、公文書として保管され、兵士にも写しが与えられた。（慶應義塾図書館蔵）

▼投石機　マサダ遺跡における復元模型

ところが、ローマは次第に拡大政策を取り辺境の地まで遠征するようになったので、市民の中には兵役を厭う者が増えてきた。前二世紀末のコンスル（執政官）ガイウス・マリウスは軍制改革を行い、それまで徴兵の対象でなかった無産市民や市民でない自由民も兵役につくことができるようにして常備軍を設置した。武器や防具は政府が提供し、給料も大幅に増額し、市民権のない者には兵役終了後に与える約束をし、職業軍人が生まれることとなった。それまでの身分制が廃止されたので軽装歩兵はなくなり、重装歩兵中心の軍団を貴族出身の将校が指揮する形となった。また、占領地出身の傭兵軍も形成され、帝政期になると首都防衛のための近衛兵も整備された。

実際の戦闘は投げ槍（ピルム）を投げて敵の戦列を混乱させることから始まり、そこに短剣（グラディウス）をもって攻めかかる形であった。ローマ兵は質の高い盾、よろい、兜を装備していたので、有利に戦いを進めることができた。編成は百人隊長が率いる八〇名ほどの小隊が六つ集まって約四八〇名のコホルス（中隊）を形成し、それが一〇集まって約四八〇〇名のレギオ（軍団）となる形であった。個々人の能力よりも軍団全体で戦う編成となっており、落ちてきていた兵士たちの士気を補うための方法でもあった。

駐屯先の軍営は、長方形の土地を壁と堀で囲み、左右対称に規則正しく宿舎を配置するようになっていた。厳格な規律は軍の統制のために重要であった。軍営の設営や道路、橋などの建設も軍の役割であった。また、帝政期の後半になると、投石機や破城槌などの大型の兵器がさかんに用いられるようになった。これらは白兵戦に持ち込まずに攻城できるものだが、裏を返すとさらに士気が落ちていたためともいえる。こうした兵器は、ユダヤ戦争のマサダ攻略でも用いられた。

戦争に勝利したことを元老院が認めると、凱旋行進が行われた。先頭は元老院議員たちで、その後にラッパ隊、戦利品、いけにえの白い牛、捕虜が続き、将軍は月桂冠をかぶり四頭立ての戦車に乗って登場し、兵士たちが後に続いた。行進は凱旋門を通り、フォロ・ロマーノの聖なる道からカピトリーノの丘のユピテル神殿で勝利の報告をして終わることとなっていた。ただし、こうした凱旋は圧倒的な勝利でなければ認められなかった。

キリスト教とユダヤ教の成立 …… Column 5

第一次ユダヤ戦争の結果、ユダヤ人たちはエルサレム神殿を失い、それまでの信仰を維持することができなくなり、まったく新しい状況に対応する必要に迫られた。ラバン・ヨハナン・ベン・ザカイは、サンヘドリン（ユダヤ議会）をヤヴネ（ギリシア語ではヤムニア）の町に移し、今日まで続くユダヤ教のもととなったラビ・ユダヤ教の確立に努力した。神殿において罪の赦しのための動物犠牲が献げられなくなったので、ますます律法を守るためのハラハー（戒律）の厳守とシナゴグにおける祈りを中心とするようになった。

ただ、このヤヴネでユダヤ人の公会議が開かれたとする説は長く受け入れられてきたが、現在では否定されている。ヤヴネの公会議はH・グレーツGraetzが一八七一年に提唱した説で、紀元九〇年に開催され、旧約聖書の正典を確定し、キリスト者をシナゴグから追放することを決定したとされてきた。

たしかに旧約聖書の正典については、雅歌と伝道者の書が正典にふさわしいかどうかについてミシュナー（二世紀末から三世紀初頭に編纂された口伝律法の集成）に議論があり、公会議の決定が反映されていると考えられた。しかし、ミシュナーに正典の範囲や確定に関する記述はなく、「公式な」会議が開かれたという記録もない。特定の書の立場に関して疑義を申し立てることと枠組みを確定することは別物であり、こうした議論が存在すること自体、すでに正典が確立されていたことが前提となる。ヨセフスはすでに五〇〇年前からユダヤ人には聖なる書のリストがあると記しており（アピオン駁論一・七〜八）、エスドラス書Ⅱ一四・三七〜四八（一〇〇年頃）もすでにエズラの時代に二四の書が存在したと記している。現代の研究者たちはすべてがエズラの時代に正典化されていたとは考えないが、それでも前二世紀頃にはほぼ確定していたと考える者が多い。

また、ヤヴネ公会議ではキリスト教徒をシナゴグから追放する決定がなされたという主張もしばしばなされてきた。ビルカト・ハ・ミニームという反キリスト教文書がこの会議に帰せられるからである。しかし、現在ではユダヤ人とキリスト教徒の分離は一回の会議で決したものではなく、それよりも前から次第に明確化されてきたものだと考えられている（例えば、Cohen参照）。

イエス自身もユダヤ人でありラビとして教えたが、他のユダヤ人たちとは明確に異なる立場を取っていた。自分をメシアとするのはもちろんのこと、神の国理解は民族主義的でなかったし、律法も自分たちの立場を守る戒律のようには考えていなかった。後のキリスト教信仰は、その姿勢を継続したものとなっている。

エルサレム教会の中核は主の兄弟ヤコブであり、彼は他のユダヤ人

▶ミシュナーの一葉　口伝律法を集めたミシュナーは、さらに後の議論を踏まえてタルムード（六世紀頃）となり、その後もラビによる解釈の歴史は継続している。実際には、編集された場所の違いからバビロニア・タルムードとエルサレム・タルムードの二種類が存在する。

▶ベト・シェアリームにあるラビ・イェフダ・ハナシーの墓　ハナシーはバル・コホバの乱後サンヘドリンの指導者を務めた。

▶ティベリアにあるラビ・アキバの墓

たちから義人（ツァディーク）と呼ばれるほど、律法にも忠実な人物であった。しかし、エルサレム教会にはギリシア語を話すユダヤ人キリスト者たちもおり、例えばステファノはおそらくすでに三〇年代半ば頃にユダヤ人たちから迫害を受け、石打ちで殉教している（使徒七・五四～六〇）。また、異邦人も信仰を持つようになり、地中海世界の各地に教会ができるようになると、新たに信仰を持った異邦人キリスト者たちがユダヤ教の戒律、特に割礼を守るべきかどうかが問題となった。パウロとヤコブらが話し合うエルサレム会議が開かれ（使徒一五章）、割礼などが要求されないことが決まると、他のユダヤ人たちとの乖離は明確となった。

　それでも、当時はユダヤ人たちも一枚岩ではなく、サドカイ派、パリサイ派、エッセネ派、熱心党、キリスト教徒などが衝突しながらも神殿礼拝を一緒に行っていた。しかし、紀元七〇年に神殿が崩壊するとサドカイ派、エッセネ派、熱心党などは消失した。結果的にパリサイ派とキリスト教だけが残り、両者の方向性の違いが決定的となる。パリサイ派は神殿が失われたのは律法を無視したための懲らしめであると考え、律法遵守を重視するラビ・ユダヤ教を形成し、口伝律法を集めたミシュナーやタルムードを編纂するようになった。一方、キリスト教は旧約聖書の預言はメシアであるイエスに成就しており、その救いを受け入れる者こそが真の神の民「イスラエル」であるとし、新約聖書が編纂された。すなわち、旧約聖書の教えをどう継承発展すべきかについてまったく異なる姿勢があきらかとなったのであり、これら二つの宗教はほぼ同時に認識されたのである。しばしばユダヤ教からキリスト教が生まれたと言われるが、それは誤解を招く表現であろう。

　最終的にキリスト教が組織的宗教として確立されたのは、コンスタンティヌス帝による公認とそれに続く公会議（四世紀以降）といえるであろうし、同時期にユダヤ教も積極的なシナゴグ建設やタルムードの完成を見る。しかし、二世紀初め頃には新約聖書も成立し、異端論争や弁証論なども始まっており、すでにキリスト教の骨子は固まっていたようである。ラビ・ユダヤ教においても三世紀初頭にはミシュナーが完成している。

8章 すべての道はローマに通ず

イエス・キリストの十字架と復活を経験したキリスト教会は、福音を語ることと「しるしと不思議」（奇跡）によってローマ帝国全体に広まっていった。その際、帝国中に道路網、海上交通網が張り巡らされ、治安が維持されていたことが大きな意味を持った。もちろんローマは帝国を軍事的に効率よく支配するためにそれらを整備したわけであるが、それらはキリスト教が広まっていく道としても機能したのである。

弟子たちはイエスが昇天する際の約束通り、ペンテコステの祭りの時に聖霊に満たされ、さまざまな言語でイエスの福音を語るという経験をした。それまで隠れ住んでいた弟子たちは、これを機に大胆に福音を語るようになり、教会が誕生した（使徒二章）。イスラエルにいた人たちだけでなく、祭りのために帝国中からエルサレムに来ていたユダヤ人や異邦人たちもこの出来事を目撃した。彼らはそれぞれの地方にイエスの福音を持ち帰り、そこで教会が生まれた。また、弟子のペテロやエルサレム教会のリーダーたちを通して、最初はユダヤ人に、その後少しずつ異邦人にも福音が語られるようになった。パウロは当初キリスト教を迫害していたパリサイ派のユダヤ人であったが、イエスに出会う経験をして回心し、ローマ帝国中を旅して福音を語るようになった。こうして帝国の各地に教会の基礎が据えられていった。

本章では、ローマにおける交通網を概観した上で、それがパウロなどの宣教旅行にどう影響したのかを見ていこう。

ローマ帝国の道路網

ローマは勢力を広げるにつれ、領有した地方を帝国の属州として併合し、比較的穏健な属州は元老院属州とし、そうでないところは皇帝属州とした。新しい属州ができると街道が造られ、納税の制度が整備された。統一の基盤が必要だったからである。街道の建設は、ローマ帝国の責任で軍隊が担い、その維持はそれぞれの地方の総督が責任を負った。

例えば、ローマがイタリア中央部を征服

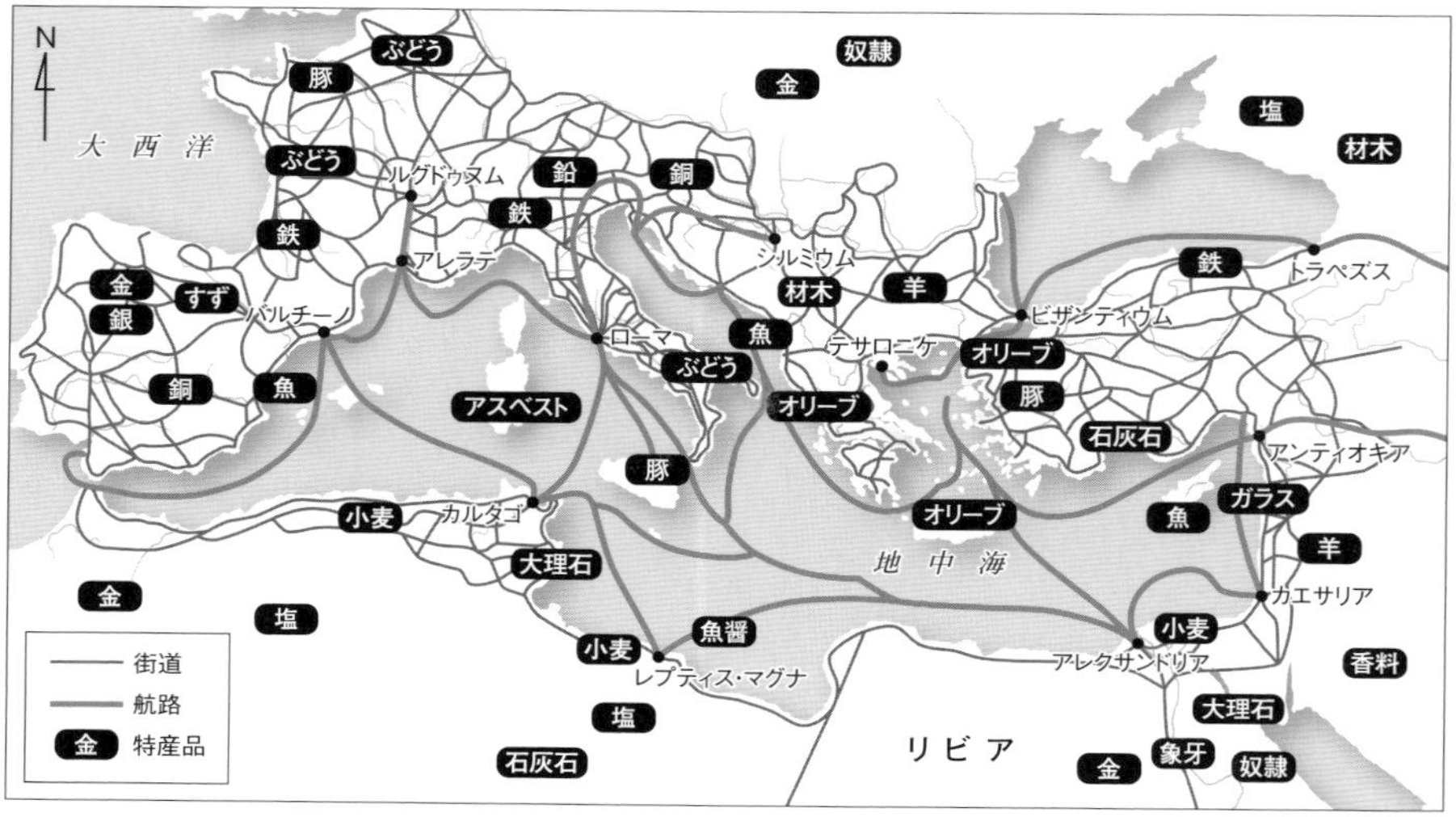

▲ローマ帝国の道路分布図及び航路図　街道は新たに設置された軍営地と植民市（コロニア）を結ぶようになっていた。コロニアは元来軍事基地として造られたが、次第に退役兵が市民権と土地を与えられて住む場所となった。

するとアッピア街道が整備され（前三一二年着工）、マケドニアが併合されるとエグナティア街道、小アジアが属州化されると皇帝街道ができ、南レヴァントでは二世紀に地中海沿いの海の道とトランスヨルダンのトラヤヌス街道が建設された。ディオクレティアヌス帝の時代（紀元三世紀末）には、ローマから主要街道が放射線状に発出し、帝国中を三七二の街道が覆い、その総延長は幹線道路だけで八万五〇〇〇キロメートル、支線も含めると一五万キロメートルに及んだとされる。

建築方法には切石で舗装されたもの、砂利が敷かれたもの、踏み固められた土の表面のものの三種類があり、それぞれ用途に応じて使い分けられた。通常主要幹線道路は馬車が二台対面通行できるように四メートルの幅が確保され、その両側に歩道や排水溝が整備されていた。切石の表面の下にはさまざまな素材で四層の基礎が敷かれ、水平が維持されていた。道路はできる限り直線状に造ることを原則としており、山地は切通しかトンネルにし、川には橋、沼には通路が架けられた。街道沿いには、すでに共和制時代から円柱状のマイルストーン（里程標）が設置されており、ローマのサトゥルヌス神殿近くの黄金のマイルストーンがすべての起点となった。

街道の移動には、徒歩の場合と馬車を使用する場合があった。アウグストゥス帝は駅伝制を整備し、街道沿いに軍隊以外の役人などが宿泊できるマンシオネス（宿泊所）と、人馬を交換できるムタティオネスを設置した。安全かつ速やかに移動できるようにするためである。私的な目的で移動する者のためには、カウポナ（宿屋）やタベルナ（ホステル）がマンシオネスの周辺に発達した。実際に街道を旅行する際には許可を得る必要があり、街道の途中や市門、橋などに料金所が設けられていた。また、郵便制度が整備され、速やかな軍隊の情報収集や命令伝達に用いられた。私信を送ることもできた。

大プリニウスによると、アウグストゥス帝は世界地図のようなものを作らせた（博物誌三・一七）とされるが、現存していない。ただ、そこから派生したと思われる四世紀の資料としてアントニヌスの旅程表、ブルディガラの旅程表（巡礼の記録）、ポイティンガー地図などがあり、貴重な情報となっている。旅程表は街道沿いの都市のリストに街道名や距離が記されたものであるが、地図をすべて印刷することができなかった時

▲タルソの北15キロにあるサリクリ村に残るローマの街道
道路には3種類あり、公的な幹線道路、地域あるいは個人で造られた道路だが公用にも提供されている道と脇道である。

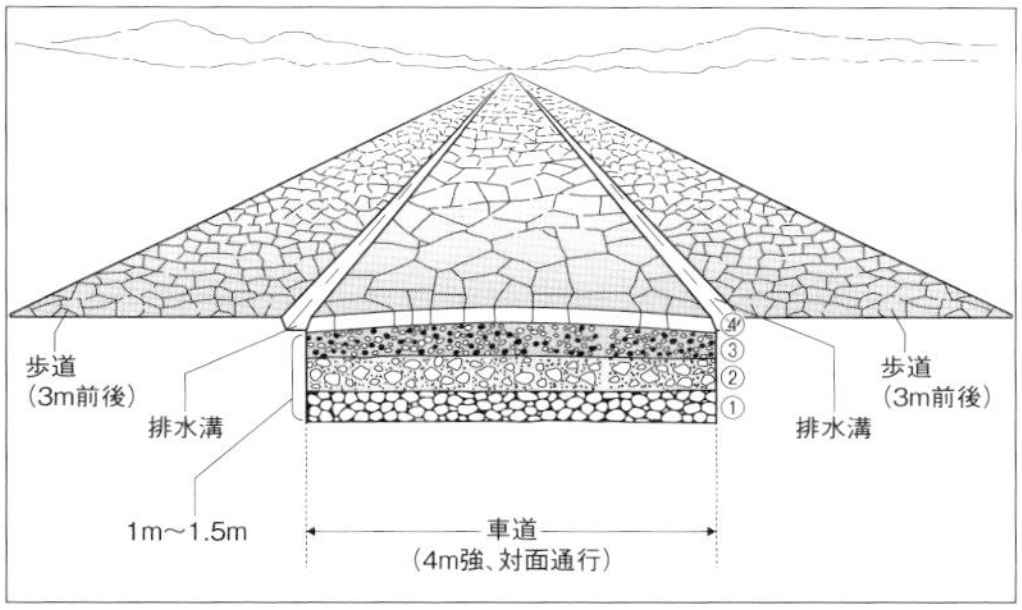

▲道路模式図　幹線道路の主要区間は四層構造になっていた。地表面を一～一・五メートル掘り下げた後、最下層は約三〇センチ砂利を敷いて表面をならし、第二層は石、砂利、粘土の合成したものをつめた。第三層は表面が緩い弓形になるよう石を敷き、最上層の第四層は平らな巨石を敷き詰めて凹凸のない平らな表面を形成していた。

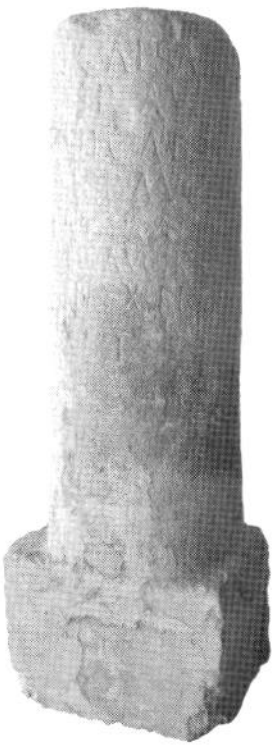

◀マイルストーンの例　街道沿いに一ローマ・マイル（＝一〇〇〇パッシム＝一・四七六キロメートル）毎に置かれており、距離やさまざまな情報が刻印されていた。四角い土台の上に約一・五メートルの高さの円柱が載った形状をしており、基礎は地下に埋められていた。ローマの支配を示すプロパガンダ的意味もあった。

代には広く使用された。

ローマ帝国の海上交通網

　地中海の海上交通網は、主として交易のために発達した。陸路も交易に用いられたが、重く大量の物資を運ぶためには海運のほうが効率がよく、川や運河も活用された。ただ海上交易は風の関係で季節が限定され、海賊に襲われたり嵐に遭ったりするなどの危険も大きかった。

　元来金儲けはローマ市民にふさわしくないとされ、前二一八年のクラウディウス法によって、元老院議員とその息子はアンフォラを三〇〇以上積める海上交易船の所有を禁じられていた。そのため、交易は主として騎士階級の人々が出資して行い、無産市民（プレブス）や自由民が個別の店を運営し、実際の重労働は奴隷が行うことが多かった。銀行も発達し、ギリシア人、シリア（フェニキア）人、アレクサンドリア人など外国人も多数交易にかかわっていた。

　地中海沿いにはカエサリアやシリアのアンティオキアの外港セレウキア・ピエリアのような港が多数発達し、それらの構造は水中考古学によってあきらかにされつつある。それぞれの地域には特産品があり、たとえばエジプトの穀物やパピルス、北アフリカの穀物、塩、魚醤、ギリシアのオリーブ油、フランスやイタリアのワイン、スペインの金銀、レヴァント地方のガラスや羊などが有名であった（八八頁の地図参照）。ワインや穀物は一定の重量のアンフォラ、魚醤などはニンジン型の小型の壺に入れられて取引された。大理石などの建材や土器そのものも商品であった。こうした交易船は旅客を運ぶこともでき、郵便船にもなった。

　さらに、遠距離の交易としては紅海からインド洋につながる航路も発達しており、『エリュトゥラー海案内記』（一世紀）がその様子を伝えている。また、陸路でも隊商交易が発達し、アラビア半島の香料や中国の絹などが輸入された。隊商都市としてはシリアのパルミュラが有名であるが、南レヴァントでもペトラなどを中核にしてナバ

▲タルソとアンティオキアの間にあるモプスエスティアの橋　橋脚の基礎部だけがローマ時代のもので、上部は修復である。

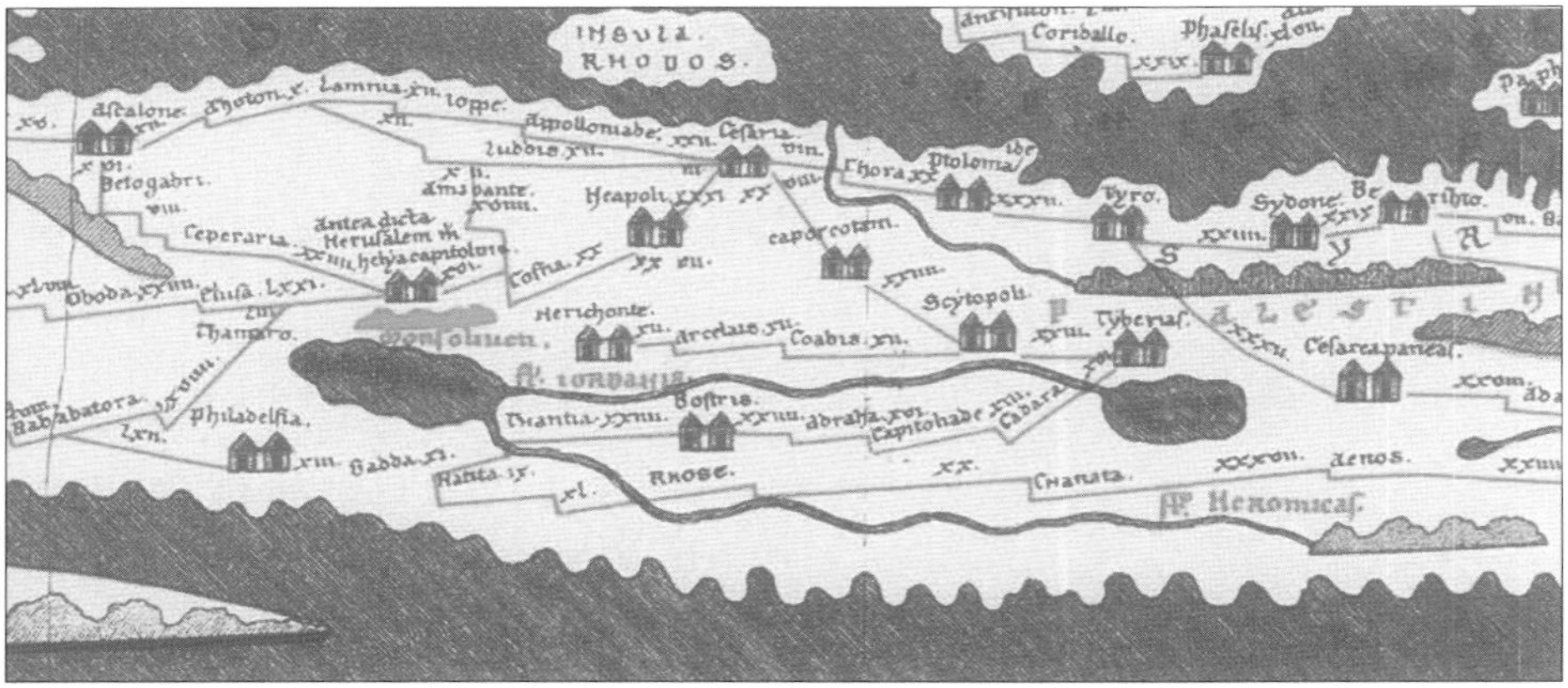

▲ポイティンガー地図　4〜5世紀前半

▲▶**隊商都市の例**　パルミュラ（左）、ペトラ（右）

テア人が長くアラビア半島との交易を担った。ただ、二世紀初めに新トラヤヌス街道が設置されると、むしろデカポリスがこの交易で繁栄したようである。

パウロの宣教旅行

元来南レヴァント地方で生まれたキリスト教がローマ帝国中に広まった要因として、交通網が安全に整備され、一体化した社会が存在していたことが欠かせない。ガラテア書四・四は「時が満ちて、神はご自分の御子を遣わした」としている（マルコ一・一四〜一五も参照）。この「時」とは旧約聖書の預言がすべて与えられたにもかかわらず、「神の国」が実現しておらず、メシア到来の期待が高まっていた状況を意味していたと思われるが、地中海世界全体に離散（ディアスポラ）のユダヤ人共同体が存在し、ギリシア語が通用し、交通網が整備されていたことなども含め、より広い意味で神の時だったと理解されることも多い。ここでは、広く地中海世界に福音を伝えた代表的人物としてパウロの活動を見ていく。

パウロの背景

パウロは元来キリキア（小アジア南東部）のタルソの出身、つまり離散のユダヤ人であったが、エルサレムで学ぶパリサイ人でもあった。そのため、ギリシア語もヘブル語も自由に話すことができ、旧約聖書にもヘレニズム思想にも通じていた。パウロは成立したばかりのキリスト教に反対し、すでに存在していたダマスカスのキリスト教徒たちを迫害するために向かったが、その途中強い光に打たれて落馬し、イエスの語りかけを聞いて回心する。しばらくの研修の後、パウロはシリアのアンティオキアの教会に迎え入れられ、そこから三度の宣教旅行に送り出された。その後、皇帝に上訴することでローマへ旅を行い、最終的にはスペインまで到達した可能性がある。

キリキアのタルソは新石器時代まで遡ることができる古い町だが、前六六年にローマの支配下に入り、属州キリキアの州都となった。また、自由都市として納税の義務を免除され、この町で生まれた者はローマ市民になる資格が与えられた。パウロが何度も自分が生まれながらのローマ市民であると主張しているのは、このためである。

当時の様子を伝える遺跡としては、玄武岩の切り石が敷かれた典型的なローマの街道とその周囲の建物が六〇メートルほど保存されており、その西の延長線上に市門の一つ「港門」（クレオパトラ門ともいう）が残っている。また、この道の近くにはパウロを記念する教会と生家の跡、井戸が残ってい

▲▶タルソ　ローマ時代の街道（右）と港門（上）。港門は写真の通り修復が激しく、残存状況はよくない。

るが、これらの歴史性は確認できていない。

パウロが幻でイエスと出会う経験をしたのは、ダマスカスに行く途中とされ（使徒九・三〜八）、伝統的にはその南のカウカブの丘とされてきたが、厳密な位置は確認のしようがない。パウロはダマスカス市内の「まっすぐ」という道沿いで、アナニヤというキリスト者の導きを得て回心する。「まっすぐの道」とは、現在でもダマスカスの旧市街を東西に貫通する通りのことで凱旋門が残っており、その北側にはアナニヤの記念教会が存在する。ダマスカスには他にも、パウロが市壁から籠で吊り降ろされて脱出した場所を記念する教会などがあるが、これも正確な位置を特定することは難しいであろう。

▲ダマスカスにある「まっすぐの道」の門

▲「まっすぐの道」近くのアナニアを記念する教会

アンティオキアはシリアの北西に位置し、ヘレニズム時代にはセレウコス朝の首都、ローマ時代には属州シリアの州都であり、ローマ、アレクサンドリアに次ぐ帝国第三の規模の町であった。セレウコス朝はユダヤ人の入植を奨励して市民権を与えたので、大きなユダヤ人地区が存在した。エルサレムでステファノが殺され、ギリシア語を話すユダヤ人キリスト者に対する迫害が起こると、彼らの一部はアンティオキアに移動した（使徒一一・一九）。イエスを信じる者たちは、この町で初めて「クリスティアノス（キリスト者）」と呼ばれるようになった（使徒一一・二六）。アンティオキアでは、一九三二年から三九年にプリンストン大学とソルボンヌ大学が発掘調査を行い、市壁、導水橋、戦車競技場、多数のモザイク床、複数の四世紀の教会などが確認されたが、全体像は十分わかっていない。町の東の崖の洞穴には聖ペテロ教会が残っており、迫害時の初期キリスト者たちの集会場だったとされている。

第一回宣教旅行

パウロの第一回宣教旅行は、四五年から四九年にかけて、アンティオキア教会で信頼の厚かったバルナバという人物とともに行われた（使徒一三〜一四）。彼らはまずバルナバの出身地であるキプロス島に行き、サラミスの複数のシナゴグで語った後、島を巡回した。その後パフォスから小アジアのペルガに渡り、ピシディアのアンティオキアで宣教し、さらにイコニオン、デルベ、リストラでも宣教した。その後、同じ道を通ってアンティオキアに戻っている。

キプロス島には多くのユダヤ人たちが住んでおり、ステファノの殉教後はキリスト者たちも移住していた（使徒一一・一九）。そのため、シナゴグも多数あったと思われる。しかし、一一五年にキトス戦争（7章参照）が起こると、ユダヤ人たちはキプロス島から追放された（ディオ・カッシウス六八・三二・二）。元来キプロス島は属州キリキアの一部であったが、前二二年に独立した属州となり総督が送られてきていた。パウロの時代の総督はセルギウス・パウルスであり、福音を信じたとされる（使徒一三・一二）。

ピシディアのアンティオキアは、地中海岸、エーゲ海岸、中央アナトリアの分岐点にあり、前二五年に設立された属州ガラテアのコロニア（植民都市）で最大のものであった。町の中央にはアウグストゥス神殿があり、その業績を記した碑文が出土している。パウロたちは、ここでもシナゴグで語ってユダヤ人と異邦人の入信者を得たが、反対者もおり、追放された。町の北西の市壁近くには四世紀末建造の大きなバシリカ式教会堂があり、その床下の遺構が、パウロたちが語ったシナゴグではないかとされる。しかし、町の中央にある教会堂の下に

▲初期キリスト教徒の集会場だった洞穴を記念する聖ペテロ教会　正面部分は十字軍時代のもの。

▲パウロの第１回宣教旅行のルート

も別のアプスが知られ、これがパウロ時代のものだとする説もあり、さらに別の場所からも「ハギオス・パウロス（聖パウロ）」と刻まれた祭壇（六世紀）が見つかっている。パウロ記念教会が存在した可能性が高いが、現状ではその場所を確定することはむずかしい。

　パウロたちは皇帝街道を東に進み、同じく属州ガラテアのイコニオン、ルカオニア地方のデルベとリストラでも宣教した。彼らの説教はこれらの町でも賛否両論を引き起こした。しかし、信仰を持った者たちの中から長老（指導者）たちを任命しており、第二回、第三回の宣教旅行でもこれらの町を訪問していることから、着実に教会が形成されていたことがわかる。イコニオンは現在のコンヤの町であるが、当時の遺構はほとんど知られていない。デルベは、現在のケルティ・ヒュユクの遺跡であることが銘文から確認されている。銘文の一つはデルベの司教の墓碑であり、キリスト教の伝統が根づいていたことがわかる。

▲現在のアンティオキアの町の概観

第二回宣教旅行

　パウロの第二回宣教旅行は四九年から五二年に行われ、アンティオキア教会のシラスが同行し、リストラからは若いテモテも参加した（使徒一五〜一八章）。また、使徒言行録の著者ルカも、この後パウロと行動を共にしたようである。彼らは、まずガラテア地方の教会（リストラ、デルベ、ピシディアのアンティオキア）の再訪を目的とし、その後エーゲ海岸のトロアスに至った。そこでマケドニア人が招いている幻を見たため、ヨーロッパ側のネアポリスに渡り、エグナチア街道沿いのフィリピ、テサロニケ、ベレアを通ってアテネに行き、コリントに一年半滞在して教会形成に努力した。その後、彼らは船で小アジアのエフェソに渡り、カエサリア、エルサレムを経由してアンティオキアに戻った。

　フィリピはエーゲ海の北側に位置し、前三五六年にマケドニアのフィリポ二世によって創建された。近くに金山があるために発展し、エグナチア街道の要衝でもあった。ローマ時代になると、オクタウィアヌスとアントニウスは、カエサルを暗殺したブルートゥスやカッシウスをフィリピの西で破り、ここを植民都市とした。そのため、この町にはギリシア様式の劇場やアゴラなど、ギリシア風の都市の景観が残っている。

　ユダヤ人の数は少なく、シナゴグはなかったようで、パウロは、町の西側のクレニデス川のほとりの祈り場で集まっていた人々に福音を語り、紫布の商人リディアが信仰を持った。現在、川の近くに小さな教会堂が建っている。また、占いをする女奴隷から悪霊を追い出したことからその所有者に訴えられ、投獄された。ところが、賛美しつつ祈っていたところ地震が起きて牢が開いたのに逃亡しなかったため、それを見た獄吏は信仰を持ち、洗礼を受けた。この時パウロとシラスが入れられた牢とされるものも残っているが、それは地下水槽だったようで、本当に牢として用いられたかどうかは疑わしい。ただ、これらの人々がヨーロッパで最初の改宗者だったことになる。ビザンツ時代になると多くの教会堂が建てられ、フィリピはマケドニア地方におけるキリスト教の中心地となる。最古のも

▲▶**フィリピ**　川沿いの祈り場（右）、パウロとシラスが入れられた牢とされる遺構（上）。

のは聖パウロのバシリカで、モザイクの銘文に三四三年のセルディカの教会会議に参加した主教ポルピュリオスの名があることから、四世紀の建造だと思われる。

テサロニケはエグナチア街道と北方のヨーロッパから来る街道がぶつかる地点に位置し、ローマのマケドニア州の州都であった。ここではヤソンとその家族の者をはじめ、何人かの改宗者が生まれ、教会が形成された。反対者たちはヤソンらを捕まえて町の役人に訴えたが、結局釈放された。現在の町の中心、かつてのバス・ターミナルの場所では大きな二階建てのフォルムが発掘されており、風呂も二つついていた。建造年代は発掘されたコインなどから一世紀と考えられ、ヤソンらの裁判が行われたのもここかもしれない。その他、地下鉄工事を契機に列柱道路デクマヌス・マクシムスやその周囲の店なども発掘され、当時の町の様子がわかってきた。ガレリウス帝（在位三〇五〜三一一年）の宮殿や凱旋門なども知られているが、これらはパウロよりも後のものである。

パウロたちはベレアを通り、海路アテネに向かった。おそらくピレウス港経由でアテネに入ったものと思われる。シナゴグではユダヤ人や「神を畏れる人たち」（９章参照）と議論をし、アゴラではその場にいた異邦人の哲学者たちに福音を語った。結局、パウロはアレオパゴスの丘でこの「新しい教え」を説明する機会を得、「知られていない神」に関する有名な説教をした（使徒一七・一九〜三

▲パウロの第２回宣教旅行のルート

▲テサロニケのアゴラの遺構

四)。アテネには多数の神々がいたが、彼らはそれ以外にもいるかもしれないと考え、「知られていない神」の祭壇に祈っていた。そこでパウロはその神を紹介するとしてイエス・キリストのことを語ったのである。このアレオパゴスの丘は、アクロポリスの北西に位置する小さな岩山で、公的な会議が行われる場所だったようである。

コリントはアテネの七八キロ西にあり、属州アカイアの州都であった。ここは地中海とエーゲ海に挟まれ陸橋となった場所で、カエサル以来何人もの皇帝が運河を通そうとして実現しないでいたが、それでも商業の中心地として重要であった。町の中心には北の港に向かうルカイオン道路が走っており、港から港へコリントを通るように陸路物資が運ばれていた。町のアクロポリスにはアフロディテ神殿、下の町にはアポロン神殿があった。繁栄した町だったが性道徳は乱れており、「コリントの娘」というと売春婦の意味だとされていた。アフロディテは性愛の女神だからである。

パウロはローマから逃れてきたアクラとプリスキラというユダヤ人キリスト者夫婦とこの町で出会い、一緒に伝道活動を行った(使徒一八・二)。彼らは天幕づくり(皮革加工)を職業としており、おそらくその作業場が集会場となったと思われる。アゴラの周囲には多数の店舗が発掘されており、その一つが彼らの活動拠点だったかもしれない。反対者たちはパウロを法廷に訴えたが、総督のガリオはその訴えを棄却した。アゴラの中央にはベーマーという高台があり、そこが裁判の場所だったと思われる。ガリオが属州アカイアの総督だったのは五一年の六月から五二年の五月なので、この出来事はパウロの活動の編年を考える上で重要である。また、コリントの信徒の中には市の収入役であるエラストという人物がおり(ローマ一六・二三)、彼が役職についたことの見返りに道路の舗装をしたことを記した銘文が発見されている。初期のキ

▶アテネのアレオパゴスの丘　レオ・フォン・クレンツェ画。背景にアクロポリスのパルテノン神殿が見える。

◀「知られていない神」の祭壇　アテネでの発見例はないが、ペルガモンとローマで確認されている(写真提供：PPS通信社)。

リスト者の中には、社会的立場がある人たちもいたことがわかる。

第三回宣教旅行

第二回宣教旅行から戻ると、パウロはすぐに第三回宣教旅行に出発した（使徒一八～二三・二六）。この宣教旅行は五二年から五七年にかけて行われ、コリントから同行したアクラとプリスキラやルカも一緒だったと思われる。まずガラテアの諸教会を訪問した後、エーゲ海岸のエフェソに行き、二年間滞在して教会を確立した。その間に周囲の属州アジアの諸都市にも信者が集まり、教会ができていった。ヨハネの黙示録に登場する七つの教会、すなわちエフェソ、スミルナ、ペルガモン、ティアティラ、サルディス、フィラデルフィア、ラオディキアの教会がそれであり、ラオディキアの町は、近隣のヒエラポリスとコロサイの三つで一つの地域を形成していた。コロサイ書一・二を見ると、ラオディキアとコロサイで手紙を回覧するように指示されている。また、エフェソには使徒ヨハネも滞在したようであり、一時沖合のパトモス島にいた時に黙示録を書いたとされる（黙示録一・九）。その後、パウロはエフェソからマケドニアを通ってコリントに行き、一時滞在をした後エフェソに戻るつもりであったが、できなくなった。そこで、そのままエルサレムに向かうことにしたが、途中ミレトの港でエフェソ教会の長老たちと会い、別れの説教をしている。

▲**コリントの全景**　中央にルカイオン道路、背景にアフロディテ神殿のあったアクロポリス（アクロコリント）が写っている。

エフェソは、ローマ帝国属州アジアの州都で、地中海貿易を担う港町であった。港は劇場の遺跡からまっすぐ伸びた道の先にあったが、現在は流れ込む川の土砂で埋まってしまっている。また、この町はアルテミス神殿の町として有名で、おそらく在地の地母神がヘレニズム化されたものだと思われる。現在は円柱が一本立っているだけだが、基礎部を見ると長さ約一三〇メートル、幅約六七メートル、高さ約一八メートルの威容だったことがわかる。この神殿は古代世界の七不思議のひとつに数えられて

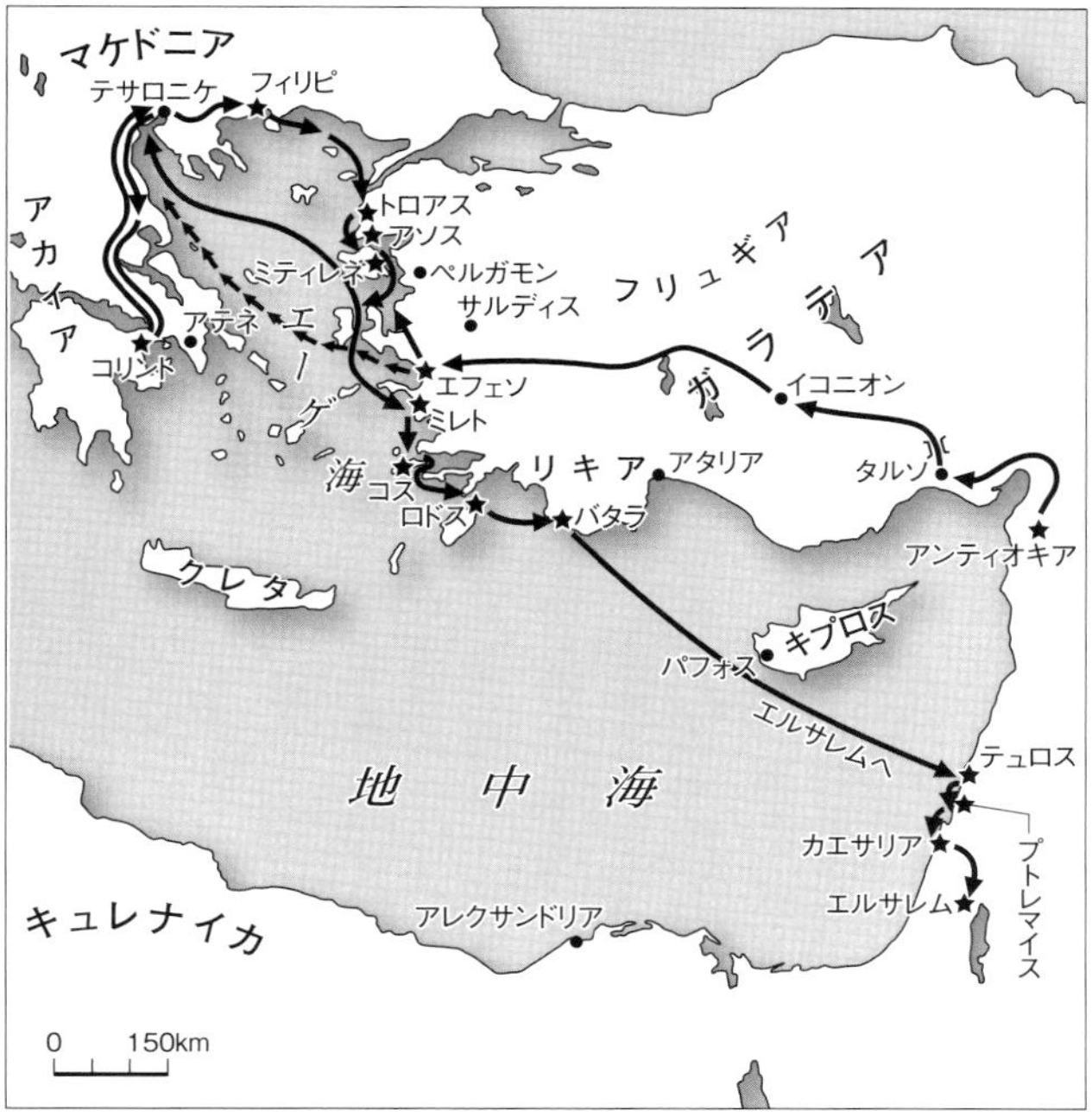

▲パウロの第3回宣教旅行のルート

▶◀エフェソのアルテミス神殿（左）とアルテミス像（右）

いた。ここで祀られていたアルテミス神像には多数の乳房のようなものが胸についており、現在は現地の博物館に展示されている。

パウロはまずエフェソのシナゴグで宣教したが、うまく受け入れられなかったので身を引き、ティラノの講堂に拠点を移した。ティラノの講堂の所在はわかっていないが、ケルススの図書館という美しい建物の近くにあったのではないかと推定されている。ただし、ケルススの図書館自体は一一五年から一二五年の建造なので、パウロより後の時代のものである。パウロの宣教が進むにつれ、アルテミス神殿の模型を作って売っていた銀細工人たちが、アルテミス神の信用が落ちてしまうとしてパウロの同行者たちを捕まえ、劇場になだれ込むという事件が起きた。この劇場は今でも、遺跡の中央に非常によい状態で残っている。

エフェソ周辺の都市の多くも、考古学的調査の結果、様子がわかるようになってきている。スミルナは、現在トルコ第三の人口の町イズミールであるために調査は限定的だが、それでもアゴラや劇場が見つかっており、後に殉教する主教ポリュカルポスの記念教会も存在する。

ペルガモンは、前三世紀にはペルガモン王国の首都であり、現在でも広大なアクロポリスと下の町の遺跡が残っている。下の町には癒しの神アスクレピオスの神殿（前四〜三世紀建造）があり、八二〇メートルもある参道や治療用の水浴施設、トンネルなどが残っていて興味深い。アクロポリスには切り立った劇場やトラヤヌス帝の神殿

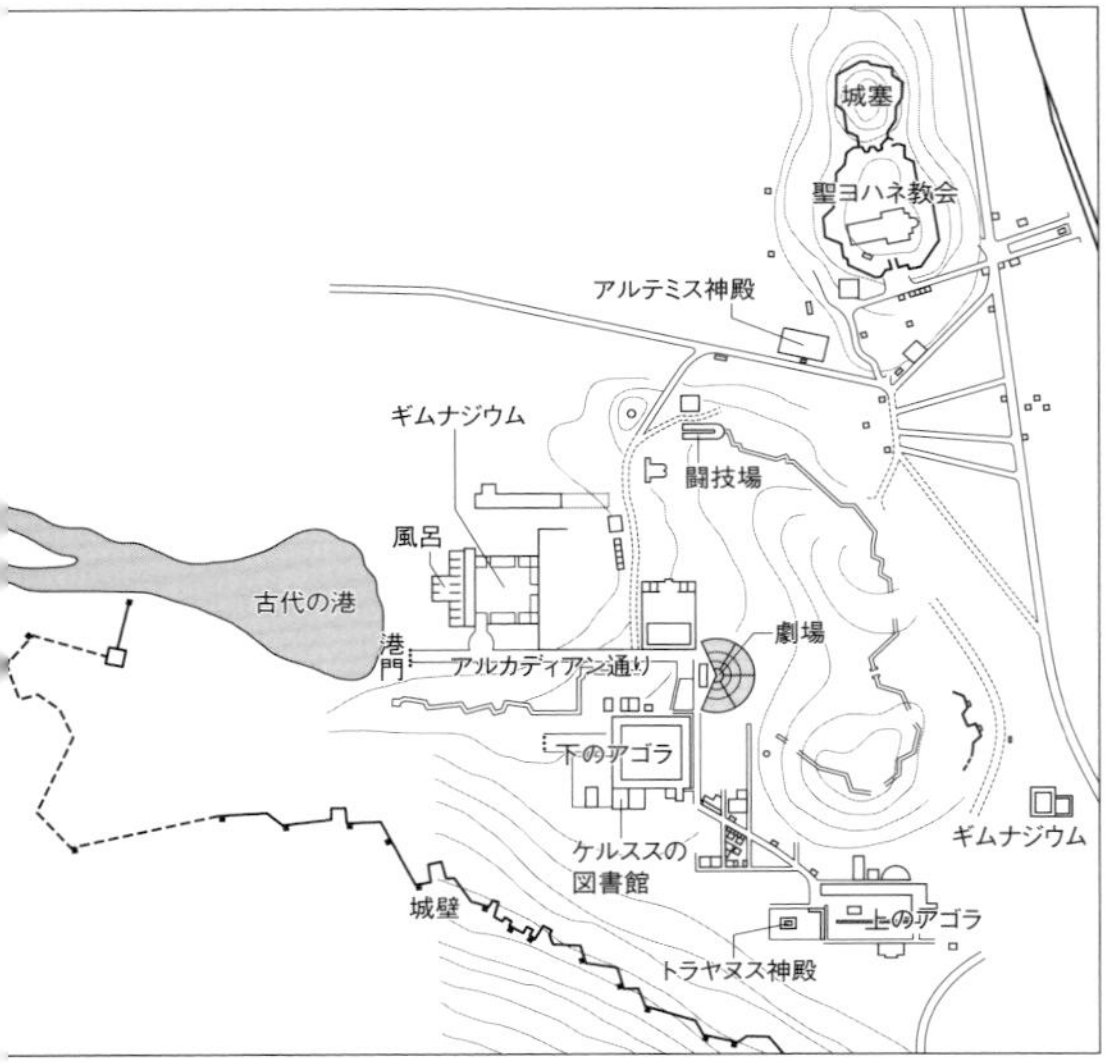

▲エフェソの町のプラン図

▲エフェソの劇場

▲ペルガモンの祭壇

▲ケルススの図書館（エフェソ）

▲サルディスのシナゴグ

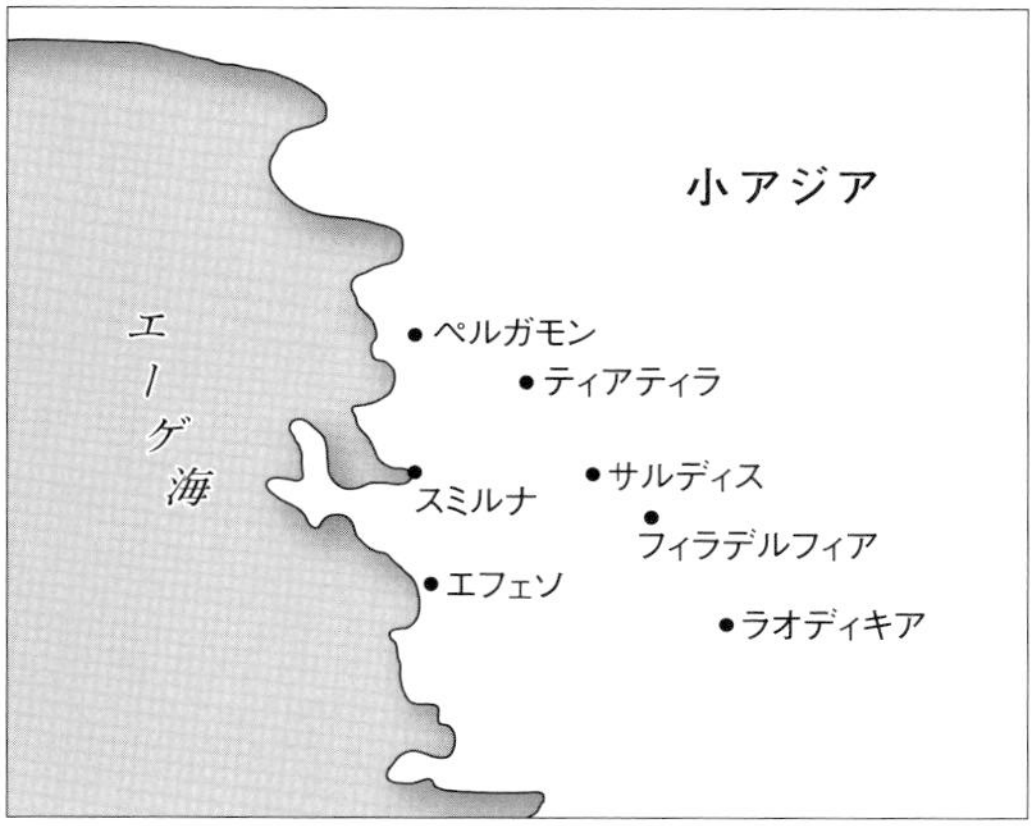

▲エフェソ周辺にある黙示録の７つの教会の位置

▲ラオディキアの水路　温泉から水が運ばれてくるうちに、なまぬるくなってしまっていた。

の他、ゼウスとアテナに献げられた神殿があり、その巨大な祭壇（三六メートル×三二メートル）は現在切り離され、ベルリンのペルガモン博物館に陳列されている。黙示録二・一三で語られている「サタンの王座」は、これを指していると一般に考えられている。

サルディスは、エフェソから一〇〇キロほど内陸に入ったところにある都市で、かつてはリディア王国の首都であった。ここにもアルテミスの神殿が残っている。また、巨大なギムナジウムと風呂の複合体（二世紀）があり、その横から非常に大きなシナゴグが発掘された。通常シナゴグは町はずれに位置することが多いが、このような規模のシナゴグが町の中心にあったことは、ユダヤ人共同体が大きな力を持っていたことを示しているであろう。

ラオディキアは、その北にあったヒエラポリスの温泉から水を引いていた。黙示録でラオディキアの教会の信仰は「熱くもなく冷たくもない」水のようだと非難されている（三・一五〜一六）のには、このような背景があったのであろう。ヒエラポリスにある石灰棚は観光地のパムッカレとして知られており、温泉には今でも入ることができる。また、水路も発掘されているが、この水はただ生ぬるいだけでなく、石灰分も多く詰まりやすいものだったようである。一方、コロサイの遺跡はまだ発掘されていないが、近くに冷たく純粋な水の川がある。

ローマへの旅

パウロがエルサレムに到着すると、反対するユダヤ人たちが騒ぎ立てて暴動となった。彼は拘留されてカエサリアの総督のところに送られ、二年間（五八～六〇年）幽閉されることとなった。パウロは、ローマでも福音を語りたいという強い希望をもっていたので、皇帝に上訴をしてローマで裁判を受けることを希望した（使徒二五～二六章）。東地中海の沿岸沿いを停まりながら進む船に乗せられて南アナトリアのミラまで行き、イタリア行きの「アレクサンドリアの船」に乗り換えた。その後、クレタ島の「よい港」に停泊したが、季節が悪いのに無理に出帆したため嵐で難破する。二週間漂流した後マルタ島に到着すると、島の首長プブリウスの歓待を受け、三か月後にローマに出発する。海路でプテオリ（ポツォーリ）まで行き、そこから陸路でローマに到着した。ローマでは番兵つきの自分の家に住むことが許され、訪問して来る人たちに二年間福音を語り続けた。それは六一～六三年のことと思われるが、使徒言行録はここで記述を終えている。

クレタ島の「よい港」は島の南岸にある。現在もほとんど人が住んでいない風光明媚な場所であるが、湾に十分囲まれておらず（写真参照）、特に南東からの風に弱く「冬を過ごすのには適していなかった」（使徒二七・一二）。

パウロはマルタ島北岸にある聖パウロ湾の聖パウロ島に漂着したとされる。その冬は首長プブリウスの家に滞在し、その父親の熱病を癒したので、プブリウスは入信したという伝承がある。プブリウスの家は、イムディーナ（ラバト）のカテドラルの場所にあったとされ、その地下にはパウロが滞在したとされる洞穴がある。「島の首長」という称号は銘文でも確認されており、一～二世紀のローマ様式のドムスやウィラは聖パウロ湾の南やラバトでも知られている。ただし、カテドラルの建築は一七世紀であり、この下の遺構がプブリウスの家であったことは確認できない。

▲クレタ島の「よい港」

▲マルタ島イムディーナのパウロの洞穴

▲プテオリのフォルム　左側に地中海が見える。

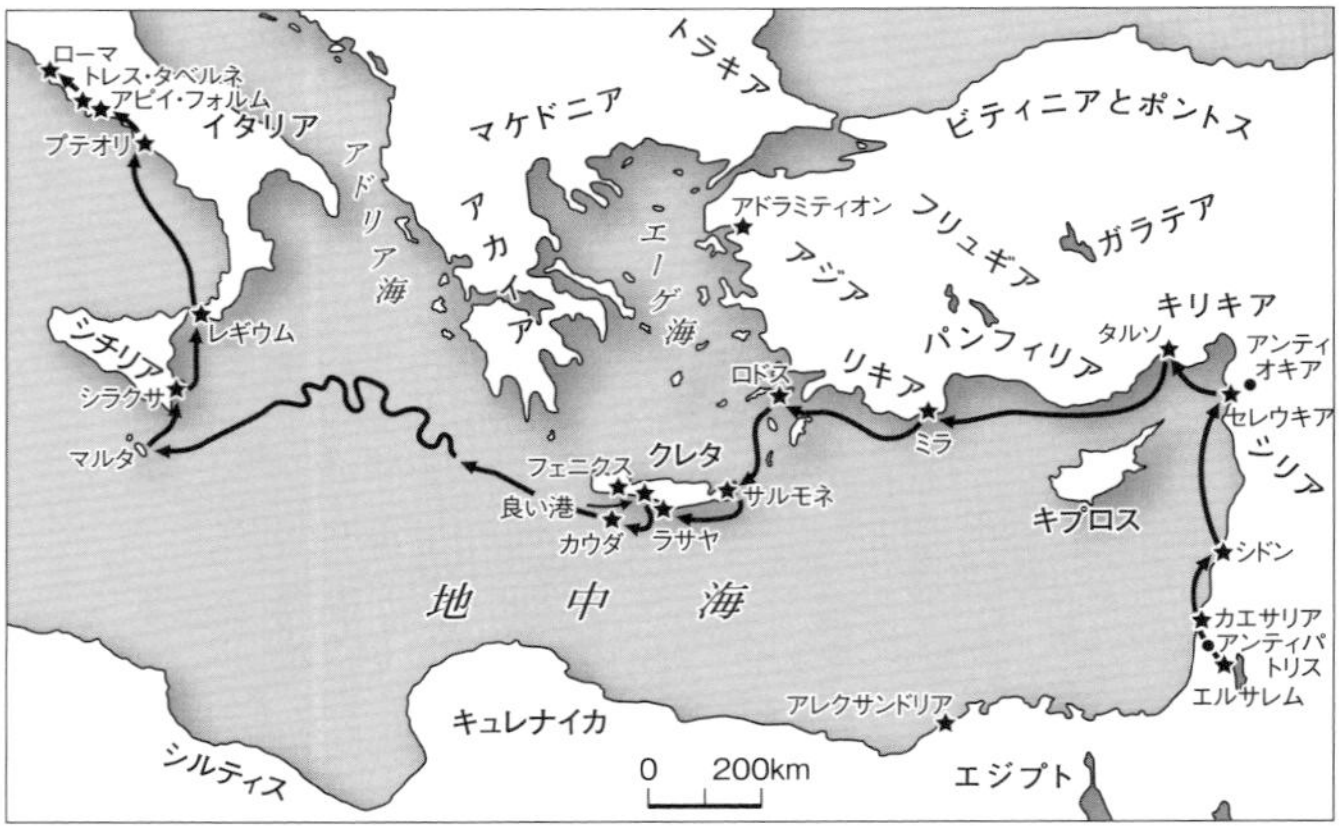

▲パウロのローマへの旅のルート

パウロたちが上陸したプテオリはナポリの西にあり、ローマからは約一八〇キロも南である。ローマの外港オスティアはクラウディウス帝（在位四一～五四年）の時代に建設が始められたが、この頃はまだ完成しておらず、アレクサンドリアから穀物を運んでくる大型船はプテオリで荷を下ろして、陸路ローマまで運ぶことが一般的だった。パウロたちも、ここからアッピア街道を通ってローマに行ったようである。プテオリでは港のほか、フォルムや円形闘技場が知られている。フォルムからはセラピス像が出土したので、かつては誤ってセラピス神殿だと思われていた。

　ローマでパウロが滞在した家は、ユダヤ人地区にあるサン・パオロ・アッラ・レゴラ教会の地下にある遺構だとされてきた。最下層にアウグストゥス帝時代のティベレ川沿いの倉庫群があり、その上にある四階建ての集合住宅（インスラ）がパウロが借りた家だとされてきた。ただ、最近の発掘の結果、最下層の倉庫はドミティアヌス帝時代（在位八一～九六年）、インスラはセウェルス帝時代（在位一九三～二一一年）のものとされているので、パウロが住んだ場所としては新しすぎる。パウロがユダヤ人地区のどこかにいたことは十分あり得るが、ここがその場所とはいえないであろう。

スペインへの旅とパウロの殉教

　その後のパウロについて聖書はほとんど語っていないが、伝承では釈放されてスペインに行って伝道をし、再び捕らえられてネロ帝の時代（在位五四～六八年）に殉教したとされる。最初に拘束された時もネロ帝の時代であったが、当時ネロはまだキリスト教徒に対して無関心だった。しかし、六四年のローマ大火以来その責任をキリスト者に負わせて迫害を始めたので、ペテロは逆さ十字架に架けられ、パウロは斬首されたと言われている。これらの伝承はどこまで信頼できるものなのだろうか。

　パウロがスペイン伝道に訪れた町はタラゴナだとされている。ここには一世紀のローマ時代の遺跡が存在し、パウロを記念した教会も中世に建てられているが、パウロと直接結びつく遺構はないようである。しかし、パウロがローマに行く前からスペイン、つまりローマ帝国の西端まで宣教をする意思を持ってい

▲マメルティヌスの牢獄　床の穴に注目されたい。（写真提供：Getty Images）

▲ヴァチカン内のペテロの墓（©KAZUYOSHI NOMACHI / SEBUN PHOTO / amanaimages）

たことはローマ書一五・二三〜二四、二八に記されている。また、使徒言行録二八・三〇は、パウロのローマ滞在を「丸二年間」と区切っており、その後釈放されたことを暗示しているようである。さらに一世紀末のローマのクレメンスはパウロが「西の端に到達した」と記しており、二世紀後半のムラトリ正典リストも「ローマからスペインに行った」と記している。三世紀初頭のローマのヒッポリュトスは、スペインで宣教をした後、ネロ帝によって斬首されたとしている。断定はできないが、パウロのスペイン行きは現実だった可能性が高い。

▲**サン・パオロ・フォーリ・レ・ムーラ聖堂**　パウロの墓が内部にある。

　その後、パウロがネロ帝の迫害で処刑されたことは、上述のヒッポリュトスのほか、二世紀のテルトゥリアヌスやアレクサンドリアのクレメンスも伝えている。テルトゥリアヌスは、ペテロが逆さ十字架で殺されたことも記している。また、聖書の使徒言行録がかなり余裕のあるパウロの獄中生活を描いているのに対して、テモテⅡ四・九以下は厳しい状況を伝えている。テモテⅡは真筆性が否定されることも多いが、パウロがまったく異なる状況で、ローマで二度投獄されたことは知られていたのであろう。

　パウロやペテロが収容された牢獄の跡とされるもの（マメルティヌスの牢獄）が、フォロ・ロマーノからカピトリーノの丘に登る途中の、大工ヨセフの教会の中に残されている。牢獄には一階と地下があり、囚人は鶏鳴教会のように一階床の丸い穴から地下牢に降ろされたようである。地下牢には下水道に続く扉があり、処刑された者はここに流されることもあったとされる。

　ローマの刑場としては、カピトリーノの丘南端にあるタルペイアの岩が知られているが、ネロ帝がキリスト教徒を迫害した時には、町の北西にあった戦車競技場が用いられたようである。現在は、その上にヴァチカンのサン・ピエトロ大聖堂が立っている。法王の告解の祭壇の下にはペテロの墓とされるものがあり、コンスタンティヌス帝時代（四世紀）の教会堂がそれを覆っている。鑑定の結果、その墓の骨は一世紀の六七歳ぐらいの男性のものとされており、ペテロのものとしても矛盾はない。尚、コロッセウムの建造はウェスパシアヌス帝とティトス帝の時代で、少なくともネロ帝の迫害では用いられていない。

　パウロはローマ市民だったこともあり斬首されたが、その場所はローマの城壁の南西外にあるエウル地区のトレ・フォンターネ修道院だとされている。修道院の名前は、斬首された首が三回転がり、そこから泉が湧いたという言い伝えに基づいたものである。その後、パウロの墓は城壁の外のオスティエンセ街道沿いのサン・パオロ・フォーリ・レ・ムーラ聖堂に設けられた。元来の四世紀の教会堂は一八二三年に焼失したが、祭壇部分のモザイクなどはオリジナルのものが残っている。二〇〇二年の発掘調査では「使徒殉教者パウロ（PAULO APOSTOLOMART）」と記された大理石の棺が発見され、二〇〇九年にはこの棺の骨が炭素年代で一世紀のものであることが報告された。

ローマ時代略年表	
前753	ロムルスによる建国（伝承による）。
前509	王政廃止。共和政へ移行。
前270	イタリア半島を統一。
前146	カルタゴを滅亡させる。
前63	ポンペイウス、西アジア世界を制圧。
前60	第1回三頭政治（ポンペイウス、カエサル、クラッスス）。
前44	カエサル、終身独裁官に任命される（2月）。暗殺される（3月）。
前43	第2回三頭政治（オクタウィアヌス、アントニウス、レピドゥス）。
前31	オクタウィアヌス、アクティウムの海戦でアントニウスとクレオパトラに勝利。
前27	オクタウィアヌス、「アウグストゥス」の称号を得る。
前14	アウグストゥス没。ティベリウス帝即位。
後64	ローマ大火。ネロ帝によるキリスト教徒の迫害。
後70	エルサレム陥落。
後96	ネルウァ帝即位。五賢帝時代の始まり。
後117	帝国の版図最大。ハドリアヌス帝即位。
後180	マルクス・アウレリアヌス帝死去。五賢帝時代の終わり。
後217	カラカラ帝暗殺。
後235	軍人皇帝時代の始まり。
後260	ウァレリアヌス帝、ササン朝ペルシアに捕縛される。
後293	ディオクレティアヌス帝、帝国を四分して「四分統治」を開始。
後313	コンスタンティヌス帝による「ミラノ勅令」。
後330	コンスタンティノポリスを首都に。
後380	テオドシウス1世、キリスト教を国教化。
後392	テオドシウス1世、異教の禁止。
後395	ローマ帝国、東西分裂。
後476	西ローマ帝国滅亡。
後527	ユスティニアヌス帝、東ローマ皇帝即位。
後1453	東ローマ帝国滅亡。

9章 ローマ時代の宗教とキリスト教迫害

キリスト教はローマ帝国中に広がってゆき、度重なる迫害を経験しながらも、その拡大は止まることがなかった。一方、ユダヤ人たちは、ユダヤ戦争後エルサレムへの立ち入りが禁止され、ガリラヤ地方とローマ帝国各地の離散の共同体に中心が移った。このようにキリスト教を弾圧し、ユダヤ教と全面戦争になったローマの宗教とはどのようなものなのだろうか。また、その中でキリスト教が生き延びた理由は何だったのだろうか。

ローマ帝国の宗教の特質

ローマの宗教は多神教であり、その神々はキリスト教やユダヤ教のような世界を創造して動かす全能者とは異なり、さまざまな事物や家に宿る力、つまり精霊のような存在であった。これをゲニウスと呼ぶ。ウェヌス（アフロディテ）の息子でありトロイ戦争の避難民であったアエネアスが、パラディウム像（守護神であったパラス・アテナ女神の像）、ラレス神（家庭の守護霊）、

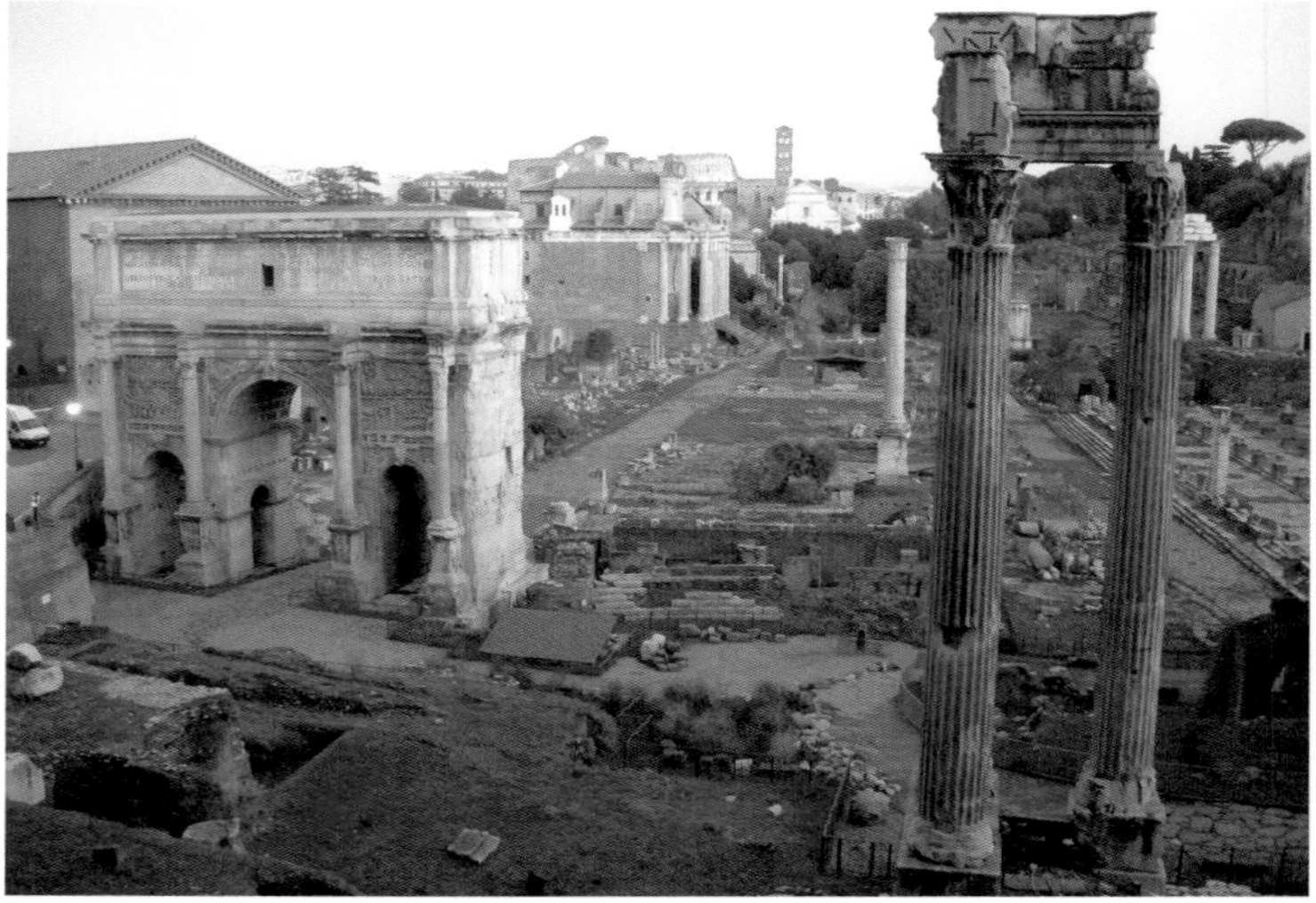

▶**フォロ・ロマーノ** フォロ・ロマーノから「聖なる道」を登った先にカピトリーノの丘はあり、主神ユピテル、ユノー、ミネルヴァの三神に献げた神殿が置かれていた。ユピテル神殿は、幅五三メートル、円柱の高さが一七メートルあったとされ、基壇の一部は今でもカピトリーニ美術館の裏に一部露出している。

ペナテス神（食料貯蔵庫の守護霊）を持ち込んでローマ宗教が始まったとする神話も、このことを反映している。

もともとローマでは、神々の名前や性格も明確ではなかったが、国家が拡大するにつれて統一的なパンテオンが必要となり、共和制の後半になってユピテル、ユノー、ミネルウァの三神を最高権威とするようになった。また、ギリシアを征服した後はその神話を受け入れ、オリンポスの一二神をラテン名に変えて採用した。

そのため、宗教活動も国家や家庭に災厄や悪い霊がはたらくことを避け、安寧を祈ることが中心であった。各家庭では、先祖のゲニウスを守ることが家長（パテル・ファミリアス）の役目とされ、家の壁にかけられたララリウムというラレス神の祠（神棚）を守った。夜明けには家族や奴隷とともにララリウムの炉を焚きながら家族のゲニウスと皇帝の名を呼び、出入りする時にはララリウムに挨拶をし、食事もその前で行った。食事が終わると、妻（マテル・ファミリアス）はララリウムの灰を掃除し、炉の燃えかすが翌朝まで維持されるようにしてから寝た。公の宗教でも、家族のゲニウスと同様に国家のゲニウスを守ることが重要で、ウェスタの処女たちは国家のラレス神とペナテス神の世話をし、永遠の炎を燃やし続けることを司った。

◀▲**ララリウム** 住宅のララリウム（左）と、酒場のララリウム（上）。酒場のララリウムには、リュトンを持つラレス神とゲニウスの生命力を表す蛇が描かれている。

神殿礼拝では、前庭にある屋外の祭壇に動物犠牲などを献げて神々に祈りや誓いをすることが一般的で、神殿の建物は神像を安置する場所であった。祈りは基本的に定型文を唱えるもので、個人の思いを伝えるようなものではなかった。誓いは例えば戦闘に出立する前に行い、勝利して帰ってくると神々に報告し、神殿を建てるなどして感謝を表した。また、暦にはさまざまな祭りが定められており、劇場での公演や戦車競技、剣闘士競技なども行われた。正しく

ユリウス暦と神々			
月名	ユリウス暦の月名	英語の月名	由来
1月	ヤヌアリウス	January	始めと終わりの神ヤヌス
2月	フェブルアリウス	February	贖罪の神フェブルス
3月	マルティウス	March	軍神マルス
4月	アプリリス	April	美の女神アフロディテ
5月	マイウス	May	豊穣の女神マイア
6月	ユニウス	June	結婚生活の女神ユノー
7月	（クィンティリス）ユリウス	July	（第5）ユリウス・カエサル
8月	（セクスティリス）アウグストゥス	August	（第6）アウグストゥス
9月	セプテンベル	September	第7
10月	オクトーベル	October	第8
11月	ノウェンベル	November	第9
12月	デケンベル	December	第10

◀**ローマの暦**　前八世紀に始まったローマの暦は、当初現在の三月始まりの一〇か月で冬には月名がなかったが、ヌマ王の時代に一月と二月が加えられ、一五三年に一月始まりとなった。前半には神々の名前が用いられ、後半は数字であるが、年始の変更と共に月名の数字にずれが生じた。ユリウス・カエサルは太陽暦を採用し、閏年を四年に一回挿入するようにした（ユリウス暦）。また、第五の月（七月）に替えてユリウスと呼ぶようになり、アウグストゥスは第六の月（八月）をアウグストゥスとした。現在は、一五八二年に教皇グレゴリウス一三世がユリウス暦をもとに太陽年との誤差を修正したグレゴリオ暦が広く用いられている。

▶**「ジェンマ・アウグステア」と呼ばれるカメオ**　世界の住人を代表する女性によってアウグストゥスが戴冠される様子が描かれている。

▲**平和の祭壇**　前9年、アウグストゥス帝がスペインとガリアの遠征に勝利したことを記念してマルス広場に設置された。これはアウグストゥス帝によってローマによる新しい平和と豊穣の時代が始まったことを宣言するものであった。

神々を崇拝することによって、災厄を避けることができると信じられていたからである。

　公式の宗教は、基本的に国家の安寧を祈るものだったので、政治と密接に結びつき、国家としてのローマとその価値観を支持することを公に表すものだった。政治的な指導者は神官の役目を果たすことが多く、軍営でも指揮官の本部に神々の像が置かれ、帝政期には帝国のゲニウスや皇帝が崇拝された。

皇帝崇拝

　ユリウス・カエサルが前二七年に帝政をローマに導入すると、皇帝崇拝も徐々に定着していった。カエサルは「不敗の神」と刻まれた自身の像を立てさせ、自分の顔の描かれたコインを鋳造し、自分の誕生日を祭日とした。皇帝はローマのパテル・ファミリアスであり、そのゲニウスのために祈ることは国家の安泰につながるとされた。皇帝は「皇帝であるがゆえに神」ということである。しかし、これは君主政を避ける共和政ローマの伝統に矛盾するもので、元老院の反発も強く、カエサルはすぐに暗殺された。

　カエサルの養子で後継者となったオクタウィアヌスは、亡くなったカエサルには「神なるユリウス」のための神殿を建設したが、自分が生前に神（現人神）となる野心は見せず、慎重にプリンケプス「同格者の中の第一人者」、ディウィ・フィリウス「神の子」であるとした。しかし、彼には元老院からアウグストゥス（尊厳者）の称号が送られ、さまざまな場所でその肖像が用いられるようになった。

その後の皇帝たちの中には、皇帝崇拝に消極的な者（ティベリウス、クラウディウス、ウェスパシアヌスなど）もいれば、積極的な者（カリギュラ、ネロ、ドミティアヌスなど）もいた。特にネロ帝は、伝統的な「太陽神ソル」と自らを同一視し、太陽光線を表した冠を被った。ハドリアヌス帝はバル・コホバの乱後、アエリア・カピトリーナで自身の皇帝崇拝を強要し、その後の皇帝たちも生前から神とみなされるようになった。

▲太陽光線の冠を被るネロのコイン

皇帝崇拝はローマ市よりも東方属州、特に小アジアで積極的に進められた。これはギリシアの英雄崇拝の伝統などがあったからかもしれない。ペルガモンとニコメディアは、すでにアウグストゥス帝の時代からローマ神とともに彼を救い主として崇拝する施設を造っており、後にエフェソやサルディスも皇帝崇拝の中心地として覇を競うようになった。

しかし、二三五年にセウェルス朝が崩壊すると、次々と軍人皇帝が乱立する「三世紀の危機」を迎える。北からはゲルマン民族、東からはササン朝ペルシアが侵入し、ガリアやパルミュラは独立を宣言し、疫病がはやり、経済的にも疲弊した。こうした混乱は国家の安寧をもたらすはずの伝統的な神々や皇帝崇拝に疑問を持たせるものとなり、例えば、ポンペイやエル・ジェムの落書きなどには、神々を嘲笑する風潮が反映されている。そのため、皇帝たちは伝統宗教の引き締めを図り、皇帝崇拝もエラガバルス帝（在位二一六～二二二年）がシリアから導入した「不滅の太陽神ソル・インウィクトゥス」と結びつけて強調するようになった。

魔術、迷信と東方密儀宗教

ローマ帝国の多くの人々は、このような公式な宗教のほかに魔術や迷信、東方（西アジア世界）から輸入された密儀宗教も積極的に受け入れていた。元来ローマの宗教は国家や家庭の安定を守るためのもので、個人の葛藤や生きる意味、死後の生命などへの関心は低かった。そのため、心の空白を埋めるものが必要だった。すでにキケロ（前一世紀）はその時代から伝統的な宗教が衰退していたことを述べているが、帝国が不安定化してくると、ますますその傾向は強くなった。

黄道一二宮を用いた星占いは、将来を予測するものとしてかなり人気があり、ペルシアのマギがよく知られていた。また、フリュギアの霊媒師も有名だった。魔術はそれを通してなんらかの影響力を行使するもの、呪いは他の人に復讐するためのものであった。ローマ帝国の各地から魔術、呪いの巻物や貴石が見つかっている（コラム3参照）。病気の癒しでは、ギリシア由来のアスクレピオス信仰が有名で、ティベレ川の中洲に立つサン・バルトロメオ・アリソーテ教会の地下にはその聖所があった。そこからは、献げ物とされた身体の一部の石製模型が数百点出土している。こうした迷信や魔術は非常に一般的で、皇帝たちもしばしば用いた。

東方密儀宗教で有名なものには、キュベレ、イシス、ミトラ崇拝などがある。キュベレは元来アナトリアの地母神で、前三世紀末にその信仰がローマにもたらされた。ローマ化されたキュベレ崇拝では、アッティスという青年が生命を落とすがキュベレに助けられて復活し、恋に落ちる神話となっている。その祭りでは祭司たちがアッティスの去勢を表すように刀で自分たちの体を傷つけ、恍惚状態で踊ったとされ、入門儀式では傷つけた身体の供食や女神との合一を意味する聖婚が行われたという。

同様に、イシス崇拝は元来エジプトのイシスとオシリスの神話に基づいており、前二世紀までにローマに到達していたようである。夫セラピス（エジプトのオシリスにあたる）がセト神に殺されると、それを悲しんだイシスが夫を復活させる話である。これらの崇拝は死と再生をテーマにしており、おそらく死後の生命に関する信仰だったと思われる。

一方、ミトラは、ペルシア起源の太陽神とされ、最古の言及は前一世紀に遡る。ただペルシアでは、ローマのミトラ教と同じようなものは確認されないので、名前だけを借用してローマで発達した宗教だろうと考えられている。ミトラ教の神殿（ミトラエウム）は、基本的に洞穴のような半地下の施設で、暗く、かまぼこ天井一面に星が描かれている。神殿の奥には祭壇があり、牛を屠《ほふ》る姿のミトラの図像が描かれている。部屋の両脇にはベンチがあり、信者がともにパンと水で食事をしたようである。また、時間を司るクロノスと推定される獅子頭の神像や黄道一二宮に囲まれた卵を割って出てくるミトラ像、アトラスのように球形の宇宙を肩に担ぐミトラ像もよく知られている（コラム6参照）。

▲ティベレ川の中洲にあるサン・バルトロメオ教会　地下にはアスクレピオスの聖所の遺跡がある。

▶魔術用の護符　露骨な性器の護符も豊穣祈願に頻繁に用いられた。

▲アスクレピオスのシンボル　杖に巻きつく、あるいは酒を飲む蛇はアスクレピオスのシンボルであった。現在でも西欧や中東では薬局の印としてしばしば用いられており、WHOのシンボル（上）にも用いられている。

▼キュベレ像　現在でも、レアル・マドリード（サッカー・チーム）のシンボルとなっている。エフェソのアルテミスも同系統の豊穣女神だったと思われる。

◀▲**イシス祭儀の様子を描いた壁画**　ポンペイ出土。（ナポリ国立考古学博物館蔵）
▶**イシス像**　（ヴァチカン美術館蔵）

▲**ミトラ教の神殿（ミトラエウム）**　ローマの聖クレメンス教会地下のミトラエウム。

ミトラ教は典型的な密儀宗教で、ほとんど文献史料が残っておらず、その信仰内容の解明は考古遺物の図像学的研究に頼るところが大きい。まだ解釈は確定されていないが、比較的広く受け入れられているものは、以下のようなものである（Ulansey及びコラム6参照）。ミトラ教は基本的に天体の運行と関係しており、牛屠りは春分の時の太陽の位置が前二〇〇〇年頃に牡牛座から牡羊座に移ったことを意味する。また、アトラス像は宇宙の外からそれを支える存在を意味し、卵からの誕生は、オルフェウス教の神話で再生の神ファネスが時間の始まりの前に卵から生まれたことに基づくものだとする（一一六頁の写真参照）。つまり、ミトラは宇宙の運行をその外から司るほどの強力な神を意味しており、それを信仰することによって、死後天に上る魂の安全な旅を保障することを期待したと考えられる。もしこの解釈が正しいなら、宇宙の真理や死後の平安を求める信仰だったことになる。

南レヴァントに導入されたローマ宗教

ローマ宗教は、ヘロデ大王が積極的にローマ都市を建築したことから南レヴァントに導入され、ユダヤ戦争後の二世紀初めに、ハドリアヌス帝がアエリア・カピトリーナを築くことでさらに増加した。しかし、元来ヘレニズム・ローマ文化に抵抗感のあった風土もあり、比較的限られた場所からし

▲**オスティアのミトラエウム**　洞窟の両側にベンチが見られ、参加者の規模が推定される。

かその痕跡は出土しない。また、三世紀以降はローマ帝国の辺境となったことで、文化そのものも停滞してしまった。

ヘロデが導入したローマ宗教では、皇帝崇拝の神殿がもっとも特徴的である。皇帝崇拝の神殿は、カエサリア、サマリア・セバステ、バニアス近郊の三か所に造られたとされ、最後のものは近年オムリットで発掘された遺構だと思われる。また、ヘロデ以前のヘレニズム時代から、サマリア・セバステの皇帝崇拝の神殿の北側にイシス神殿、バニアスに牧神パンの神殿が存在した。フェニキア人の町だったドルやアスカロンからは、大量の青銅製や土製の神像など、さまざまなヘレニズム宗教の遺物が出土している。

ハドリアヌス帝は、アエリア・カピトリーナ建造の一環として、神殿の丘にユピテルと自分の像を立て、ゴルゴタの丘にアフロディテ神殿を建てた。また、ベト・シャン近くのテル・シャレムからは、ハドリアヌスの胸像と凱旋門が出土しており、胸像は皇帝崇拝の施設の一部だったと考えられている（八一頁の写真参照）。サマリア地方のシェケムでは、ゲリジム山の中腹に、おそらくゼウス（ユピテル）の神殿が建てられた。これは長い階段を上っていくようになっており、テル・エッラースで発掘された基壇がそれだと考えられる。ベト・シャンでも、ローマ時代の神殿とニンファエウム（泉などを利用した半円形の神殿）が出土しており、タイケの像の描かれたモザイク、ディオニュソスやパンの顔が彫られた柱頭などが知られている。

密儀宗教に関しても、カエサリアでは一世紀の倉庫が三世紀にミトラ神殿に改築された様子が見られ、キュベレと関係すると思われるエフェソのアルテミス像も出土している。サマリア・セバステのイシス神殿からは、イシスとセラピスに献げられた碑文が出土しており、セフォリスでは、ディオニュソスの饗宴のモザイク床を持つドムス（邸宅）が確認されている。エルサレムのベテスダの池の近くにはアスクレピオスの神殿があったが、その始まりの年代はたしかでない。また、家族のゲニウスを祀ったラレス神の像も、セフォリスとメギド近くのオトナイから出土している。

ローマ帝国内のユダヤ教と「神を畏れる人たち」

バビロニア捕囚以降、戦乱が続く中で次第に離散したユダヤ人たちは、ローマ帝国各地の都市に居住区を形成していた。その数は研究者によって異なるが、南レヴァントに住むユダヤ人の数倍の五〇〇万人ぐらいいたと推定されている。彼らはすでにギリシア語を話し、完全にヘレニズム化されていた。同時に、唯一神が世界を動かしていることを信じており、シナゴグの礼拝や戒律も維持していた。この二つの世界を結ぶため、彼らは単に民族的伝統に訴えるのではなく、合理的な説明を試みた。例えば、超越的な神の存在は、宇宙を支配する原理ロゴスを通して理解されるとしたアレクサンドリアのフィロンがその代表である。

伝統的なローマの価値観を重視する者たちはユダヤ人を嫌悪したが、ローマ政府は

▲オムリットの神殿

彼らの信仰をある程度認めており、中にはユダヤ教に改宗する者もいた。公の宗教に対する失望が広がっていたからである。つまり、ユダヤ教も他の東方密儀宗教同様、ローマ人の満たされない心の受け皿になっていたのである。

また、世界の背後にはたらく大きな神を信じ、それに従って生きたいが、ユダヤ人の戒律をすべて守ることは難しいとする者たちもいた。特に割礼は、ギムナジウムや風呂でしばしば裸になるローマ人にとっては抵抗が大きかった。このような者たちは「神を畏れる人たち」と呼ばれ、完全に改宗せずに可能な範囲でユダヤ教の儀式や伝統を守っていた。彼らが前四世紀頃から紀元三世紀頃までかなりの数存在したことは、ヨセフス、フィロン、新約聖書、ラビ文書、初期キリスト教文書などから知られている。また、アフロディシア

◀ゲリジム山のユピテル神殿が描かれたコイン

◀ベト・シャン出土タイケ像のモザイク

▲ベト・シャン出土のディオニュソス像のついた柱頭

▼セフォリスのドムス出土のディオニュソスの饗宴が描かれたモザイク床

▶カエサリア出土のエフェソのアルテミス像

◀カエサリア出土のミトラスの牛屠りの描かれたアラバスター製飾り板（3世紀）

▼カエサリアのミトラエウム

ス、サルディス、ローマ、ミレトなどのシナゴグ出土の碑文からも確認される。

キリスト教がローマ帝国で宣教された際、パウロなどはシナゴグを拠点としており、これらのヘレニズム化されたユダヤ人、異邦人改宗者、「神を畏れる者たち」が最初の中核となったことを、使徒言行録は記している。異邦人でシナゴグに集う人たちは基本的に唯一神信仰を持っていたが、ユダヤ教の民族主義や戒律に抵抗を感じていた。しかし、キリスト教は「神の国」は特定の民族に限定されず、異邦人キリスト者には割礼なども課されないとした（使徒一五章）。彼らの中からキリスト教に改宗する者たちが多く出たことは自然なことであろう。

キリスト教徒の迫害

一方、キリスト教は同じ一神教であっても、コンスタンティヌス帝による公認まで約二世紀半激しく迫害された。タキトゥスは、ユダヤ教は「古い伝統で正当性が認められる」（同時代史五・五）としているが、キリスト教は新しい宗教なので、社会秩序を乱すものとして警戒されたようである。最初の大きな迫害としては、ネロ帝（在位五四〜六八年）によるものがよく知られている。タキトゥスは六四年のローマ大火の際、ネロが放火犯であるとの噂が広まったので、それを打ち消すためにキリスト教徒に罪を着せて処刑したとする（同時代史一五・四四）。罪状は「人類敵視の罪」とされ、見世物として野獣の餌食にされたり、火あぶりにされたりして殺された。この記事については信頼性が疑問視されることもあるが、スエトニウスも、別の文脈でキリスト教徒に対する処罰に言及しており（ローマ皇帝伝「ネロ」一六）、状況の詳細はたしかでないが迫害自体は事実行われたで

▲ベテスダの池で確認されたアスクレピオスの癒しの5つの池　(東側から撮影)

▼アスクレピオスの癒しの5つの池の地図

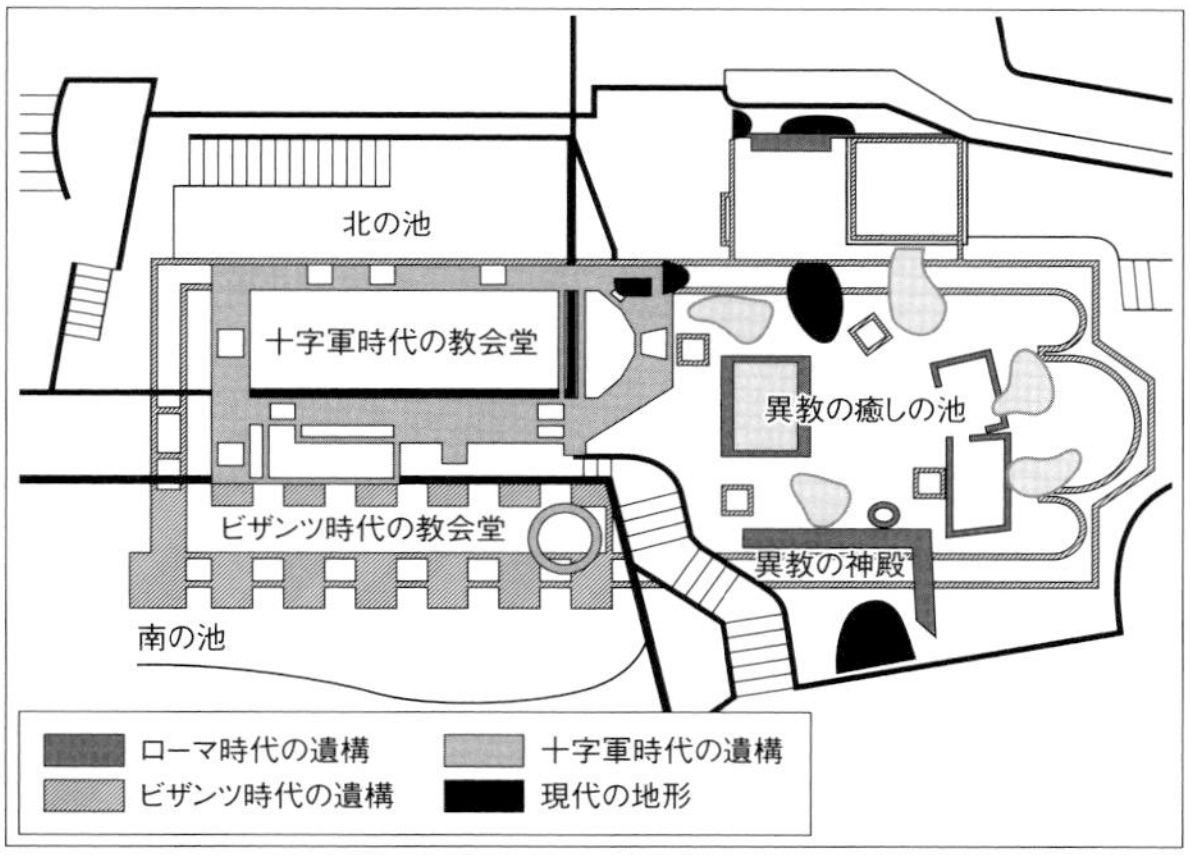

▲オスティア出土のユダヤ教シナゴグ

あろう。パウロやペテロの消息も、この時期を境に消失する。

キリスト教徒がユダヤ人から独立した存在であることは、かなり早くから知られていたと思われる。パウロが宣教旅行に出る前に、アンティオキア教会の信徒たちはすでに「キリスト者（クリスティアノス）」と呼ばれるようになっていた（使徒言行録一一・二六）。ユダヤ人の間でも、すでに三〇年代にエルサレム教会のステファノが石打ちで殺される（使徒七・五四〜六〇）という事件が起きており、パウロが宣教を始めるとローマ帝国各地のシナゴグで分裂が起こったことが記されている。クラウディウス帝の時代（在位四一〜五四年）に、ローマからユダヤ人（キリスト教徒?）を退去させる命令が出されたのも（使徒一八・二、スエトニウス、ローマ皇帝伝「クラウディウス」二五）、彼らの対立が原因だったであろう。また異邦人との間でも、フィリピでは占いをする女奴隷を利用していた者たち、エフェソではアルテミス神殿で商売をしていた者たちが、パウロとその従者たちを訴えて騒動となった（使徒一六・一六〜四〇、一九・二三〜四〇）ことが記されている。

キリスト教徒に対する迫害はドミティアヌス帝（在位八一〜九六年）の時代にも記録されているが、興味深いのはトラヤヌス帝（在位九八〜一一七年）とビテュニアの総督であった小プリニウスの間の書簡（一一二年）である。プリニウスはキリスト教徒に対する裁判の前例がどのようなものかを確認し、キリスト教信仰を否定してローマの神々に犠牲を献げる者は赦され、信仰を維持して犠牲を拒む者は処刑するという対応でよいかと尋ねている。トラヤヌス帝はキリスト教徒を探し出すのではなく、告発された場合のみ裁判をするように指示しているが、同時にキリスト教徒であるならそれだけで死刑に値するとしている。このことは、キリスト教徒を処罰する特定の法律が存在したわけではなく、個別の訴えに対して総督の裁量で裁判が行われたこと、キリスト教を信仰しローマの神々に犠牲を献げないこと自体が、社会秩序を乱す行為として処刑に値するとされたことを示している。一方、ハドリアヌス帝（在位一一七〜一三八年）と別の州知事とのやり取りでは、キリスト者というだけでは処罰に不十分だとされている。

マルクス・アウレリアヌス帝の時代（在

▲コロッセウム　ネロ帝の時にはローマのコロッセウムはまだ完成しておらず、処刑は現在ヴァチカンが立っている場所にあった戦車競技場で行われたとされる。

▲野獣と戦わさせられる人を描いたモザイク画

位一六一～一八〇年）にも、迫害は増加したようである。ガリアのリヨンでは、キリスト教徒を公共の場所から締め出そうとする動きから迫害が始まり、野獣の餌食にされたり拷問を受けたりした。これはアスクレピオスの「予言者」の扇動によるものだったようだ。また、小アジアのスミルナの司教ポリュカルポスが処刑された年代には異論があるが、マルクス・アウレリウス帝の時代だとする説が強い。コンモドス帝の時代（在位一八〇～一九二年）には北アフリカで迫害があり、皇帝のゲニウスで誓いをしなかった一二名のキリスト教徒が、総督によって処刑されている。キリスト教徒が正しくローマの神々を礼拝しないことが、災厄のもとだと考える人々がいたようである。セウェルス帝の時代（在位一九三～二一一年）には、キリスト教あるいはユダヤ教に改宗させることの禁止令が出された。これの史実性については議論があるが、もし事実であれば、キリスト教に対して帝国から正式に出された最初の法令である。

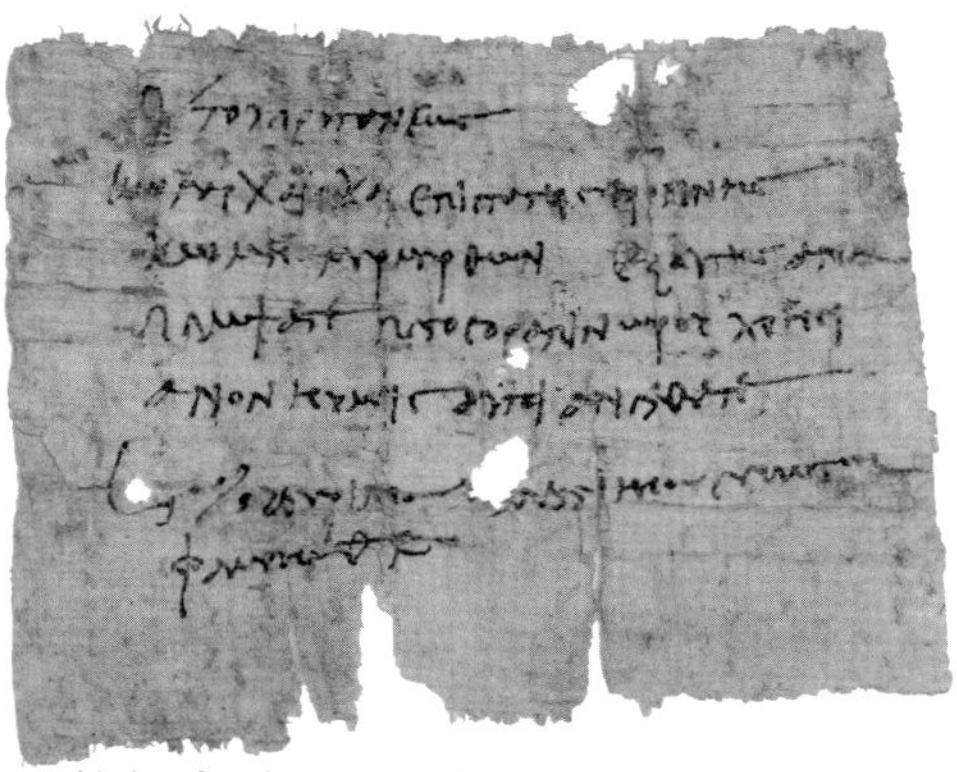

▲**デキウス帝によるキリスト教徒迫害**　オクシリンコス・パピルス（P. Oxy 3035）はローマの官憲がキリスト教徒を逮捕することを認めた最も早い文書の一つであるが、逮捕理由は明示されていない。

◀**マルクス・アウレリアヌス帝騎馬像**

三世紀の後半になると、キリスト教は勅令によって帝国全体で迫害されるようになった。デキウス帝（在位二四九～二五一年）は二五〇年に勅令を出し、帝国内のすべての者（ユダヤ人を除く）は、ローマの官憲のもとで神々に犠牲を献げなければならないことを定めた。この勅令にはキリスト教徒が特記されているわけではなく、ローマの伝統的な価値観を再興することが目的であったが、現実的には、すべてのキリスト教徒に信仰か命かを選ぶことを強いるものになり、教皇ファビアヌスなど多くの者が処刑された。また、当時尊敬されていた神学者カエサリアのオリゲネスは、鉄の首輪と足かせで拷問を受け、自身で去勢させられた。デキウス帝の死後解放されたが、その後すぐに亡くなった。ウァレリアヌス帝（在位二五三～二六〇年）は、ササン朝ペルシアに捕虜となった皇帝であるが、二通の書簡を通して高位の聖職者を死刑にし、上層階級のキリスト者から職と財産を没収し、政府の役人で犠牲を拒否する者は奴隷とすることを命じている。

ディオクレティアヌス帝（在位二八四～三〇五年）は、特に三〇三年以降全面的な迫害を始めた。カエサリアの闘技場では何人もの人々が野獣の餌食にされ殺されたが、総督がさらなる見世物を探していると知り、聖ティモラウスと五人の仲間が自ら進み出て殉教した。ただし、総督は彼らの意思に反して首をはねて処刑した。ローマ市民は斬首、下層民や外国人、奴隷は野獣と戦わさせるのが一般的だったようである。

以上からわかることは、キリスト教徒に対する迫害は、三世紀の半ばまで組織的、継続的には行われなかったことである。当初は一般の人々や他の宗教を持つ人々からの告発に基づき、各地方総督の裁量で処罰がなされた。しかし、迫害が組織的でなかったとしても、その時々の流れで、明確な法律もなく処刑されるのは恐ろしいことで

▲カエサリアの戦車競技場　ディオクレティアヌス帝の迫害では、この戦車競技場でキリスト者たちが殉教した。

▲ササン朝ペルシアのシャープール１世に捕虜にされたウァレリアヌス帝　イランのナクシェ・ロスタムの岸壁に刻まれている。「3世紀の危機」と呼ばれる通り、ローマ帝国は混乱し、キリスト教徒への迫害も激しくなった。

ある。摘発や処刑が全面的に行われない時期でも、信仰が告発され、それを否定しない限り死刑にされる世界では、人々は常に危険と抑圧を感じ、地下に隠れざるをえなくなる。それはけっして迫害がなかったことにはならない。

またキリスト教徒の迫害は、通説で言われるように、皇帝崇拝の拒否が主たる理由ではなかった。むしろローマの伝統的な神々に犠牲を献げたり、祭儀に参加しなったことが、ローマ社会の秩序を乱すことだとみなされた。そこでは国家の安泰こそが最大の価値であり、それぞれの忠誠心は特定の宗教儀式への参加で判断されるという政教分離とはまったく異なる原理が基礎となっている。ローマ帝国は多神教で寛容だったとされることが多いが、自分たちのあり方と異なる存在は徹底的に排除する制度でもあった。キリスト教徒たちはテロ行為や反乱を起こしたわけではないが、究極的には地上の国家は一時的なものであり、自分たちの「国籍は天にある」と考えていた。忠実な国民であっても、どちらかを選べと強要された時に天を選ぶ人々を理解できなかったことが、大きな悲劇の原因であろう。

生き残ったキリスト教

キリスト教は度重なる迫害を経験したが、結局それを生き延び、むしろ成長した。いったいなぜ激しい迫害下でそんなに多くの人がキリスト者になったのだろうか。

ハータード（Hurtado）は、イエス・キリストとの親しい信頼関係に生きられることは何物にもまさる喜びだったからではないかと指摘し、殉教したスミルナの主教ポリュカルポスの最期の言葉を例として引用している。「私は八六年間キリストに仕えてきましたが、彼はけっして私に悪いことをしませんでした。どうして私の王であり救い主である方を冒瀆できるでしょうか」（ポリュカルポスの殉教録）。おそらくネロ帝の時代に殉教したパウロも、獄中で以下のように述べている。「私は自分にとって得であったこのようなすべてのもの［出自や業績］をキリストのゆえに損と思うようになりました。それどころか私の主であるキリスト・イエスを知っていることのすばらしさのゆえに、すべてを損と思っています。［中略］それは私がキリストを得て、キリストにある者と認められるようになるためです。」（フィリピ三・七〜九）。

結局、この愛は迫害や殉教を乗り越えさせ、最終的に社会を変える力となった。こうした現象は、歴史を動かすものは単に物質的なメリットだけでないことを示す典型的な例であろう。

ミトラ教とキリスト教

ミトラ教に関しては、E・ルナン（一八八二年）がキリスト教の最大のライバルであり、もしキリスト教の成長が遅れていたら世界はミトラ教化されていただろう、としたことが有名である。たしかにミトラ教の神殿は帝国の各地からかなりの数が見つかっており人気があったことがわかるが、現在ルナンの評価をそのまま受け入れる研究者は少ない。女性はミトラ教に参加できず、それぞれの神殿にはせいぜい数十人しか入ることができなかったので、信者数もそう多くなかったと思われるからである。

ミトラ教の儀式はキリスト教とよく似ているので、宗教史学派の研究者たちはキリスト教がそれらをミトラ教から採用したとしばしば主張してきた。パンとブドウ酒の代わりにパンと水で供食をしたことや、洗礼式のような儀式を行ったこと、洞穴で生まれたイエスとミトラ教の洞穴状の神殿との関連などが指摘されてきた。しかし、聖餐式や洗礼式は過ぎ越しの食事や聖めの沐浴といったユダヤ人の伝統に深く根ざしたイエスの行動に基づく礼典であり、それ以外の影響を考える必要性は低い。宗教史学派は比較宗教的視点を強調するが、これらの教理はローマ世界ではなく、異教への抵抗感の強い一世紀のユダヤ社会で確立したものであり、そもそも最初期（一世紀以前）のミトラ教がどのような宗教だったかもよくわかっていない。殉教者ユスティノス（一〇〇頃〜一六五年、『第一弁明』六六）は、ミトラ教が聖餐式を「悪魔的に真似をする」と批判しており、それが当時の人々の理解だったであろう。そうすると、これらはおそらくキリスト教がミトラ教から借用したものではなく、むしろその逆だったと思われる。

また、クリスマスを一二月二五日とするのはミトラ教由来だという主張も確かでない。一二月二五日には、太陽の再生を祈る冬至の祭りがローマ社会で行われていた

▲カプア（イタリア）のミトラエウム

▶**カプアのミトラエウムの飾り板**　牛を屠るミトラの上方には太陽と月、下方にはトーチが描かれており、これが天空の情景であること示している。また、雄牛のまわりには、へび、犬、さそり、からす等の星座を表すシンボルが描かれている。

▶**卵から誕生するミトラ**　ハドリアヌス帝の城壁（イギリス）のミトラエウムから出土。周囲には黄道十二宮があり、ミトラが宇宙の卵から誕生した姿を描いている。

が、ミトラの誕生がその日だとする資料は知られていないからである。「不滅の太陽神」信仰はアウレリアヌス帝（二七〇～二七五年）の頃から公式に受け入れられるようになり、ミトラも「不滅の太陽神」と呼ばれることがあった。しかし、ミトラ教は非公認の密儀宗教であり続け、この二つは完全に同一視されなかった。そのため、その誕生日もあきらかでない。また、「不滅の太陽神」に関しても、その誕生が一二月二五日だという記録は三五四年のローマの『年代記』に初めて現れるが、同じ年代記の別の箇所には一二月二五日に「キリストがユダのベトレヘムで生まれた」という記述もあり、どちらが先だったか不明である。

　元来キリスト教はイエスの誕生日にあまり関心がなく、クリスマスも誕生日ではなく、あくまでキリストの現れの事実を記念する日と考えてきた。二世紀から三世紀にかけてはいろいろな考えが存在しており、現在でも東方教会では一月六日をクリスマスとしている。一方、ヒッポリュトスなど一二月二五日をクリスマスとする者もいた。コンスタンティヌス帝は三二一年に日曜日を復活の日として休日にしており、それ以降太陽とキリストの結びつきが強まった可能性もある。聖書自体もメシアやイエスをさして「義の太陽」（マラキ書四・二）、「闇は光に打ち勝たなかった」（ヨハネ一・五）といった比喩的表現を用いており、そこからの連想で太陽が再生される冬至がクリスマスにふさわしいと思われたのかもしれない。

COLUMN 7 ローマ帝国の福音とイエス・キリストの福音

「福音」という言葉は、キリスト教の救いを意味するという理解が一般的であろう。しかし、この語はローマ皇帝に対しても用いられたもので、新約聖書はそれに対するアンチ・テーゼの意味も込めて用いているようである。

ギリシア語で「福音」はエウアンゲリオンといい、これはエウ「よい」とアンゲリオン「知らせ」という語の組み合わせで「よい知らせ」を意味する言葉である。ローマ帝国では、初代皇帝でイエスが生まれた時の皇帝アウグストゥス（在位前二七〜後一四年）が自分の義父カエサルの神格化を行い、自らを「神の子」とした。これ以降、皇帝の即位や戦勝、誕生日などが「福音」と呼ばれるようになったのである。たとえば、イオニア地方のプリエネから出土した碑文には、前九年に属州アジアがユリウス暦を導入し、アウグストゥスの誕生日を元日とした決定が記されている。それは、「救い主」であるアウグストゥスが「秩序」を回復したので、この支配の確立である皇帝の誕生日こそ「福音のはじめ」だとするのである。

一方、新約聖書のマルコの福音書は、クリスマス物語を記す代わりに「神の子イエス・キリストの福音のはじめ」（一・一）という序言から始まっている。皇帝アウグストゥスではなくイエスこそ「神の子」であり「福音のはじめ」であると主張しているのである。皇帝がもたらした「ローマの平和」（パックス・ロマーナ）はあくまで圧倒的な軍事力と経済力による支配であり、被支配民は抵抗できないだけで本当の平和ではない。イエスのもたらす神の愛と正義による秩序の回復こそ、本当の平和であり福音だという主張である。

マルコの福音書が執筆された六〇年代末までに、キリスト教徒に対する迫害やユダヤ人に対するローマの弾圧は激しくなってきており、皇帝ではなくイエスの誕生こそ「福音」だとする意識は強くなっていたと思われる。たとえば、パウロやペテロはおそらくネロ帝治世下の六八年頃に殉教しており、エルサレムは七〇年にローマ軍によって陥落している（7、9章参照）。人間はそれぞれの正義をかかげ、その実現のために努力するが、しばしば思い通りにいかず、混乱を招いてしまう。キリスト教は、そんな愚かな人間を神が赦し、再生してくださることこそ本当の福音だとしたのである。

そもそも「福音」という語はすでに旧約聖書に見られるもので、メシアによって解放がもたらされることの預言であった（イザヤ五二・七、六一・一〜三）。イエスは「福音」という語をあまり多く使っていないが、本来神の国は人間の力でもたらされるものでなく神自身によって確立されることを語った（マルコ四・二六〜二九など）。また、律法的に聖い人やイスラエル民族だけでなく、すべての人が招かれていることを示し（マタイ九・一二〜一三など）、自分自身をイザヤが預言した「福音を告げ知らせる者」だとしている（ルカ四・一六〜二一など）。

すなわち、イエス自身にもその生涯を「福音」の到来として理解する意識はあり、その後、ローマ帝国の圧迫に苦しむ初代教会の中でそれがより強く認識されるようになったものだと思われる。新約聖書は「福音」という語を用いることで、本当の「平和」とは何か、それをもたらす「神の子」や「救い主」は誰かを示そうとしているのである。

▲プリマポルタのアウグストゥス像

▼プリエネ碑文

10章

ビザンツ時代の南レヴァント

南レヴァント地方で生まれたキリスト教は、約二五〇年間の弾圧を経験したが、コンスタンティヌス帝がその信仰を公認したことで新しい時代、ビザンツ時代を迎えた。ハドリアヌス帝が築いたアエリア・カピトリーナは、結局辺境の一都市に衰退してしまったが、エルサレムは「聖地」として整備されることで再び繁栄を取り戻すこととなった。

ビザンツ時代というのは現代の用語で、キリスト教化されたローマ帝国の時代のことを指すが、それが厳密にどこから始まったとするかには議論がある。この時代の概略を記すと、キリスト教が公認されたいわゆる「ミラノ勅令」が三一三年、テオドシウス一世による国教化として三八〇年と三九二年の二段階があり、ローマ帝国が東西に分裂したのが三九五年、西ローマの滅亡は四七六年である。また、イスラム教の成立は六一〇年、南レヴァントがイスラム教に征服されたのが六三八年なので、南レヴ

▲コンスタンティヌス帝像
▼コンスタンティヌス帝の凱旋門

▶◀コンスタンティノポリスのハギア・ソフィア大聖堂　外観（左）と内部に残るキリストの壁画（右）

1世紀から4世紀のキリスト者の数

年	信者数	総人口比（%）
40	1,000	0.002
50	1,400	0.002
100	7,530	0.013
150	40,496	0.07
200	217,795	0.36
250	1,171,356	1.9
300	6,299,832	10.5
350	33,882,008	56.5

＊総人口は6000万人との推定に基づく。
（R・スタークによる推定）

アントのビザンツ時代はこの時点で終了する。ただし東ローマ帝国自体は、一四五三年にコンスタンティノポリスがオスマン帝国によって征服されるまで継続するので、トルコなどではビザンツ時代はそれまで続いていたこととなる。

ビザンツ時代以前のキリスト教

ビザンツ時代以前のキリスト教徒の数

　ビザンツ時代以前のキリスト教については、教会内の神学的問題を扱った教父文書などが多数残っているが、外部からその規模や社会的な位置づけを判断できるような資料は多くない。その点、R・スタークという宗教社会学者が行った、キリスト教の成長のペースに関する試算は興味深い。仮に教会が始まった時点（四〇年頃）のキリスト者の数を一〇〇〇人とし、コンスタンティヌス帝がキリスト教を認める直前の三〇〇年にローマ帝国の全人口六〇〇〇万人の一〇パーセント程度、つまり六〇〇万人がキリスト者だったとする。これらは大半の初期キリスト教史の研究者が受け入れている数値である。そうすると、年率三・四二パーセントで成長すれば達成でき、これは比較的成功している現代の新興宗教の成長率とも合致する。

　この試算では、二〇〇年にはまだ人口の〇・三六パーセントしかキリスト者はいないが、二五〇年には一・九パーセントで少しずつ存在感が現れはじめ、その後指数関数的に伸びて三〇〇年に一〇・五パーセントとなる。これはまさにキリスト教迫害が帝国全体のものとなった時期とも、考古資料にキリスト教関連施設が出現し始める時期とも合致する（以下一二〇～一二二頁参照）。さらに、このままの比率で増加すると三五〇年には五六・五パーセント、すなわち帝国の人口の過半数がキリスト者となる計算となる。

　もちろん実際の成長には山も谷もあるだろうが、以上の試算は奇跡的な出来事などがなくても、現実に起こりうる成長であることを示している。逆に迫害も、成長を決定的に止めることはできなかったということであろう。コンスタンティヌス帝がキリスト教を公認した背景には、こうしたキリスト教成長の勢いもあったかもしれない。また、キリスト教公認後、皇帝の支援があったことはたしかであるが、仮になかったとしても、かなり早い時点で人口の過半数がキリスト者になったこととなる。

ビザンツ時代以前のキリスト教会

この時代のキリスト者たちは当然目立つ行動はできないので、その活動の痕跡を考古学的にたどることは難しい。それでも、その様子を垣間見ることができるいくつかの遺構が知られている。

もっとも確実なことが言えるのは、二〇〇三年から〇五年に南レヴァントのメギド監獄で発見された礼拝堂の遺構である。その周囲にはローマ軍の要塞、軍営、ローマ～ビザンツ時代の都市マクシミアノポリス、ユダヤ人の村オトナイが帝政末期に存在したことが知られており、このうち要塞の麓でオトナイ村との中間地点にあったローマ軍の宿舎の中から、三世紀のキリスト教の礼拝施設が見つかったのである。

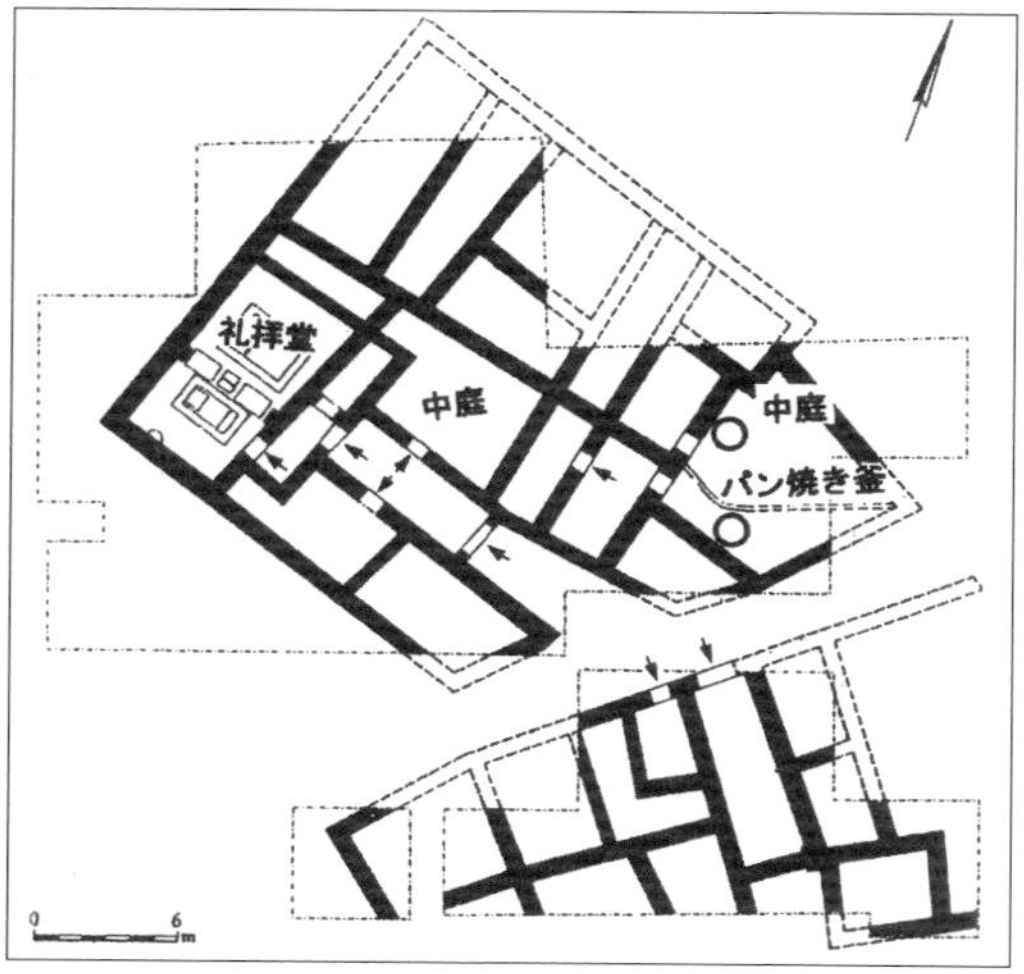

▲メギド教会の平面図

▲メギド教会のモザイク床

この礼拝堂は、中庭の周囲に建物群が建つ街区の南西側に位置し、五メートル×一〇メートルの大きさで、通路からモザイクの敷かれた二つの玄関の間を通って中に入るようになっていた。大きな部屋の中央はアーチで支えられており、壁にはプラスター、床にはモザイクが用いられていた。床の中央には聖餐台の基礎が残っており、その両脇には小さく四角いパネルがモザイクで描かれていた。北側と南側にはより大きなパネルがあり、北側中央には、初期キリスト教のシンボルである二匹の魚の絵が描かれており、奉献銘文がつけられていた。南側のパネルの両側にも銘文があった。

この建物が軍の宿舎の一部であったことは、立地はもちろん、第六軍団フェラータの刻印のある屋根タイルや糧食用のパンのスタンプからもあきらかである。この遺構の下には一世紀の遺構があったが、礼拝堂はコイン、土器、銘文の用語から三世紀前半の建設だと考えられる。コインはエラガバルス帝（在位二一八～二二二年）とセウェルス・アレクサンデル帝（在位二二二～二三五年）のものが中心であった。一方、四～五世紀のものはまったくなく、三世紀末には廃絶されたものと思われる。

北側のモザイクの銘文には、「百人隊長、我々の兄弟ガイオス・ポルフィリウスがこの（モザイク）舗装を自主的に自分の経費で行った。ブルティウスが作業を行った」と記されていた。また、南側の銘文には「神を愛するアケプトゥースが神なるイエス・キリストの記念としてこのテーブルを献げた」、及び「プリミッラ、キュリアカ、ド

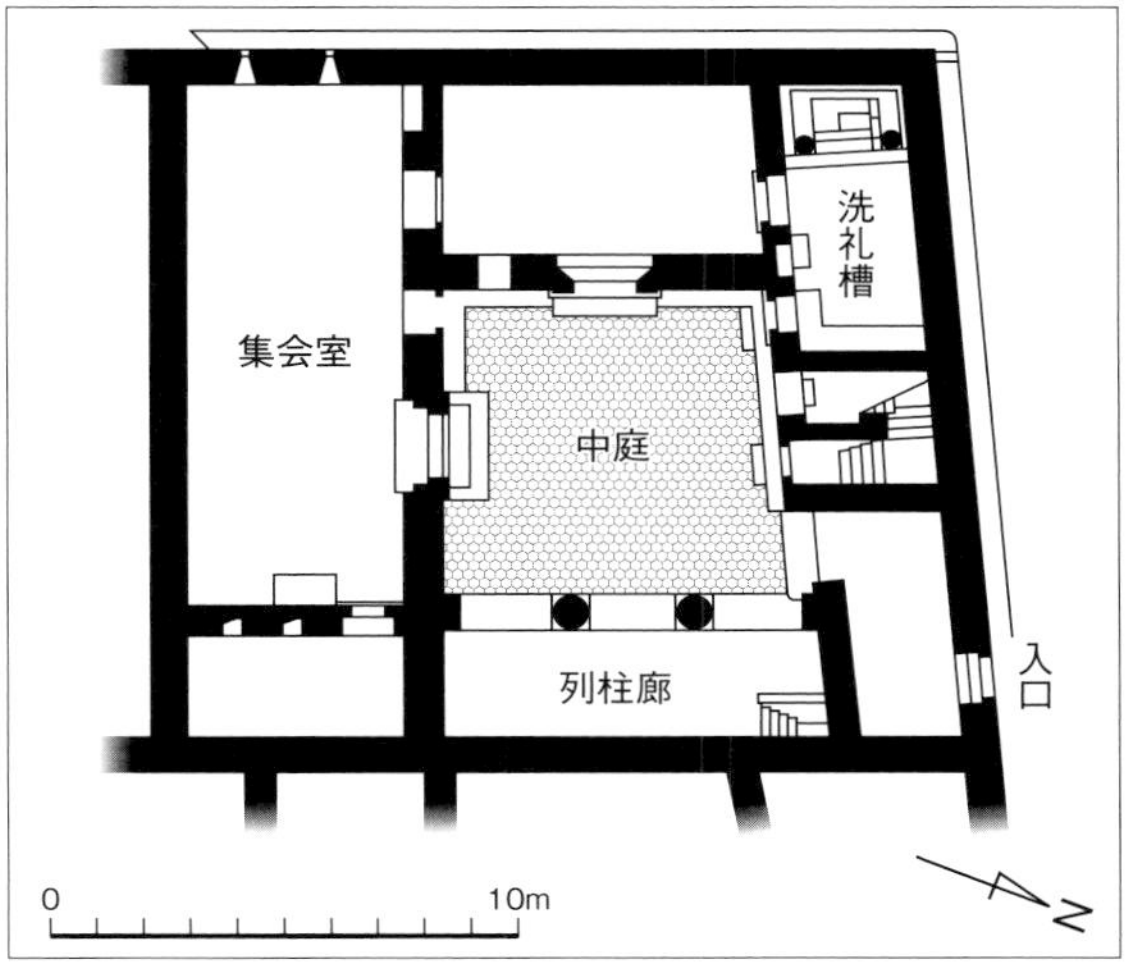

▶ドゥラ・ユーロポスの教会（三世紀）の平面図

ロテア、そしてクレステを記憶せよ」と記されていた。すなわち、この礼拝堂のモザイクは、ローマ軍の百人隊長、中央の聖餐台は別の人物が自主的に献げたことがわかる。最後の四名の名前はすべて女性であり、当時としては珍しく女性の地位が高かったことも示している。

　この遺構は当時のキリスト教がどのような存在だったかをよく示している。建物の外観は通常の建物と区別できないが、内側は完全に礼拝のための専用空間として整備されていた。このことは、迫害があるために、明確にキリスト教の施設だとわかるような建物は建てられないが、すでに教会組織が確立され、豊かな装飾の施された建物を建てることができるようになっており、聖餐式などの礼典も行われていたことを示している。この建物が建てられた三世紀前半は、二世紀後半のマルクス・アウレリアヌス帝時代に激しかった弾圧が下火となり、デキウス帝の勅令やディオクレティアヌス帝による組織的な迫害が始まる前であり、このような建物の建造が可能だったと思われる。建物が破壊されずに済んだのは、三世紀末にローマ軍が再編され、おそらく第六軍団も移動したからであろう。

　よく似た遺構は、シリアの東端に位置するドゥラ・ユーロポス遺跡でも発見されている。この遺構は、裕福な人の住居ドムスの壁をいくつかはずして礼拝堂に改変したものである。建造年代は二三三年頃で、二五六年にササン朝ペルシアによって破壊されたと思われる。この遺構も、外観は教会堂とわからないが、内部は礼拝専用の空間に変えられていた。洗礼槽、聖餐卓、聖餐の祈禱文の書かれた羊皮紙の巻物も出土しており、周囲の壁のプラスターにはイエスの墓を訪れる女性たち、よい羊飼い、中風の人の癒し、溺れるペテロに手を差し伸べるイエスなどの図像が描かれていた。

　一方、ガリラヤ地方のカファルナウムには「聖ペテロの家」と呼ばれる遺構があり、公認以前の教会堂の跡として有名であるが、ここに三世紀以前の礼拝施設が本当にあったかどうかはたしかでない。この遺構は一九六八年にコルボ神父によって発掘され、五世紀の八角形の記念教会の下に四世紀と一世紀の遺構が確認された。一世紀の建物はもともとペテロの家で、それ以来キリスト教徒の集会が継続されてきたと主張された。たしかに四世紀の建物は、一世紀の一般住居の壁をはずして四角く大きな空間を作っており、その壁にキリスト教関連の落書きが見られるので、五世紀の教会堂の前に別の教会堂が存在したと思われる。しかし、これらの落書きのうち一世紀の壁に属するものはひとつもなく、ここに一世紀のペテロの家が存在したことを証明することはできない。

「聖ペテロの家」をどう評価するにせよ、これらの遺構はビザンツ時代以前の「家の教会」の例だとされることが多い。しかし、それには問題がある。メギドでも、ドゥラ・ユーロポスでも人の居住の痕跡はなく、完全に礼拝専用施設となっていたからである。外見は教会だとわからないようにしながらも、内側には壁画やモザイク装飾が施され、聖餐や洗礼用の設備もあった。メギドの場合は元来個人所有の建物でもなく軍用施設

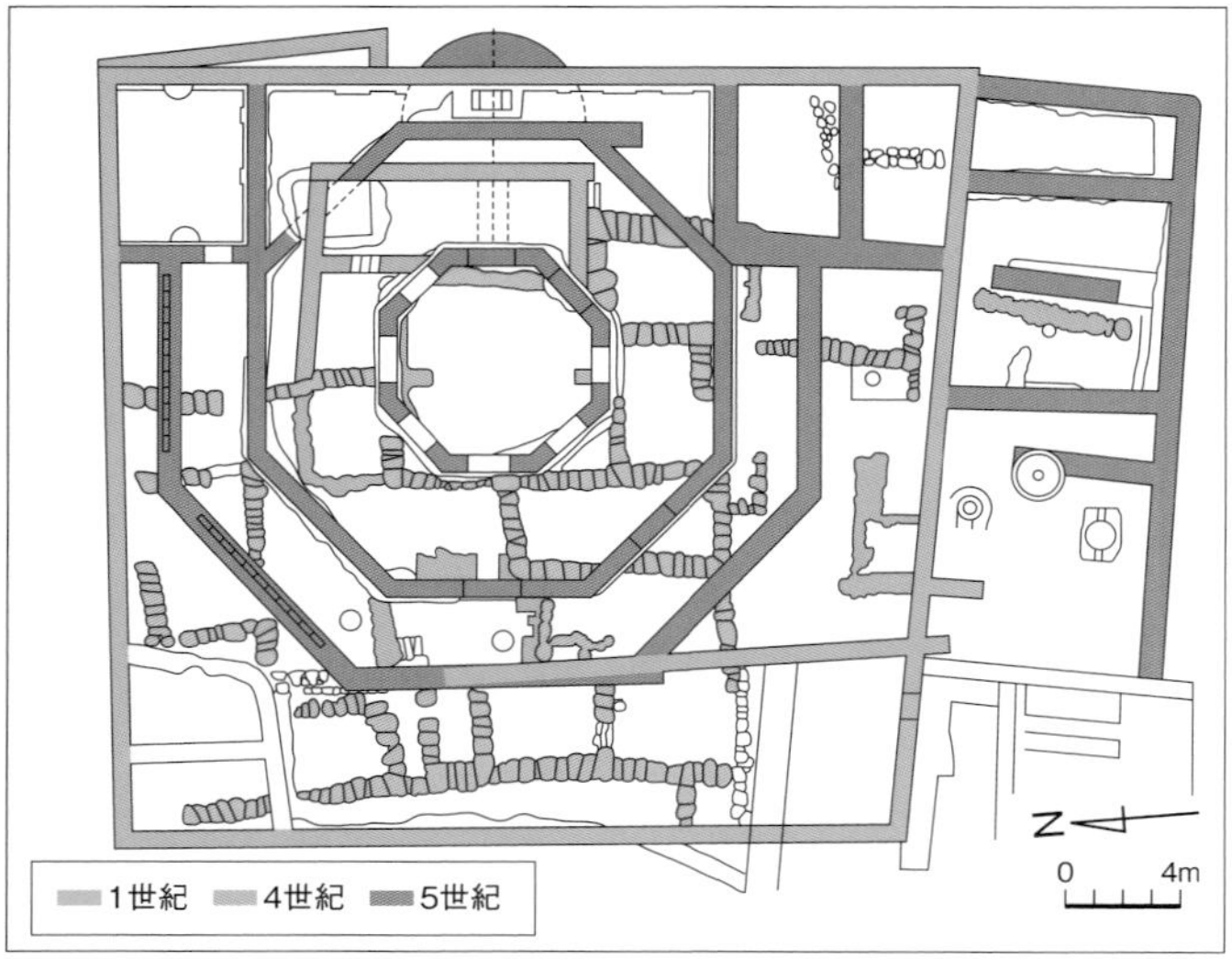

▲カファルナウム「聖ペテロの家の教会」の構造の変遷

だった。エルサレムで四世紀まで維持されていた聖シオン教会も、元来はマルコの家だったものがシナゴグに変えられ、専用の礼拝堂となっていたようである（6章参照）。ナザレの受胎告知洞穴の前にも、ビザンツ時代以前からシナゴグのような遺構が存在した（4章参照）。

　たしかに新約聖書は、ローマの教会はアクラとプリスキラの家にあったとしており（ローマ一六・五）、コロサイの教会もニンパやピレモンの家に属していたようである（コロサイ四・一五、ピレモン一・二）。しかし、エフェソの教会はティラノの講堂（使徒一九・九）、フィリピでは川のほとりの祈り場（使徒一六・一三）を利用していたとされており、常に住居が教会として使用されていたわけではなかった。エウセビオス（教会史七・三〇・一九）はキリスト教の礼拝施設をオイコス・トーン・エクレシオーン（ラテン語ではドムス・エクレシア）と呼んでおり、「家の教会」と訳されてきた。しかし、それが住居の一部を礼拝時だけ使用するようなものを意味していたかは疑問である。小さな集会も存在したであろうが、三世紀にはすでに教会の礼典や組織はある程度整えられていたと思われ、ビザンツ時代以前のキリスト教をひとくくりにして「家の教会」の時代と呼んだり、個人住宅を利用した集会を「家の教会」とみなすことには注意が必要であろう。

ビザンツ時代の南レヴァント
コンスタンティヌス帝と母ヘレナ

　ビザンツ時代は、通常コンスタンティヌス一世の回心が端緒と考えられている。当時ローマ帝国はテトラルキア（四分統治）体制となっており、コンスタンティヌスは西の正帝の位を確実にするため、三一二年にライバルだったマクセンティウスとティベレ川沿いのミルウィウス橋で戦った。その時キリストの幻を見て勝利をし、キリスト教を信じるようになったと言われている。そして三二四年には東の正帝リキニウスをも破り、単独の皇帝としてさらにキリスト教を支援する政策を進めた。

　ミルウィウス橋での戦いの翌年（三一三年）、コンスタンティヌスはリキニウスと連名で、いわゆる「ミラノ勅令」を送った。これはビュテニアとパレスチナの総督に宛てた書簡で、キリスト教でもその他の宗教でもそれぞれに従う自由を保障するものであった。幻の伝承には不明確な点もあるが、コンスタンティヌスの政策がこの時期を境に大きく変化したことはたしかである。

　コンスタンティヌスは多数の教会堂を建設し、没収されていた土地を教会に返却し、キリスト者たちを高官に抜擢した。コンスタンティノポリスを建設したのも、異教の神殿の少ない土地でキリスト教的な町を建設したかったからだと言われている。十字架刑や剣闘士競技を廃止し、囚人の環境を改善するなど人道的な政策も行った。また、ニケア公会議（三二五年）を開催して教会の一致をめざした。

▶ビザンツ時代のエルサレム

このような政策の中で南レヴァントの歴史に大きな影響があったのは、三二七年から三二八年にかけて母ヘレナをアウグスタ（アウグストゥスの女性形）として聖地に遣わし、聖書の故事にまつわる教会堂を建てさせたことである。そもそもコンスタンティヌスがキリスト教信仰をもった背景に母ヘレナの存在があった可能性も議論されている。本書ではすでにベトレヘムの聖誕教会やエルサレムの聖墳墓教会について触れたが、ヘレナはほかにもイエスの昇天を記念するエレオナ教会をオリーブ山に、アブラハムを記念する教会をベエル・シェバのマムレの樫の木の場所に建設し、伝承ではシナイ山の聖カテリナ修道院の教会堂も建てたとされている。このような積極的な「聖地化」と軌を一にして、帝国各地から巡礼たちが聖地を訪問し、在地の人々も帝国主導でない教会堂を建設するようになった。

背教者ユリアヌスとテオドシウス一世

その後のローマ皇帝は、ユリアヌス以外すべてキリスト者であった。皇帝ユリアヌス（在位三六一～三六三年）は新プラトン主義に傾倒し、ローマの伝統的な神々を復興しようとしたので、しばしば「背教者」と呼ばれる。エルサレムでも、エルサレム神殿の再建を計画し、ユダヤ人たちは一瞬期待を持ったが、ユリアヌスが短命だったこともあり実現しなかった。

テオドシウス一世（在位三七九～三九五年）は、三八〇年にキリスト教を国教と定め、三九二年に他の宗教を禁じた。実際には異教の崇拝はその後も継続したが、国教化は単にキリスト教信仰の自由を認めることとは異なり、信仰の統一化への圧力となった。エルサレムでは、四世紀の終わりに聖シオン教会やゲッセマネの園の教会、宿泊所などが建設された。

エウドキアとユスティニアヌス一世

ローマ帝国は三九五年に東西に分裂し、西ローマは一〇〇年経たずに滅んだが、南レヴァント地方は分裂後の五世紀も大きな

▲**エルサレムのカルド・マクシムス**

▶**ビザンツ時代のダマスカス門**　地表面から下の部分がビザンツ時代の遺構。塔の内部にもビザンツ時代の遺構が残っている。

影響を受けることなく「聖地」として発展し続けた。特にテオドシウス二世（在位四〇八～四五〇年）の妻エウドキアは、長期間エルサレムに滞在し、さまざまな痕跡を残している。エルサレムの南側の城壁の建設やダビデの町のシロアム教会、ダマスカス門北側の聖ステファノ教会、神殿の頂の整備、老人ホームの建設などである。

東ローマ帝国は、ユスティニアヌス一世の時代（在位五二七～五六五年）に帝国の栄光の再建をめざして版図を広げ、ローマやラヴェンナ、北アフリカを含む広大なものとした。また、『ローマ法大全』を編纂し、戦火で焼失したハギア・ソフィアを再建した。エルサレムの開発も頂点に達し、カルド・マクシムスやフォルムの整備、ネア教会の建設などが行われた。

しかし、五四三年には黒死病（ペスト）が流行して多数の死者が出、ローマ帝国の再建は難しくなる。また、戦乱や重税のため国は疲弊し、ユスティニアヌスの死後東ローマ帝国は急速に衰退することとなる。このように弱体化した東ローマ帝国は次第に聖地イスラエルの周囲、特にアラビア砂漠から攻撃してくる遊牧民たちを抑えることができなくなり、六一四年にササン朝ペルシア、六三八年にイスラム教徒の侵攻を許すこととなった。結果として、四～五世紀は復興の時代だったが、六～七世紀は再び停滞の時代となった。

ビザンツ時代の教会堂

ビザンツ時代になると次々と教会堂の建設が進むが、当初はキリスト教建築や美術の様式は十分定まっていなかった。それまで地下に潜っていたからである。しかし、

◀**ネア教会**　南壁から飛び出した右側の大きな石の遺構がネア教会の角になる。

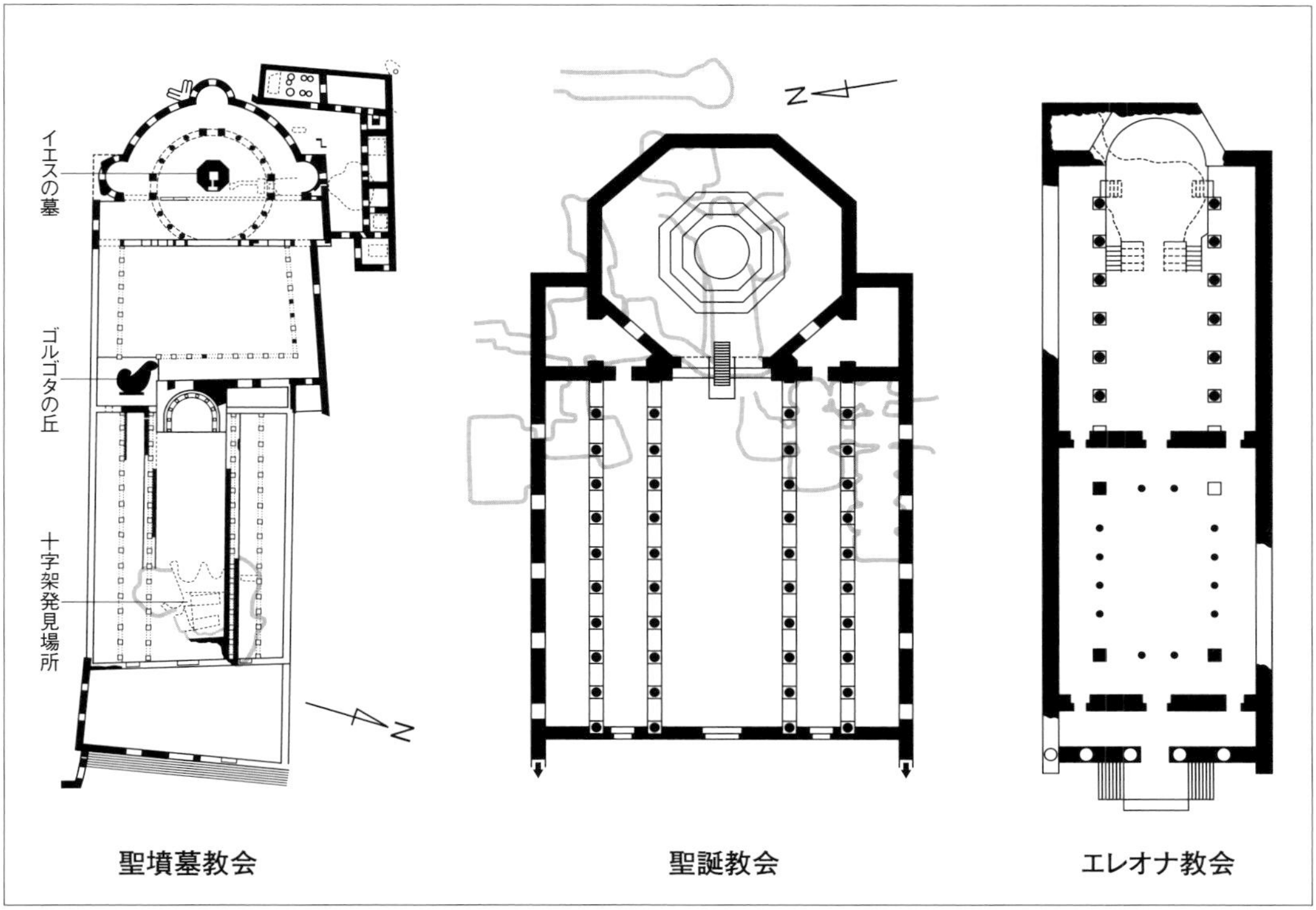

▲ヘレナが建造した教会

公認直後にヘレナが建てた教会群には、すでにその後の教会堂の基本となる様式が用いられている。バシリカ（長堂）式と集中式の教会堂である。

ヘレナの建てた教会堂で完全な形で残っているものはないが、発掘の成果も含めて推定復元されるプランは本頁の図の通りである。このうち、聖墳墓教会と聖誕教会はバシリカ式と集中式が組み合わされた様式となっており、筆者らが発掘した「ヤコブの石」記念教会（ベテル、四世紀、コラム8参照）も同様であるが、それぞれ組み合わせ方は異なる。

バシリカ式は、元来裁判所や取引所などの集会施設のために用いられたローマの建築様式であったが、ビザンツ時代以降は教会堂建築に用いられ、もっとも一般的な型式となった。これは長方形のプランを持ち、短辺側に入口がつき、内部は長辺と並行に列柱が並んで天井を支える形である。教会堂の場合には、入口と反対側の短辺の前に祭壇がつき、その背面はアプスと呼ばれる半円形の構造になっていた。四〜五世紀の建築ではアプスは一つのものが多いが、次第にその両側にも小さなアプスがつく三アプス式のものが増加する。列柱が二列で中央の身廊（ネイブ）と側廊（アイル）を区切る形のものを三廊式、列柱が四列で五つの細長い空間に区切るものを五廊式と呼ぶ。これは教会堂の規模と関係する問題であり、ヘレナの教会堂は最初期のものであっても大型で五廊式である。中には側廊を持たない単廊式の小型の礼拝堂もあった。

教会堂建築にバシリカが用いられたのは、大人数を同時に入れて礼拝を行うためだったと思われる。近代以前の建築では木の梁で天井を支えるため、ある程度以上の幅の建築が造れなかったが、列柱を並べることで梁をつないで、大空間を確保することが

▲**聖墳墓教会の正面**　献堂されたのは、335年9月13日であった。
◀**聖誕教会のアプス部分**　21世紀に入ってからの発掘調査で、ビザンツ時代初期の教会堂のモザイク装飾（写真手前）などがあきらかになった。

できるようになったのである。

この背後にはキリスト教特有の神学があったであろう。多くの宗教建築では、神殿そのものは礼拝対象（神像など）を安置する場所であって、一般参拝者が入ることは多くない。むしろ参拝者は、順次参道を通って前庭で礼拝を行う。長い参道や何重にもなった庭は、神や礼拝対象の深遠さをあらわす構造となっている。それに対して、教会堂建築では参道や庭はそれほど重要でなく、信徒全員が礼拝堂に集まり、ともに礼拝することに意味がある。聖書はイエスが十字架で亡くなった時に神殿の至聖所の幕が裂けたことを記しており（マタイ二七・五〇～五一、ヘブル書九章参照）、神と人間の近さが強調されている。また、信仰をもった人々は「神の家族」であることが重視されており、一緒に集まることに大きな意味があった。

もう一つの教会建築の様式は集中式と呼ばれるもので、円形や八角形の建物の中心に礼拝の中核となるものを置く型式である。これらは、日常的に礼拝を行うために大人数を収容する必要のあったバシリカ式とは異なり、聖書の事績を記念する礼拝堂に用いられることが多かった。聖墳墓教会ではイエスの墓、聖誕教会ではイエス誕生の洞穴、「ヤコブの石」記念教会ではヤコブが天の梯子の夢を見た石が、集中式の教会堂の中央に位置していた。これらが独立した建物として造られるようになるのは、バシ

▲**集中式教会堂の例（サマリア、ゲリジム山の教会堂）**
◀**荒野の修道院の例（マル・サバ修道院）**

▶サンタンジェロ城

リカ式よりも若干遅く、六世紀頃からのようである。この型式の背景には、アウグストゥス廟やサンタンジェロ城などローマの霊廟建築があった可能性が指摘されている。これらの建物はマルティリウム（殉教者記念堂）とも呼ばれ、イエスを含め、神に従った人々の生涯を記念する意味があったと思われるからである。ただ、カエサリアやベト・シャン、サマリアのゲリジム山などの例は、聖書の事績と直接関係なく、地域の拠点の高台に建てられている。ビザンツ時代が進むにつれ、キリスト教支配の確立を示す目的でこれらが建てられたのかもしれない。

　もちろんビザンツ時代の教会堂は、上述のような大型あるいは巡礼者用の記念礼拝堂だけでなく、より小規模の礼拝堂も多数存在しており、五世紀以降は、次第に荒野に修道院も造られるようになった。こうした礼拝堂はユダヤやガリラヤはもちろんのこと、デカポリス、ナバテアなど、トランスヨルダン地方や南部のネゲブ砂漠にも一気に広がった。

シナゴグの建設

　ユダヤ人のシナゴグは、ユダヤ戦争前の一世紀にも建造されたが、二～三世紀に建造された例は非常に少なく、四世紀になってガリラヤ地方で急増した。すでに記したように、カファルナウムのシナゴグは、一世紀の建物の上に四世紀の建物が載っており、まさに典型的である。

　この背景には、すべての信仰の自由が認められたことがあると思われる。コンスタンティヌス帝は、ユダヤ人がエルサレムに戻ることは認めなかったが、サンヘドリンの徴税権は承認した。ガリラヤ地方に多いのは、すでにサンヘドリンやラビ学の中心がガリラヤ地方に移っていたからであろう。現在ティベリアの周辺には、有名なラビたちの墓が多数残っている。

　ガリラヤ地方のシナゴグは、一九四八年のイスラエル国建国後に多数発掘されており、遺跡公園となっている。有名なものとしては、カファルナウムはもちろん、コラジン（マタイ一一・二一～二三参照）、ビラアム、メロン、ヒルベト・シェマ、アルベール、ハマト・ガデル、グシュ・ハラブ、ベト・アルファ、ハマト・ティベリアのものなどがあり、近年はマグダラでも大きなシナゴグが発見された。このうち、ビラアムやヒルベト・シェマのものは残存状況がよく、グシュ・ハラブのものはユダヤ人キリスト者がいた可能性が議論されている。

　また、ベト・アルファやハマト・ティベリアなど七か所のシナゴグには、黄道一二宮のモザイク床があることが知られており、当時のユダヤ教信仰の実態を知る上で興味深い。これらはみなほぼ同じ配置、図像となっており、一番上にメノラーに挟まれたトーラーの巻物を入れる聖櫃が描かれたパネル、二番目に黄道一二宮の中央に太陽神ヘリオスが描かれたパネル、一番下にさまざまな人物像が描かれたパネルがあり、ベト・アルファのものにはイサクを献げようとするアブラハムの図像が描かれている。そもそもユダヤ人が図像を礼拝施設に描く

▲テオドトス碑文　テオドトスなる人物がシナゴグを奉献したことを記しており、すでに1世紀からエルサレムにシナゴグがあったことを示す証拠となっている。

◀マグダラのシナゴグ

ことが許されていたのか、また、なぜ占星術と関係する黄道一二宮や異教の神であるヘリオスを描くことが許されたのかは議論となっている。

　実は、シリアのドゥラ・ユーロポスでもシナゴグが見つかっており、美しい壁画が出土しているので、聖像禁止の戒律は、礼拝の対象でない限り、そこまで厳しくなかったのかもしれない。また、旧約聖書はあきらかに太陽を被造物としており、神と同一視していないが、同時にメシアを「義の太陽」と呼ぶなど比喩的に神を太陽と比べることはあった。イスラエル王国末期の王室が使ったラメレク印影には有翼日輪が描かれており、「太陽に献げた馬」がエルサレム神殿に置かれることがあったことも伝えられている（列王記Ⅱ二三・一一）。すなわち、その正統性は別として、すでに旧約聖書時代から神を太陽と比べて表現する方法が存在しており、このヘリオス像はヤハウェ神自身を表していた可能性が高い。黄道一二宮は時間の流れを意味しており、合わせて考えると、ヤハウェなる神は太陽のように時間の流れ、つまり世界を支配していることを表す図像だったのではないかと考えられる。興味深いのは、このように完全にヘレニズム的な図像のレパートリーで、自分たちの信仰を表現しようとしたことである。なお、キリスト教会でもキリストを比喩的に光や太陽と比べる表現は存在するが、黄道一二宮を描いたモザイクは現在のところ一例も知られていない。

　これらのシナゴグのほとんどは、ビザンツ時代の終了と共に消失した。六世紀には何度も地震が起こり、その後六一四年にササン朝ペルシアのホスロー二世による征服、さらに六二九年以降繰り返されたイスラム

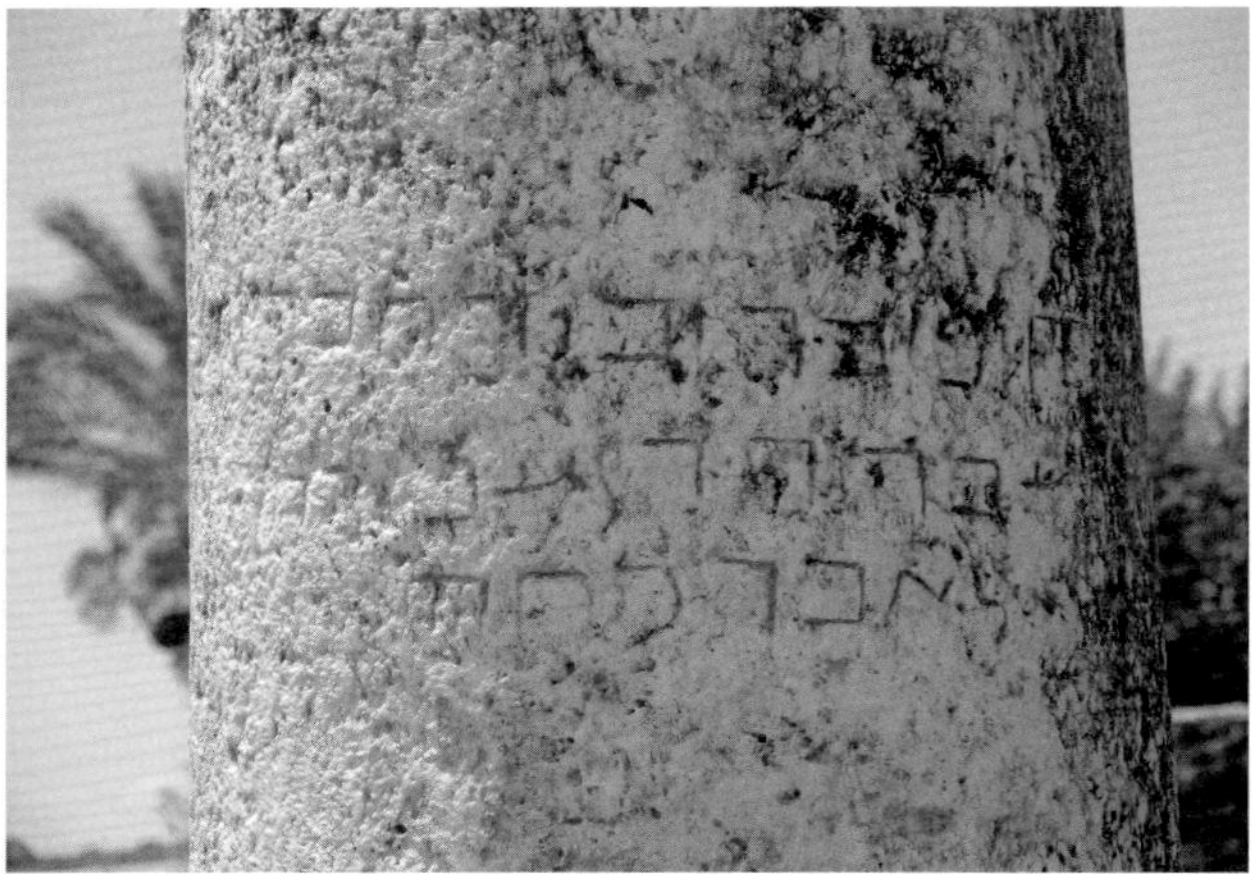

◀カファルナウムのシナゴグの円柱碑文　アラム語で「ゼベダイの子、ヨハネの子、ハルファイ（アルパヨ）がこの円柱を作った。彼の上に祝福があるように」と書かれている。イエスの弟子たちと同じ名前が記されており興味深いが、四世紀のものである。

▲黄道12宮の描かれたベト・アルファ・シナゴグの床モザイク

▲ダビデ王が描かれたガザ出土のモザイク（六世紀）　ダビデはオルフェウス像に基づいて描かれている。

教徒の侵入によって破壊されたからである。

南レヴァントの繁栄

ビザンツ時代は、ただ多くの教会堂やシナゴグが建設されただけではなく、それに伴い莫大な資金が投入され、巡礼が訪れ、産業が発展する復興の時代であった。テオドシウス二世の妻エウドキアは、エルサレム南側の城壁を築いたことで知られるが、それは「聖地化」とともに人口が増え、かつてローマ軍の駐屯地があった場所にまで住居が広がったためであった（一二三頁の地図参照）。ユスティニアヌス一世も、町の南端部分に大きなネア教会を建設した。

　ビザンツ時代のエルサレムの様子は、マダバ地図と呼ばれるヨルダン領マダバにある教会堂の床モザイク（七世紀）から知ることができる。それによるとエルサレムには、北端のダマスカス門から列柱道路であるカルド・マクシムスが南端のシオン門まで走っており、終点にはネア教会、聖シオン教会と城壁が描かれている。地図の中央には聖墳墓教会があった。カルドはもう一本細いものが東側に走っており、これにも片側ではあるが列柱が見られる。その中央にはステファノ門があり、その南に黄金門と神殿の丘が描かれている。神殿の丘はビザンツ時代には放置されていたようで、南側の王の柱廊の東端に「神殿の頂」を記念する教会堂だけが立っていた。

　エルサレムだけでなく、周辺地域も発展した。ローマ属州パレスチナは、ディオクレティアヌス帝の時代にネゲブやシナイを含むように拡大されており、四世紀後半には第一から第三パレスチナに分割された。エルサレム周辺はもちろんのこと、ガリラヤ地方にも巡礼地や巡礼路が発達した。ユダヤ戦争後、キリスト教徒が避難したデカポリス地域では、ペラやジェラシュなどの都市に多くの教会堂が建てられた。デカポリスの南にいたナバテア人たちもいち早く改宗し、北アラビアやネゲブにペトラをはじめ、オボダ、ソバタなど多数のキリスト教都市が生まれた。アイラ（アカバ）で出土した教会堂は、四世紀初頭に建てられ、三六三年の地震で崩壊しているので、教会堂として建てられた建築としては最古のも

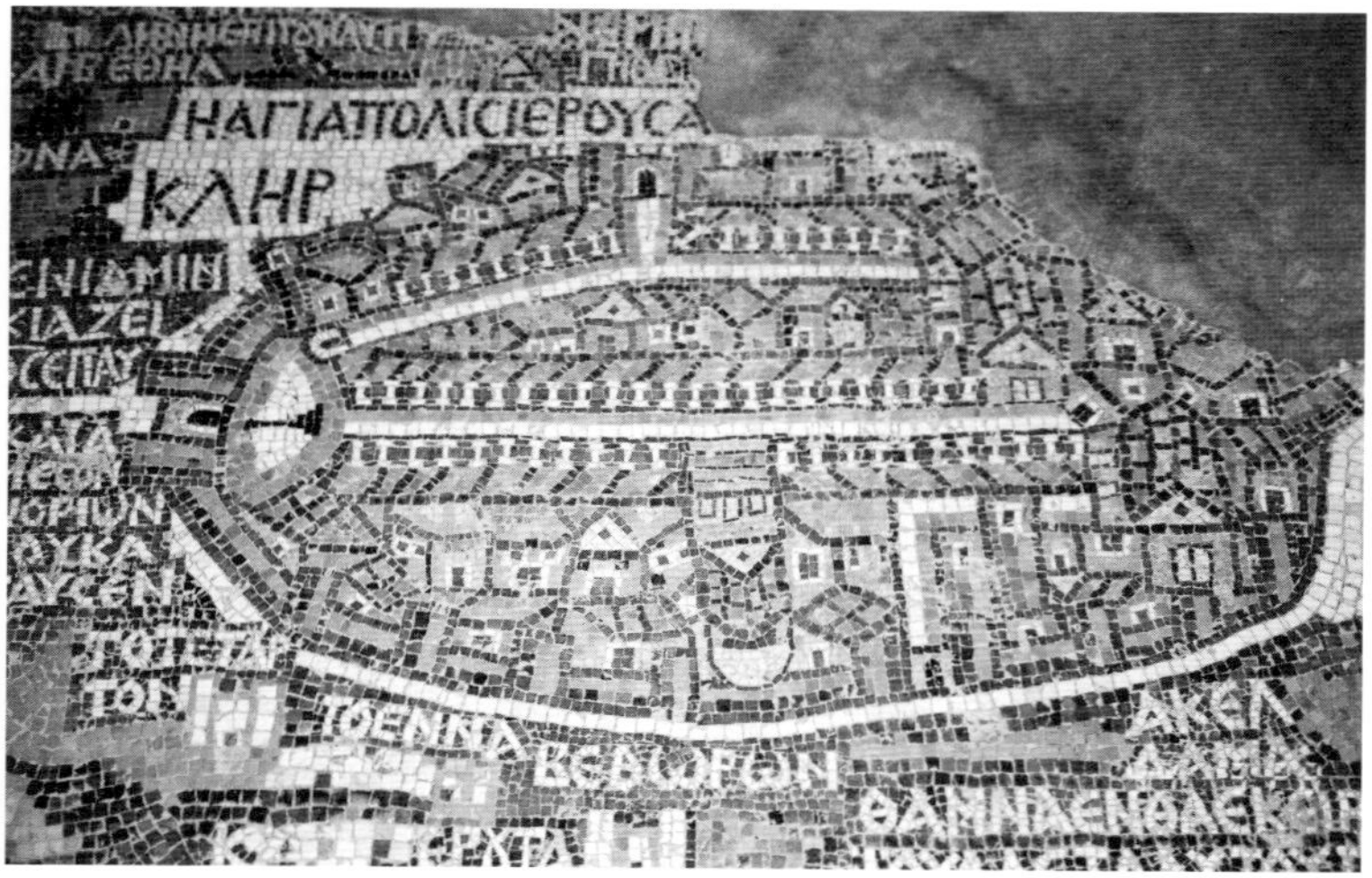

◀マダバ地図に描かれたエルサレム

のかもしれない。また、この地域はシナイ山に行く巡礼路としても重要であった。

巡礼たちは、キリスト教公認直後、あるいはその前から南レヴァントを訪れている。聖墳墓教会の地下にあるアルメニア正教のチャペルには、船の絵とともに「主よ、私たちは来ました」という銘文が、かつてのアフロディテ神殿の壁に描かれていた。これはまだアフロディテ神殿が立っていた時（二世紀？）のものであり、ラテン語で記されていることから、帝国の西側から来た人によるものだと思われる。また、三三三年には「ブルディガラの巡礼者」と呼ばれる人物がガリアから南レヴァントを訪れ、克明な記録を残している。さらに三八一年から三八四年にはエゲリアというおそらくスペインの女性が訪問し、同様の記録を残している。もちろんすべての巡礼者がその足跡を記録しているわけではないが、これらは当時の地理や社会的状況を知る上で貴重な資料となっている。同時に、キリスト教がすでにかなり普及していたことを示している。

街道の維持、整備には、軍隊の駐屯も必要となる。ビザンツ時代の初期には、とりわけ南ヨルダンの砂漠地帯との間に一連の城塞網が築かれ、遊牧民の侵入を防ぐ対策が取られた。今でもその軍営や狼煙連絡のための塔が多数残っている。しかし、ビザンツ時代の後半に財力が落ちてくると、これらを維持することも、この地方にいたキリスト教徒の部族ガッサーン族を支援することもできなくなり、結局遊牧民やイスラム教徒の侵入を許すこととなった。

ビザンツ時代の物質文化は、基本的にローマ時代のものの発展形である。都市プランや建築は、闘技場や異教の神殿が造られなくなり、教会堂が多数築かれたこと以外はほぼ同じであった。土器、ガラス器などの質は低下したが、大量生産ができるようになり、巡礼の記念品となった聖水入れ用のアンフォラやキリスト教のシンボルの入ったランプやガラス器などがよく見られるようになる。教会堂遺跡からは、ガラスのシャンデリヤや青銅製の香炉、十字架のペンダントなどが多数出土するようになる。コインからも異教のシンボルが消え、十字架やキリスト像などが増える。モザイク装飾も基本的に同じであるが、ガラスを用いた金や群青色が入るようになったのが特徴である。

美術モチーフでは、それ以前のヘレニズム・ローマ文化のモチーフがキリスト教的に読み替えられて用いられるようになる。ホルスを抱くイシス像は聖母子像、生命の木は十字架、竪琴を弾くオルフェウス像はダビデ、羊を肩に背負った男性像（クリオフォロスあるいはヘルメス）はよき羊飼いのモチーフとみなされるようになった。これらは単なる建材の再利用や宗教混交ではなく、伝統的なイメージに新しい意味を与え、自分たちの文化を築いていくプロセスの一貫だったと思われる。同様のことは、バシリカや霊廟建築を教会堂建築に採用し

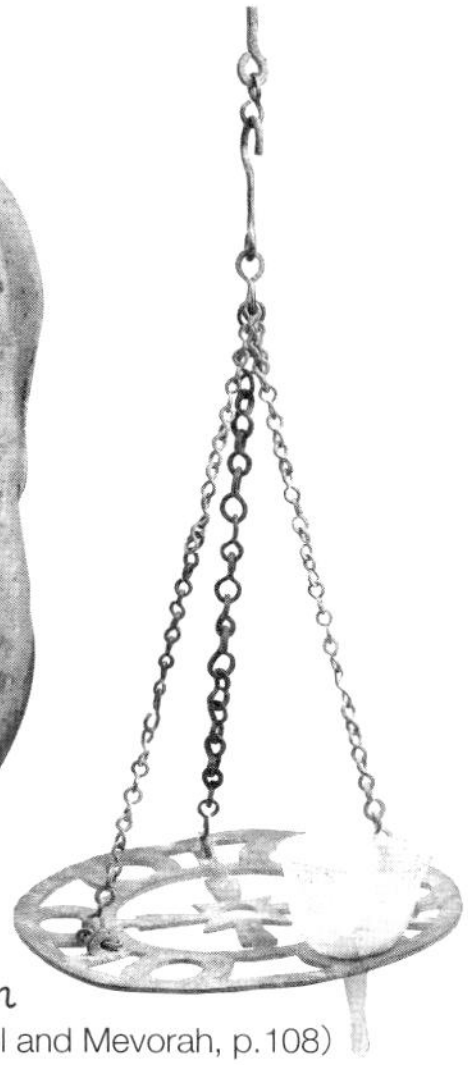

▲聖人（聖メナス）の描かれた聖水入れ
▶礼拝堂のシャンデリア　（写真：Israel and Mevorah, p.108）

▲十字架のついたランプ　（写真：Israel and Mevorah, p.107）

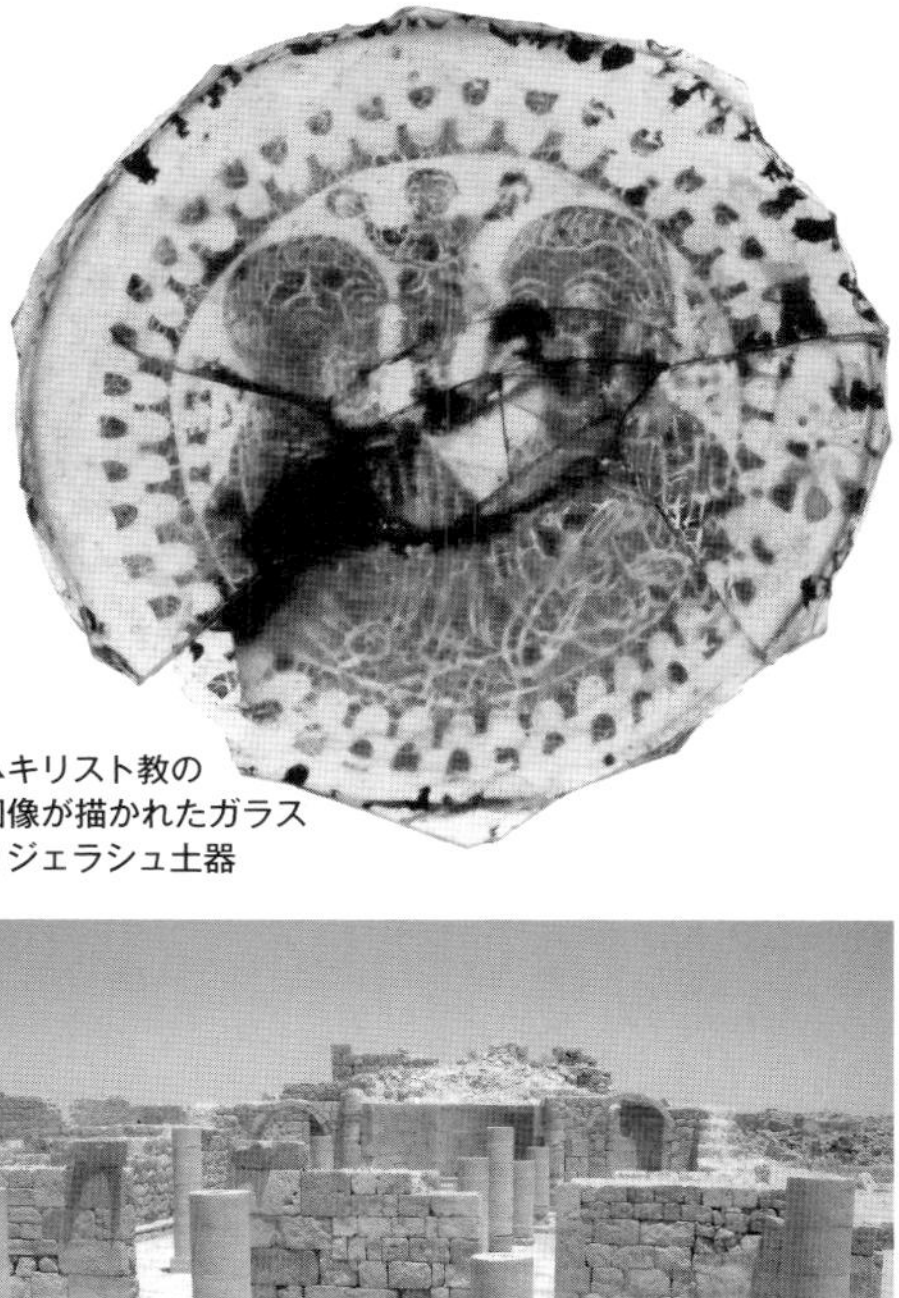

▲キリスト教の
図像が描かれたガラス
◀ジェラシュ土器

▲▶ナバテアの教会堂　オボダの教会堂（右）、ソバタの教会堂（上）

▲▼キリスト教によるギリシア・ローマ図像の利用例　よき羊飼い（上）、聖母子像（下）。おそらく伝統的な図像に新たな意味を与えて用いたものと思われる。

▲▼ビザンツ教会のチャンセル・スクリーン　祭壇と会衆席をわける仕切り（上）。**祈る人物の壁画**（カエサリア出土、六〜七世紀）（下）

◀ナバテア土器　赤く美しい土器である。

たことにも見ることができる。

ビザンツ帝国のインパクト

　このように、それまでキリスト教を迫害していたローマ帝国がそれを公認し、国教として受け入れたことの意味は大きい。これはその後の西欧世界、ひいては全世界にキリスト教が広がっていく基礎となった。辺境の地に成立した一つの信仰が、激しい迫害を経てローマ帝国に受け入れられたことは驚きであり、ある意味、キリスト教の勝利とみなせるであろう。

　もちろんキリスト教徒が支配者になったからといって、それで「神の国」が実現するわけではない。ローマ帝国がキリスト教化された後は、むしろキリスト者が為政者として現実世界の悪や戦争の問題と向き合わなければならなくなった。しかし、この驚きの変化は神が歴史の中に働いているという意識を強めるものとなった（エウスビオス「教会史」一〇・五参照）。アダムとエバのエデンの園追放から始まった救いの歴史はイエス・キリストにつながり、その福音が世界中に広がっていく流れが認識されるようになった。現実世界のさまざまな出来事を超え、神の計画が進んでいると受け取られることとなったのである。

　この世の権力は、「キリスト教国」も含めて腐敗するし、限界がある。しかし、ビザンツ帝国が滅んだ後もキリスト教が生き続けたことは、本来「神の国」と世俗権力は別物であり、神の生命と平和にあふれた世界は人間の力ではなく、神の力によって実現するものであることを示しているといえるであろう。そのため、キリスト者は今でもイエス・キリストの再臨と歴史の完成、「神の国」の完成を期待して、祈り続けているのである。

▲ラザロ記念教会（ベタニヤ）の中の墓

◀オリーブ山上にある昇天ドーム　ヘレナはイエスの昇天を記念するエレオナ教会をオリーブ山に建てたが、後にササン朝ペルシアによって破壊された。この教会の一部が後に昇天ドームとして再建された。現在の建物は、十字軍時代に造られ、マムルーク朝時代に改変されたもの。

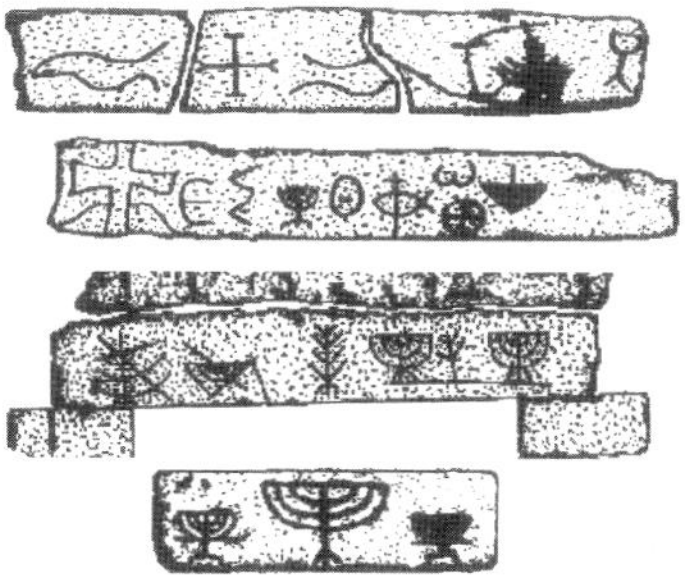

▼ゴラン高原出土ユダヤ人キリスト教徒のシナゴグの石材

ベイティン（ベテル）遺跡の発掘調査

筆者を団長とする慶應義塾大学西アジア考古学調査団は、二〇一二年以来パレスチナ自治区ベイティン村で発掘調査を続けており、ブルジュ・ベイティン遺跡からビザンツ時代の大型教会堂を発掘した。

「ヤコブの石」記念教会の所在

ベイティン村は旧約聖書の町ベテルと同定されており、族長のヤコブが石を枕にして寝たところ天から地上にかかる梯子の夢を見て神の守りを確信したという出来事（創世記二八・一〇～二二）の場所とされている。また、イスラエル王国が分裂した後には、エルサレム神殿に対抗して「金の子牛の高き所」がここに造られたともされている（Ⅰ列王記一二・二五～三三）。

四世紀後半に巡礼に来たエゲリアは、村から一マイルほど離れた所にヤコブの石と金の子牛を非難して殺された預言者の墓を記念した教会堂があり、訪問したことを伝えている。ほぼ同時期のヒエロニムスも、この教会の存在をエウセビオスの『オノマスティコン』の注釈に記している。一方、三三三年に訪れたブルディガラの巡礼者は、石と墓の伝承に言及しているが教会堂については触れていない。おそらくこの記念教会堂は四世紀の半ば以降に建設されたものと思われる。

多くの研究者たちは、この教会堂がベイティン村の中心（テル・ベイティン遺跡）より南東八〇〇メートルほどのブルジュ・ベイティン遺跡にあるだろうと推測してきたが、これには異論もあった。反対する研究者たちは、さらに東にあるヒルベト・マカーティル遺跡にもビザンツ時代の教会堂があるので、そちらだと主張してきた。ブルジュ・ベイティンに反対する理由は、①教会堂自体が発掘されておらず、本当に存在するのかが不確かなこと、②教会堂の石材の再利用とされるものの装飾が型式学的に六世紀以降のものと思われること、③ベイティン村の中心からブルジュ・ベイティン遺跡までは八〇〇メートルほどしかなく、エゲリアのいう一マイルより近すぎること、であった。

教会堂の発見

慶應隊の発掘調査では、ブルジュ・ベイティン遺跡で三つの時代の遺構を確認した。新しいほうからオスマン朝時代（Ⅰ層）、十字軍～マムルーク朝時代（Ⅱ層）、ビザンツ時代（Ⅲ層）である。ビザンツ時代の層では、調査区の西半分を切石づくりの大きな教会堂（四〇メ

▲ブルジュ・ベイティン遺跡で発掘された「ヤコブの石」記念教会　西からアプスを臨む。
▼推定される教会堂のプラン

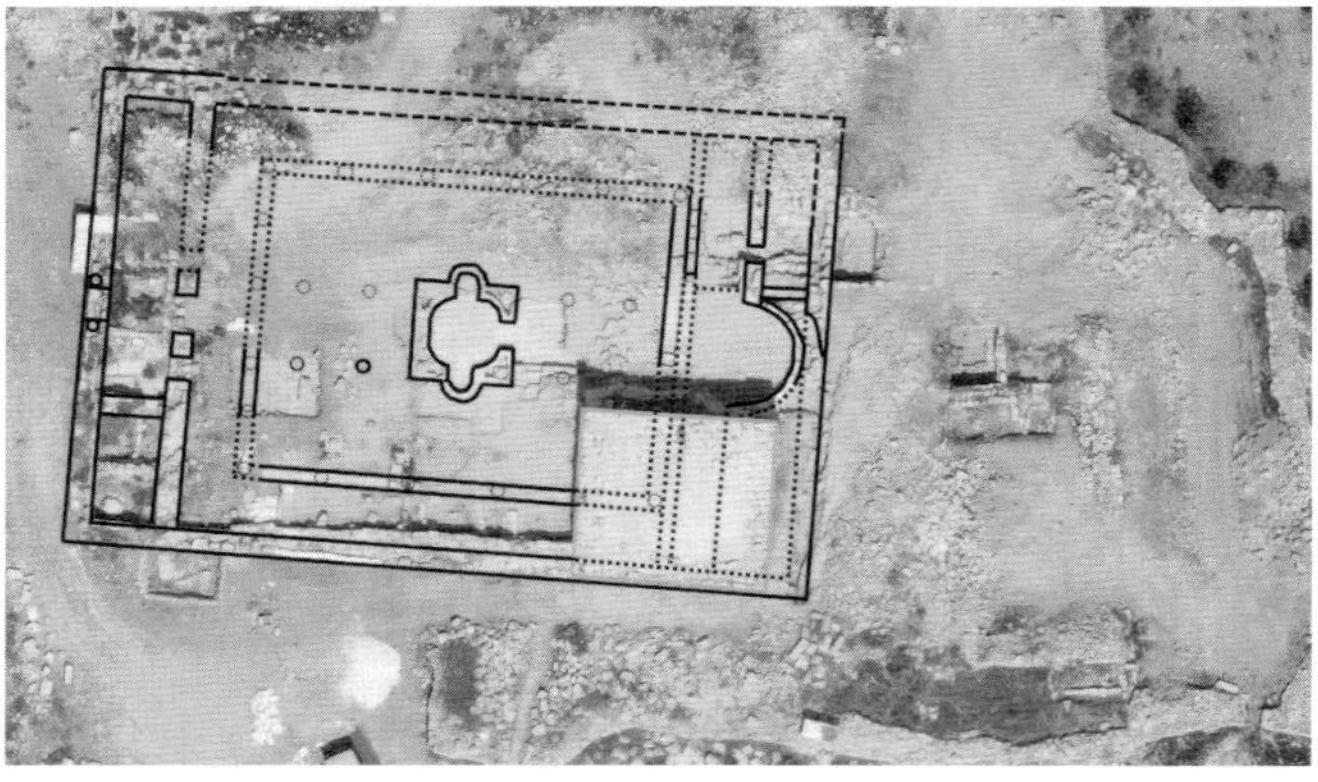

ートル×二七メートル）が占めていた。

西側の壁の中央には柱で挟まれた入口が確認され、その内側の石敷きの部屋から三連門を通って教会堂の身廊に入るようになっていた。脇の部屋はブドウなどのモザイク床で装飾されていた。礼拝堂自体は四列の列柱で区分された五廊式のバシリカになっており、中央部分は大型の石敷き、両端部分はモザイク床になっていた。また、身廊の地下に大きな貯水槽も設けられていた。入口の正面には、直径五・九メートルの半円形のアプスが一つあり、その背後の分厚い壁が東側の外壁になっていた。アプスは身廊の石敷きより六〇センチほど高かったが、その前面は破壊されており、正確な形状は確認できなかった。アプスの横の空間も、片方は十字軍時代の塔によって壊されており、もう片方も改変されていたが、元来四角い部屋になっていたようである。つまり、アプスは一つだったことになる。

さらに、アプスの手前、身廊の中央には、外側は四角、内側は円形になった特殊な遺構があり、四隅には丁寧に切られた柱台が残されていた。その南側と北側の壁は、半円形にアプスのように突き出していた。つまり、建物の中にもう一つ建物があったことになる。遺構の内側は壁も床も厚いプラスターで覆われていたが、床のプラスターを外してみたところ、そこから特殊な石が出土した。それは身廊の石敷きの床の石よりはるかに大きく、黒光りする石で、ばらばらに割られていた。この石の中央部には絵が三点線刻で描かれており、その一つはこの建物自体の姿、もう一つは星、さらに一つはまだ判別できていない。黒光りしているのは自然の色ではなく、油を塗って人々が祈ったため、変色したものと思われる。また、南側のアプスの部分は岩盤が十字に割れ、一か所だけ陥没していた。その前には赤く同心円状に錆のような跡が残っていた。おそらく真鍮製の祭儀台などの跡だと思われる。

この教会堂の破壊年代は土器からも炭素年代からも確実に七世紀であるが、その後、一二世紀初頭に十字軍の騎士たちによって中央の遺構が再建されたことが分かっている。ビザンツ時代の終わりに割られた石の隙間に別の石を挿入して修復しており、周囲を四角く区切る刻み目も入れられていた。さらにこの施設の東側には新たな部屋がつけられ、その二つの空間で小さな教会堂として機能するようになっていた。この施設は一二世紀末から一三世紀初めに再び破壊されるが、その直前に上から分厚いプラスターを敷いて石を隠して保護していた。このように修復したり保護したりすること自体、この場所が重要な場所だったことを示している。

教会堂の同定とその意味

この特殊な遺構の中央の石は、ベテルにまつわる伝承から考えて、ヤコブが寝て天の梯子を見たことを記念する石と考えて間違いないであろう。実際、この教会堂は規模も大きく、ふんだんに彫刻装飾が施されており、記念礼拝堂にふさわしい。建造年代の決定的な証拠はないが、四世紀の土器が存在すること、一アプス式であること、モザイク装飾が比較的単純なことなどは、みな四世紀の年代を指している。なにより、この中央遺構が本当にヤコブの石を記念する聖堂であったとすれば、巡礼の記録から考えて四世紀の建造である最大の証拠となる。

これまでこの同定に躊躇する研究者たちは、教会堂の存在が確実でないことが大きな理由だったが、この発見でこの点は解消された。石材装飾の型式は、今では同様の装飾で四世紀に遡る例も知られているので、六世紀以降にする必要はない。距離の問題は残るが、エゲリアがどの程度正確な意味で一マイルと書いているのかはっきりしないため、概数として問題ないであろう。なによりヒルベト・マカーティル遺跡の教会堂は全面発掘されているにもかかわらず何かを記念する施設は確認されていないのに対し、ブルジュ・ベイティン遺跡では特殊な石を記念する聖堂が出てきていることが決定的である。

もしこれが本当に「ヤコブの石」を記念する教会堂であるなら、すでに四世紀にはヘレナが造った教会堂、つまり帝国主導で導入された教会堂以外にも、このように大規模な教会堂が造られていたことを意味する。この教会堂の発掘はベテルの地理的位置の解明や教会建築の発達を知る上で大きな意味があるが、ビザンツ時代最初期のパレスチナにおけるキリスト教の勢いを示すものでもあるだろう。

新約聖書時代の年表

南レヴァント地方			キリスト教
ローマ属州シリア			
前63　ポンペイウス、エルサレム征服 前47　ヒュルカノス2世を民族支配者（エトナルケス）、アンティパトロスをユダヤ総督に任命 前43　アンティパトロス暗殺される 前40　大祭司アンティゴノス（前40～前37）			
ヘロデの王国			
ヘロデ、ローマで「ユダヤ王」に即位 前37　ヘロデ、エルサレム征服 マリアムネ1世と結婚 サマリア・セバステ再建 カエサリア建設 エルサレム神殿改築開始 前4　ヘロデ没 王国三分割			30頃　イエス・キリスト十字架刑
イドメア・サマリア・ユダヤ	**ガリラヤ・ペレア**	**トランス・ヨルダン**	
6　アルケラオス（前4～後6）失脚、ガリアに追放	ヘロデ・アンティパス（前4～後39）	フィリポ（前4～後34） フィリポ・カエサリア建設	
ローマ属州ユダヤ			
ユダヤ総督アンビウィウス（9～12） ユダヤ総督ルフス（12～15） ユダヤ総督グラトゥス（15～26） 大祭司カヤパ（18～36） ユダヤ総督ポンテオ・ピラト（ポンティウス・ピラトゥス）（26～36） ユダヤ総督マルケルス（36－37） ユダヤ総督マルルス（37?） ユダヤ総督カピト（37～41）	39　ヘロデ・アンティパス、ガリアに追放	34　フィリポ没 **ローマ属州シリア（34～37）** **アグリッパ1世の王国（37～44）**	
41　アグリッパ1世、クラウディウス帝よりユダヤ・サマリアを得る 44　アグリッパ1世没。再びローマ属州に			
ローマ属州イウデア（ユダヤ）			45～49　パウロ第1回宣教旅行
ユダヤ総督ファドゥス（44～46） テウダの乱 ユダヤ総督アレクサンドロス（46～48）			49　エルサレム会議 49～52　パウロ第2回宣教旅行
ユダヤ総督クマヌス（48～52） 49？　シリアのアグリッパ2世、エルサレム大祭司の任免権獲得 ユダヤ総督フェリクス（52～55／60） アグリッパ2世、領土拡大 ユダヤ総督フェストゥス（55／60～62） ユダヤ総督アルビヌス（62～64） ユダヤ総督フロルス（64～66） 66～70　第一次ユダヤ戦争 神殿炎上、エルサレム陥落			52～57　パウロ第3回宣教旅行 58～60　パウロ、カエサリアに拘留 60～62　パウロ、ローマで自宅軟禁 68?　ペテロ殉教 パウロ殉教 68－69　マルコによる福音書

あとがき

ここまで『図説 旧約聖書の考古学』『図説 新約聖書の考古学』におつきあいくださった方々に心からお礼を申し上げたい。これらは二冊で完結するものである。

これらの書を通して示してきたことは、聖書は現実の人々や文明の大きな動きを背景に歴史として記されていることである。ただ、それは単なる事実の羅列ではなく、聖書を記した者たちが歴史から受け取った実感が込められている。

その実感のひとつは、人間の生み出す社会や文明に対する大きな悲しみであろう。旧約聖書は、アブラハムの移住、出エジプトの出来事、ダビデ・ソロモンという理想的な王たちによって築かれたイスラエル王国の歴史を記しているが、「神の民」であったはずの国はもろくも堕落し、滅亡してしまった。人々はなぜ自分たちは失敗したのかと愕然とした。また、自分たちだけでなくアッシリア、バビロニア、アケメネス朝ペルシアという大国が興っては滅ぶ姿を見、人間の築く国の限界を感じ取った。捕囚から帰還した人々は、イスラエル王国失敗の反省に立ち、宗教的に厳格な共同体を築けば「神の国」を近づけられるのではないかと努力したが、それも思い通りにいかなかった。むしろ、ローマ帝国が圧倒的な軍事力と技術力でエルサレムを陥落させ、ユダヤ人やキリスト者を抑圧し、最終的にはそれ自体も瓦解することとなった。

私自身、四〇年に渡って西アジア考古学の研究に携わってきて、人間の築く文明の魅力を大いに感じてきたが、同時にそれらはすべて滅んでしまったものであることに一抹の悲しさを感じざるを得ない。「夏草や兵《つわもの》どもが夢の跡」という芭蕉の句にも似た気持ちである。

もうひとつの実感は、それにもかかわらず、歴史には一つの流れがあるという意識である。神に選ばれたアブラハムの子孫からひとつの民族が生まれ、奴隷から脱出した人々が国を築いたこと、国を失ったはずの人々が帰還した不思議、絶望の中にメシアとしてイエスが登場し、田舎の大工や漁師に過ぎなかった人々が主張した救いがローマ帝国中に広まっていく様子を聖書記者たちは驚きをもって見つめている。全体として、エデンの園を失った人間が神の理想の世界に戻ることができるという道筋となっており、ミルトンの詩のように「失楽園」と「復楽園」で構成されている。こうした驚きこそが、それでも神ははたらいているという信仰と希望を持たせるものとなり、その意識が聖書の歴史を書かせる原動力となったのであろう。

同時に、聖書は単なる思索の産物ではなく、現実の出来事に基づいた歴史として記されていることを忘れてはならない。たしかに歴史的な出来事とその解釈を完全に切り離すことはむずかしいが、だからと言って、思想的な歴史がかならずしも事実に基づかないわけではない。歴史の伝承がどのように解釈されてきたかを知ることも大切であるが、そもそもその記憶がどこから生まれたのかを見極めることも重要である。ここに上梓する二冊の書は聖書の歴史的背景を探ることを目的とし、一つ一つのエピソードの基礎となった状況を検証してきた。そうした小さな出来事や環境がいくつも積み重なり、絡み合ってひとつながりの歴史になったのである。

結局、聖書は現実の人類の歴史に壮大なドラマ、神の救済史が展開していることを示そうとしている。それこそが聖書の最大の魅力であり、これら二冊の書がその背景にどんなリアリティがあったのかを少しでも紹介できたならばと願う者である。

最後に、『図説 旧約聖書の考古学』『図説 新約聖書の考古学』を出版するにあたって、河出書房新社の渡辺史絵さん、デザインを担当してくださった日高達雄さんに大変お世話になった。記して感謝を表したい。

二〇二一年八月

杉本智俊

Vamosh, M. F., *Daily Life at the Time of Jesus*, Palphot, n.d.

Columun❸

前野弘志「2010年ティール出土呪詛板」、泉拓良『フェニキア・カルタゴから見た古代の東地中海』京都大学大学院文学研究科、2013年、97－228所収

Endreffy, K., Nagy, Á. M., Spier, J. eds., *Magical Gems in their Contexts*,《L' Erma》di Bretschneider, 2019

Smith, M., *Jesus the Magician*, HarperCollins, 1981

Twelftree, G. H., *Jesus the Miracle Worker: A Historical and Theological Study*, IVP Academic, 1999

5章

Ritmeyer, L., and Ritmeyer, K., *Secrets of Jerusalem's Temple Mount*, Biblical Archaeological Society, 2006

3章の参考文献参照

6章

シンハ・ヤコボビッチ、チャールズ・ペルグリーノ（沢田博訳）『キリストの棺』イースト・プレス、2007年

Broadhead, E. K., *Jewish Ways of Following Jesus*, Mohr Siebeck, 2010

Broshi, M., "Excavations on Mount Zion, 1971－1972: Preliminary Report," *Israel Exploration Journal* 26-2/3 (1976), 81-88

Pinkerfeld, J., " 'David's Tomb': Notes on the History of the Building: Preliminary," *Bulletin for the Louis Rabinowitz Fund for the Exploration of Ancient Synagogues* 3, Hebrew University, 1960, 41-43

Pixner, B., "The Church of the Apostles Found on Mt. Zion," *Biblical Archaeology Review* 16-3 (1990) 16-35

Romey, K., "Jesus' Burial Tomb Uncovered: Here's What Scientists Saw Inside," *National Geographic*, 31 October 2016; http://news.nationalgeographic.com/2016/10/jesus-christ-tomb-burial-church-holy-sepulchre/

Scott, J. J., "Did Jerusalem Christians Flee to Pella?" *The Preterist Archive*; https://www.preteristarchive.com/Bibliography/1998_scott_flee-pella.html

Stemberger, G., *Jews and Christians in the Holy Land: Palestine in the Fourth Century*, Bloomsbury T & T Clark, 2000

Taylor, J. E., *Christians and the Holy Places: The Myth of Jewish-Christian Origins*, Clarendon Press, 1993

7章

Berlin, A.M., and Overman, J. A., eds., *The First Jewish Revolt: Archaeology, History, and Ideology*, Routledge, 2000

Brandon, S.G.F., *The Fall of Jerusalem and the Christian Church*, SPCK, 1957.

Cohen, Sh., *The Beginnings of Jewishness: Boundaries, Varieties, Uncertainties*, University of California Press, 1999

Goodman, M., *The Ruling Class of Judea: The Origins of the Jewish Revolt against Rome A. D. 66-70*, Cambridge University Press, 1987

Popović, M. ed., *The Jewish Revolt Against Rome: Interdisciplinary Perspectives*, Brill, 2011

Schäfer, P. ed., *The Bar Kokhba War Reconsidered: New Perspectives on the Second Jewish Revolt against Rome*, Mohr Siebeck, 2003

Yadin, Y., *Masada: Herod's Fortress and the Zealots' Last Stand*, Random House, 1966

8章

原口貞吉『パウロの歩いた道』日本基督教団出版局、1996年

Staccioli, R. A., *The Roads of the Romans*,《L'Eerma》di Bretschneider, 2003

Cimok, F., *Journeys of Paul from Tarsus 'to the End, of the Earth'*, A Turizm Yayinlari, 2004

9章

小川英雄『ローマ帝国の神々』中公新書、2003年

Gradel, I., *Emperor Worship and Roman Religion*, Oxford University Press, 2002

Hurtado, L. W., *Why on Earth did Anyone Become a Christian in the First Three Centuries?* Marquette University Press, 2016

Rives, J. B., *Religion in the Roman Empire*, Blackwell, 2007

Sherwin-White, A. N., *Roman Society and Roman Law in the New Testament*, Clarendon Press, 1963

Turcan, R., *The Cults of the Roman Empire*, Blackwell, 1996

Ulansey, D., *The Origins of the Mithraic Mysteries: Cosmology and Salvation in the Ancient World*, Oxford University Press, 1989

Column❻

Renan, E., *Marc-Auréle et la fin du monde antique*, Paris, 1882

M. R., Salzman., *On Roman Time: The Codex-Calendar of 354 and the Rhythms of Urban Life in Late Antiquity*, University of California Press, 1990

Hijmans, S. E., "Sol Invictus, the Winter Solstice, and the Origins of Christmas," *Mouseion* 3 (2003), 377-398

10章

Adam, E., *The Earliest Christian Meeting Places: Almost Exclusively Houses?* Bloomsbury T & T Clark, 2016

Avi-Yonah, M., *The Jews under Roman and Byzantine Rule*, Jerusalem, 1984

Drijvers, J. W., *Helena Augusta*, Brill, 1992

Israel, Y., and Mevorah, D. eds., *Cradle of Christianity*, The Israel Museum, Jerusalem, 2000

Jones, A. H. M., *Constantine and the Conversion of Europe*, Macmillan, 1948（ジョーンズ［戸田聡訳］『ヨーロッパの改宗―コンスタンティヌス《大帝》の生涯』教文館、2009年）

Sessa, K. W., "'Domus Ecclesiae': Rethinking a Category of 'Ante-Pacem' Christian Space," *The Journal of Theological Studies*, 60-1 (2009), 90-108

Stark, R., *The Rise of Christianity: A Sociologist Reconsiders History*, Princeton University Press, 1996（スターク［穐田信子訳］『キリスト教とローマ帝国』新教出版社、2014年）

Syndicus, E., *Early Christian Art*, Burns and Oates, 1962

Tepper Y., and Di Segni, L., *A Christian Prayer Hall of the Third Century CE at Kefar 'Othnay (Legio)*, Israel Antiquities Authority, 2006

Wilkinson, J., *Jerusalem Pilgrims Before the Crusades*, Liverpool University Press, 2002

参考文献

全般

関谷定夫『図説新約聖書の考古学』講談社、1981年

エウセビオス（秦剛平訳）『教会史』（講談社学術文庫）、講談社、2010年

エウセビオス（秦剛平訳）『コンスタンティヌスの生涯』（西洋古典叢書）、京都大学学術出版会、2004年

オリゲネス（出村みや子訳）『ケルソス駁論Ⅰ、Ⅱ』（キリスト教教父著作集8、9）、教文館

スエトニウス（國原吉之助訳）『ローマ皇帝伝』、岩波文庫、1986年

タキトゥス（國原吉之助訳）『年代記』、岩波文庫、1981年

ヒッポリュトス（大貫隆訳）『全異端反駁』（キリスト教教父著作集19）、教文館、2018年

ユスティノス（柴田有，三小田敏雄訳）『第一弁明、第二弁明、ユダヤ人トリュフォンとの対話（序論）』（キリスト教教父著作集1）、教文館、1992年

ヨセフス（秦剛平訳）『ユダヤ古代誌』ちくま学芸文庫、1999－2000年

ヨセフス（新見宏訳）『ユダヤ戦記』山本書店、1975－1982年

Epiphanius, *Epitola ad Joannem Hierosolymitanum*: P. Maas ed., "Die ikonoklastische Episode in dem Brief des Epiphanios an Johannes," *Byzantinische Zeitschrift 30* (1929-1930), 279-286.

Eusebius, *Onomasticon*: E. Klostermann ed., *Das Onomastikon der biblischen Ortsnamen*, Leipzig, 1904

Pliny the Younger: B. Radice tr., *The Letters and Panegyricus*, Harmonsworth, Middlesex, 1963

Reich, R., Avni. G., and Winter T., *Jerusalem Milestones: A Guide to the Archaeological Sites*, Israel Antiquities Authority, 2009

Reich, R. Avni, G., and Winter, T. *The Jerusalem Archaeological Park*, Israel Antiquities Authority, 1999

Y. Yadin, *Jerusalem Revealed*: *Archaeology in the Holy Land 1968-1974*, Yale University Press and Israel Exploration Society, 1976

1章

森谷公俊『図説 アレクサンドロス大王』河出書房新社、2013年

Kosmin, P. J., *The Land of the Elephant Kings: Space, Territory, and Ideology in the Seleucid Empire*, Harvard University Press, 2014

Oetjen, R. ed., *New Perspectives in Seleucid History, Archaeology and Numismatics: Studies in Honor of Getzel M. Cohen*, De Gruyter, 2020.

Regev, E., *The Hasmoneans: Ideology, Archaeology, Identity*, Vandenhoeck & Ruprecht, 2013

Bickerman, E. J., *From Ezra to the Last of the Maccabees*, Schocken, 1962

Berthelot, K., *In Search of the Promised Land?: The Hasmonean Dynasty between Biblical Models and Hellenistic Diplomacy*, Göttingen Vandenhoek & Ruprecht, 2017.

Eshel, H., *Dead Sea Scrolls and the Hasmonean State*, Yad Ben-Zvi Press, 2008.

2章

Hengel, M., *Judaism and Hellenism: Studies in their Encounter in Palestine During the Early Hellenistic Period*, 2nd ed. 2 vols. Fortress Press, 1974（ヘンゲル［長窪専三訳］『ユダヤ教とヘレニズム』日本基督教団出版局、1983年）

Magness, J., *The Archaeology of Qumran and the Dead Sea Scrolls*, Eerdmans, 2003

Neusner, J., *Judaism in the Beginning of Christianity*, Fortress, 1984（ニューズナー［長窪専三訳］『イエス時代のユダヤ教』教文館、1992年）

Schürer, E., *The History of the Jewish People in the Age of Jesus Christ*, T & T Clark, 1973-1987

Scott, J., *Jewish Backgrounds of the New Testament*, Baker Academic, 1995（スコット［井上誠訳］『中間時代のユダヤ世界』いのちのことば社、2007年）

Wright, N. T., *What St. Paul Really Said?* Lion Hudson IVP, 1997（ライト［岩上敬人訳］『使徒パウロは何を語ったのか』いのちのことば社、2017年）

Vermes, G., *The Dead Sea Scrolls in English*, 3rd ed. Penguin, 1987

Column❶

Bauckham, R., *Jesus and the Eyewitnesses*, Eerdmans, 2006

Blomberg, C. L., *The Historical Reliability of the Gospels*, IVP Academic, 2007

Bruce, F. F., *The Canon of Scripture*, Intervarsity Press, 1988

McDonald, L. M., and Sanders, J. A. eds., *The Canon Debate*, Hendrickson, 2008

Metzger, B., *The Canon of the New Testament: Its Origins, Development, and Significance*, Clarendon Press, 1987

3章

Kokkinos, N., *The Herodian Dynasty*, Sheffield Academic Press, 1998

Netzer, E., *The Palaces of the Hasmoneans and Herod the Great*, Yad Ben Zvi Press and Israel Exploration Society, 2001

Regev, E., "Herod's Jewish Ideology Facing Romanization: On Intermarriage, Rituals Baths, and Speeches," *The Jewish Quarterly Review* 100-2 (2010), 197-222

Richardson, P., *Herod: King of the Jews and Friend of the Romans*, Edinburgh, 1999

Rozenberg, S., and Mevorah, D. eds., *Herod the Great: The King's Final Journey*, The Israel Museum, 2013

Columun❷

Brown, R. E., *The Birth of the Messiah: A Commentary on the Infancy Narratives in the Gospels of Matthew and Luke*, Yale University Press, 1999

Martin, E. L., *The Birth of Christ Recalculated*, 2nd ed. Foundation for Biblical Research, 1980

Nolland, J., *Luke 1:1-9:20 (Word Biblical Commentary)*, Zondervan, 2000

4章

磯部隆『ローマ帝国とイエス・キリスト』新教出版社、2013年

Bagatti, B., *Excavations in Nazareth*, 2 vols. Franciscan Printing Press, 1969 and 2002

Nagy, R. M., Meyers, C. L., Meyers, E. M., and Weiss, Z. eds., *Sepphoris in Galilee: Crosscurrents of Culture*, Eisenbrauns, 1996

Nun, M., *The Sea of Galilee and Its Fishermen in the New Testament*, Kibbutz Ein Gev, 1989

Nun, M., *Ancient Stone Anchors and Net Sinkers from the Sea of Galilee*, Kibbutz Ein Gev, 1993

●著者略歴

杉本智俊（すぎもと・ともとし）
一九五八年生まれ。神戸市出身。慶應義塾大学文学部教授。慶應義塾大学卒業後、トリニティ国際大学（米国）、シェフィールド大学（英国）で学ぶ（Ph. D.）。二〇〇六年—〇七年、ヘブル大学（イスラエル）客員研究員。主な著編書に『図説 旧約聖書の考古学』（河出書房新社）、『イスラエル国エン・ゲヴ遺跡—二〇〇九年度〜二〇一一年度調査報告』（共編、慶應義塾大学西アジア考古学調査団）、*Female Figurines with a Disk from the Southern Levant and the Formation of Monotheism* (Keio University Press)、*Transformation of a Goddess : Ishtar - Astarte - Aphrodite* (editor, Academic Press Fribourg and Vandenhoeck & Ruprecht) などがある。また、一九七九年以来、イスラエル国及びパレスチナ自治区で発掘調査をおこなっている。

ふくろうの本

図説 新約聖書の考古学

二〇二一年 九 月二〇日初版印刷
二〇二一年 九 月三〇日初版発行

著者……………杉本智俊
装幀・デザイン……………日高達雄＋伊藤香代
発行者……………小野寺優
発行……………株式会社河出書房新社
〒一五一-〇〇五一
東京都渋谷区千駄ヶ谷二-三二-二
電話 〇三-三四〇四-一二〇一（営業）
〇三-三四〇四-八六一一（編集）
https://www.kawade.co.jp/
印刷……………大日本印刷株式会社
製本……………加藤製本株式会社

Printed in Japan
ISBN978-4-309-76305-7
落丁本・乱丁本はお取り替えいたします。